RESEARCH ON
THE SYNERGETIC DEVELOPMENT OF
CHARACTERISTIC URBANIZATION AND
AGRICULTURAL INDUSTRIALIZATION IN
JILIN PROVINCE

吉林省特色城镇化与农业产业化协同发展研究

王涛 屈春艳 任芳芳 著

北京理工大学出版社
BEIJING INSTITUTE OF TECHNOLOGY PRESS

版权专有 侵权必究

图书在版编目（CIP）数据

吉林省特色城镇化与农业产业化协同发展研究 / 王涛，屈春艳，任芳芳著. —北京：北京理工大学出版社，2018.12
ISBN 978-7-5682-6551-5

Ⅰ. ①吉… Ⅱ. ①王… ②屈… ③任… Ⅲ. ①城市化–研究–吉林②农业产业化–研究–吉林 Ⅳ. ①F299.273.4②F327.34

中国版本图书馆 CIP 数据核字（2018）第 294200 号

出版发行 /	北京理工大学出版社有限责任公司
社　　址 /	北京市海淀区中关村南大街 5 号
邮　　编 /	100081
电　　话 /	（010）68914775（总编室）
	（010）82562903（教材售后服务热线）
	（010）68948351（其他图书服务热线）
网　　址 /	http://www.bitpress.com.cn
经　　销 /	全国各地新华书店
印　　刷 /	保定市中画美凯印刷有限公司
开　　本 /	710 毫米×1000 毫米　1/16
印　　张 /	15
字　　数 /	215 千字
版　　次 /	2018 年 12 月第 1 版　2018 年 12 月第 1 次印刷
定　　价 /	66.00 元

责任编辑 /	潘　昊
文案编辑 /	潘　昊
责任校对 /	周瑞红
责任印制 /	李志强

图书出现印装质量问题，请拨打售后服务热线，本社负责调换

前　言

科学发展观是以人为本，全面、协调、可持续的发展观，促进经济社会和人的全面发展，要求统筹城乡发展、统筹区域发展、统筹经济社会发展。实践证明，只有农业产业化和城镇化协调起来，才能加快农业产业化发展的步伐，才能实现城镇化过程，城乡差距才能逐步缩小，地区经济社会才能全面持续快速发展。这才是真正落实了科学发展观，真正地实现了城乡统筹、经济社会发展的统筹。

特色城镇化与农业产业化协同发展是指特色城镇化与农业产业化在客观上相互协调、相互促进、相互协作完成某一目标，使两者达到共同发展的双赢效果。特色城镇化与农业产业化协同发展强调的是两个系统和这两个系统内各个子系统之间彼此相互促进，并且有机地整合为有序的运转状态，呈现出连续不断的协同和差异这一辩证统一的关系，究其本质是要素资源及产业间的协同。城镇化与农业产业化两者相互联系，互为条件，互相协作。一方面城镇化助推农业产业化的全面发展：特色城镇化的发展较大程度上转移了农业剩余劳动力，有利于农业规模化生产；特色城镇化拓宽了农业产业化的市场空间；特色城镇化为农业产业化的发展提供物质技术保障；特色城镇化有利于提高农民素质和经济收入。另一方面农业产业化为特色城镇化的发展提供必要支撑：农业产业化为特色城镇化提供基本的物质支持；农村产业结构优化为特色城镇化发展提供产业支持；加快农业剩余劳动力转移，为特色城镇化发展提供必要的人力保障，为特色城镇化发展拓宽了消费市场空间。

本书研究的内容就是要建立吉林省特色城镇化与农业产业化的协同发展。特色城镇化与农业产业化本是两个不同的主体，也是不同的系统，两者可以构成一个新的系统，即特色城镇化与农业产业化之间相互作用的一个良性循环系统，这一新的系统不是特色城镇化与农业产业化两个子系统的简单相加或融合，与两者原来的系统并不相悖，而是重构为一个全新的经济运行系统。特色城镇化与农业产业化发展过程之中涉及的"成员"是多方面的，它们之间互相协作，形成一个统一而又和谐的系统。特色城镇化与农业产业化的协同发展，可以产生"1+1＞2"的综合效果，不仅有利于两者自身的发展，更有利于社会主义新农村建设和城乡统筹发展，促进城乡共同发展，实现乡村振兴，推动社会和谐稳定向前发展，最终起到富农强省的作用。

本书共分为十章，各章概要内容如下：

第一章进行了产业化和城镇化关系的理论综述，对城镇化、特色城镇化、农业产业化进行了内涵界定，对特色城镇化与农业产业化协同发展的关联性进行了阐述。

第二章农业产业化是一个国家由传统农业向现代农业转变的必由之路。目前，农业产业化在许多国家以不同形式、在不同水平上正轰轰烈烈地推进着，并积累了不少经验。本章对国内外农业产业化进行了比较研究，吸取和借鉴这些国家农业产业化的经验教训，总结出对吉林省的启示，不仅可以从经济发展战略的角度来审视吉林省经济发展的轨迹，而且可以使我们少走弯路，更好更快地推进现代农业和统筹城乡发展。

第三章国内外城镇化有许多成功的经验，值得我们借鉴。但是国内外城镇化道路也走过许多弯路，值得我们警惕和避免。本章对国内外城镇化发展建设情况进行了比较研究，并从中总结出国内外城镇化发展建设的经验和教训及对吉林省的启示。

第四章分析吉林省新型城镇化与农业产业化的发展现状、存在问题及发展趋势，提出吉林省新型城镇化与农业产业化发展的道路选择是协同发展，在此基础上提出要构建吉林省新型城镇化与农业产业化系统，为深入剖析新型城镇化与农业产业化协同发展机理打下坚实的理论基础。

第五章在本章的研究中,首先对新型城镇化与农业产业化协同发展机理进行剖析,然后分析两者的相互作用,新型城镇化的发展离不开农业产业化的有力支撑,农业产业化的发展缺不了新型城镇化的助推,只有两者相互结合共同发展,方可实现协同效应,实现共赢。

第六章德国、日本等发达国家经历了几十年的新型城镇化推进,城镇化率达到90%以上,这些国家在新型城镇化与农业产业化协同发展的过程中更注重中小城镇与乡村的协调平衡发展、"人"的全面发展、农业现代化建设、生态环境保护等。但由于历史传承、地理环境、政治制度、经济发展等多方面的差异,在统筹新型城镇化与农业产业化协同发展的进程中分别形成自己独特的模式,取得了较好的发展成效。本章国外以德国和日本为例,国内以杭州和武汉为例,研究了国内外新型城镇化与农业现代化协同发展的实践经验及启示。

第七章采用《吉林省统计年鉴》2006—2015年的数据,采用结构方程模型和因素分析方法对吉林省九个地级市城镇化发展水平和东北三省的特色城镇化发展水平进行实证分析。通过实证研究,检验了新型城镇化与农业产业化的关联要素协同的关系。实证研究结果表明,新型城镇化对农业产业化有显著直接的正向影响;物质技术、市场经济等方面要素对农业产业化发展有显著的正向影响;新型城镇化对物质技术层、市场经济层有显著直接的正向影响。

第八章农村城镇化与农业产业化的协同发展,作为一项系统性工程,包括两层含义:一是农村城镇化和农业产业化按各自进程持续、稳定发展,才能夯实两者协同发展的基础;二是两者在发展过程中彼此联系、互相促进,才能实现高水平、深层次的协同发展。因此,强化区域性城镇体系建设、强化农业龙头企业的培育、强化配套制度改革,是构建农村城镇化与农业产业化协同发展的必然选择。本章基于第七章的分析,构建吉林省特色城镇化与农业产业化协同发展模式。

第九章对吉林省特色城镇化与农业产业化协同发展模式的实现路径进行研究。

第十章针对吉林省农业产业化和城镇化协同发展的实证研究,提出促进吉林省特色城镇化和农业产业化协同发展的策略。

本书由王涛、屈春艳和任芳芳著。在本书的写作过程中,参阅了大量国内外学者的研究和著作,在此谨向作者致以诚挚的谢意。因水平有限,若在研究内容和表述上有不当之处,则恳请广大读者和专家批评指正。

作　者

于 2018 年 12 月长春

目 录

第一章　产业化和城镇化关系的理论综述 ………………………………… 1
　第一节　城镇化与产业化相关理论分析 ………………………………… 1
　　一、城镇化 …………………………………………………………………… 1
　　二、特色城镇化 ……………………………………………………………… 4
　　三、农业产业化 ……………………………………………………………… 8
　　四、产业化与城镇化的相关理论 ………………………………………… 19
　第二节　城镇化与产业化相互关系分析 ……………………………… 21
　　一、产业化与城镇化互动发展的关系 …………………………………… 21
　　二、产业化与城镇化互动协同发展的模式 ……………………………… 22
　第三节　特色城镇化与农业产业化关联性分析 ……………………… 24
　　一、农业产业化和特色城镇化协同发展的关联性分析 ………………… 25
　　二、农业产业化和城镇化的协同发展更有助于经济快速稳定发展 …… 29

第二章　国内外农业产业化比较研究与借鉴 …………………………… 34
　第一节　国内外农业产业化比较研究 ………………………………… 34
　　一、国外农业产业化概述 ………………………………………………… 34
　　二、国内农业产业化概述 ………………………………………………… 41
　第二节　国内外农业产业化发展的主要经验及对吉林省的启示 …… 46
　　一、国外农业产业化发展的主要经验及其对吉林省的启示 …………… 46
　　二、国内农业产业化发展的主要经验及其对吉林省的启示 …………… 51

第三章　国内外城镇化比较研究与借鉴 ………………………………… 54
　第一节　国内外城镇化比较研究 ……………………………………… 54

一、国外城镇化发展建设概述 …………………………………………… 54
　　二、国内城镇化发展建设概述 …………………………………………… 64
　第二节　国内外城镇化发展建设的借鉴与启示 ……………………………… 66
　　一、国外小城镇发展的模式 ……………………………………………… 66
　　二、国外城镇化发展的经验和教训 ……………………………………… 71
　　三、国内城镇化发展的典型模式和比较 ………………………………… 80
　　四、国内城镇化发展建设的主要经验——以长白山保护开发区特色
　　　　城镇化为例 …………………………………………………………… 96
　　五、国内外城镇化发展建设对吉林省的启示 …………………………… 101

第四章　吉林省农业产业化和特色城镇化发展现状与特征研究 ……………… 117
　第一节　吉林省农业产业化和特色城镇化发展现状 ………………………… 117
　　一、吉林省农业产业化发展现状 ………………………………………… 117
　　二、吉林省特色城镇化发展现状 ………………………………………… 121
　第二节　吉林省农业产业化和特色城镇化发展存在的问题 ………………… 123
　　一、吉林省农业产业化发展存在的问题 ………………………………… 123
　　二、吉林省特色城镇化发展存在的问题 ………………………………… 126
　第三节　吉林省农业产业化和特色城镇化发展趋势 ………………………… 144
　　一、吉林省农业产业化经营发展趋势 …………………………………… 144
　　二、吉林省特色城镇化发展趋势 ………………………………………… 148

第五章　新型城镇化与农业产业化协同发展机理 ……………………………… 150
　第一节　新型城镇化与农业产业化协同发展机理 …………………………… 151
　　一、新型城镇化与农业产业化协同发展系统的结构分析 ……………… 151
　　二、新型城镇化与农业产业化协同演化机理分析 ……………………… 153
　第二节　新型城镇化与农业产业化协同发展的相互作用 …………………… 156
　　一、新型城镇化助推农业产业化的发展 ………………………………… 157
　　二、农业产业化为新型城镇化的发展提供必要支撑 …………………… 159

第六章　国内外新型城镇化与农业现代化协同发展经验借鉴 …… 163
第一节　国外城镇化与农业现代化协同发展经验借鉴 …… 163
一、德国以人为本与区域均衡的发展模式 …… 163
二、日本政府主导下的市场与工业化双驱模式 …… 164
第二节　国内城镇化与农业现代化协同发展经验借鉴 …… 165
一、杭州市多元融合与新型业态发展模式 …… 165
二、武汉市龙头带动与智慧协同发展模式 …… 166
第三节　国内外新型城镇化与农业现代化协同发展实践的启示 …… 167

第七章　吉林省新型城镇化与农业产业化的协同发展分析 …… 169
第一节　研究方法与模型设计 …… 169
第二节　指标体系的构建 …… 174
一、问卷设计 …… 174
二、数据和指标的选取 …… 175
三、理论模型设计及假设 …… 186
四、信度与效度检验 …… 187
五、结构方程模型分析与假设检验 …… 189

第八章　吉林省特色城镇化与农业产业化协同发展模式 …… 196
第一节　协同发展模式分析 …… 196
一、龙头企业模式 …… 196
二、市场网络模式 …… 196
三、专业区域模式 …… 197
第二节　吉林省农村城镇化与农业产业化协同发展模式构建 …… 197
一、强化区域性城镇体系建设，提升农村城镇化水平 …… 197
二、强化农业龙头企业的培育，提高农业产业化水平 …… 198
三、强化配套制度改革，化解协同发展的约束因素 …… 199

第九章　吉林省特色城镇化与农业产业化协同发展模式实现路径 …… 201
第一节　龙头公司与农户采取股份合作形式 …… 201
第二节　抓住联动的龙头企业，促进城镇的产业升级 …… 203
第三节　强化城镇综合功能，增强城镇的辐射力和辐射面 …… 204
第四节　完善配套政策，消除农业产业化与农村城镇化协同发展的体制性障碍 …… 206
　　一、改革农村土地制度，创新城镇土地使用制度 …… 206
　　二、改革户籍管理制度，拆除城乡壁垒，给进城农民以市民待遇 …… 206
　　三、改革农村的产权制度，降低农村居民的进城成本 …… 207
　　四、完善社会保障体系，解除进城农民的后顾之忧 …… 207
　　五、强化农民教育，培育适应农业产业化和农村城镇化的人力资本 …… 208

第十章　促进吉林省城镇化和农业产业化协同发展的策略 …… 210
第一节　抓住龙头企业以推动农业产业化的发展 …… 211
　　一、政府为龙头企业的发展提出支持性政策 …… 211
　　二、加快龙头企业发展的具体措施 …… 212
第二节　建立科学合理的城镇体系和城镇产业结构 …… 213
　　一、发挥城镇体系的集聚效应和辐射效应 …… 213
　　二、完善城镇体系分工网络建设 …… 215
　　三、大力发展第二、第三产业，促进城镇产业结构升级 …… 216
第三节　消除协同发展的体制性障碍 …… 217
　　一、改革农村土地制度，创新城镇土地使用制度 …… 217
　　二、改革户籍管理制度，消除农民进城制度性障碍 …… 217
　　三、改革农村的产权制度，降低农民的进城成本 …… 218
第四节　大力开发农村人力资源 …… 218
　　一、加强农村基础教育，培养农村实用人才 …… 219
　　二、吸引人才，强化农村领导班子 …… 222

第五节　推进农业现代化过程中政府可调控的市场化进程 …………… 222
　　一、政府在农业市场化过程中的作用 ………………………… 223
　　二、地方政府在推进农业市场化过程中的工作维度 ………… 224
　　三、促进农业市场化进程的具体举措 ………………………… 225

第一章 产业化和城镇化关系的理论综述

第一节 城镇化与产业化相关理论分析

一、城镇化

（一）城镇化内涵的界定

"城镇化"一词最早出现于中国学者辜胜阻的著作《非农化与城镇化研究》中，辜胜阻教授在后续对城镇化的研究中，继续沿用该词，并极力推广"城镇化"一词的使用，取得了不菲的成就。在我国"十五"计划的文件中，首次使用了"城镇化"一词，让"城镇化"一词以公文的形式出现在大众面前，进一步推动了"城镇化"一词的广泛使用。"城镇化"一词从出现到现在，经历了二十余载的实践和沉淀，其内涵得到不断修正、改善和充实。"城镇化"是时代的产物，是我国特有的词汇，经过了时间和实践的双重考验，以更加成熟、更加健全、更加完备的姿态出现在大众面前。与时俱进、开拓创新是新时期城镇化发展的主旋律，因此对城镇化内涵的界定不会终结在某个阶段、某个时期、某个界限内，它会随着时代的变迁、社会的进步、时间的沉淀、实践的检验不断更新、拓展、完善。

从字面意思来看，"城"即城市、"镇"指我国的建制镇、"化"表示转变为某一状态，"城镇化"反映的是一种不断转变为城市、镇的过程。这个转变过程的主语既可以是人、土地，也可以是建筑风格、风俗习惯等，由此可把城镇化细分为人口城镇化、土地城镇化、生活方式城镇化等。城镇化是一个庞大的系统，涉及人口、地理、经济、文化等各个方面，由于研究重点和研究方向的差异导致各学科对城镇化内涵的界定不尽相同。人口学家认为城镇化是农村人口向城镇人口的转变过程、地理学者提出城镇化是农村面貌转变为城镇景观的过程、社会学家则主张城镇化是人们生活方式和风俗习惯向城镇转变的过程[1]。

随着对城镇化内涵研究的不断深入，学者们越来越倾向于采用综合的方法来对城镇化的内涵进行界定。刘传江提出城镇化的内涵应从四个方面进行理解[2]：① 人口分布结构从乡村到城镇的转换。② 产业结构及其地域布局结构的转换；③ 价值观念和生活方式的转变。④ 人们聚居形式与方式以及相关制度的变革。秦润新则认为城镇化可归纳为以下四个过程[3]：① 产业结构的转变：从第一产业到第二、第三产业。② 就业结构的转变：从农业人口到非农业人口。③ 社会文明的转变：从自然、原始、封闭、落后的农业文明到现代化的城镇文明。④ 人们的思维、生活、行为、文化素养等得到不断提升。

（二）城市化与城镇化的辨析

"城市化"与"城镇化"是一对非常容易混淆的词。国外的城市化进程已经发展到成熟阶段，在引入"城市化"一词时，国内学者并无较大分歧。辜胜阻教授经过多年的潜心研究，立足中国实际情况，于 1991 年提出了"城镇化"一词，并极力推广使用"城镇化"替代当时普遍使用的"城市化"。在"城镇化"一词提出之际，便引发了较大的争论，学者们纷纷加入争论浪潮，各抒己见，将这场争论推到了极点。因此，作者认为十分有必要引入"城市化"的概念，便于辨析二者的含义，使读者对"城镇化"的概念更加清晰明了。

"城市化"一词源于英文单词 Urbanization，是马克思于 1859 年提出的，至今已有 150 多年的历史。城市化进程经历了相当长时间的实践，国外关于城市化的研究已渐渐趋向成熟，国外学者对城市化内涵的界定亦比较完善。通过对相关研究成果的梳理，作者发现国外对城市化内涵的研究最初是不同学科从不同的角度进行阐述的，随着研究的不断深入，出现了对城市化内涵的跨学科表述，并取得了公众的认可。城市化是各方面不断向城市转变的综合性过程，包括人口、土地、产业结构、就业结构、生活方式、行为习惯、地理面貌、人文景观等的转变。

随着"城镇化"一词的提出，国内关于"城镇化"和"城市化"的争论从未停止，且分歧较大，有些学者主张二者存在显著性差别，而有些学者则认为二者无差别。主张城镇化与城市化是两个不同概念的学者所持观点也不尽相同。如赵春音[4]认为，我国的城镇化发展终究是世界城市化发展的一部分，不得违背城市化发展的基本规律，其最终归宿仍将是城市化，城镇化只是我国实现城市化的一种过渡形式，是特殊时期特殊国情下的特殊产物，不具有常态性和普遍性；冯瑞兰对城镇化则持完全否定的观点，认为城镇化完全不同于城市化，并提出我国应该抛弃城镇化道路，重新回归到城市化道路上来。他认为城市化是农民身份向市民身份的转变，而城镇化并没有实现这一转变；胡必亮[5]则是从城市化与城镇化发展模式的差异来对二者进行辨析的，其中城市化是先集中、后分散的模式，而城镇化则是将集中与分散有机结合的发展模式。目前大多数学者都认为城市化和城镇化无实质性差别，可以通用。辜胜阻从城市化的英文单词出发，通过对其原文的准确翻译来表述自己的观点。提出我国的镇和城市都属于Urban，Urbanization既可以翻译为城市化，又可以翻译为城镇化，二者并无差别。而刘传江则是从乡村的对立面来理解城市和镇的，认为城市和镇的经济结构和生活方式相似，二者可统称为与农村或乡村相对应的城市，所以城市化本身即包含了城市和镇[2]。孔凡文也认为城镇化与城市化二者并无实质性差别，可以通用，只是城镇化更加符合中国实际，更具有针对性[6]。

由上文可见，"城镇化"与"城市化"的差别在"镇"和"市"两个字上。镇是我国特有的行政区域，在国际意义上可等同于很小的城市，因此，作者认为"城镇化"一词更加符合我国的国情和实际情况。我国幅员辽阔，人口众多，在行政区域的划分上亦不同于其他国家，我国不仅设有城市、农村，在二者之间还设有镇，由于镇的存在，使我国农村向城市转变又多了一个环节，那就是农村向镇的转变，从该意义上来说，城镇化更加贴近我国的实际情况。因此，本书的研究对象为城镇化。由于城镇化与城市化的差别不是显著的，所以作者认为，在研究城镇化时，国外关于城市化的相关文献也可以作为参考，取其精华，去其糟粕。

由于不同领域学者的研究角度不同，对城镇化内涵的定义也不尽相同。经济学家对城镇化内涵的界定是从经济与城镇发展的角度考虑的，认为城镇化是农村经济向城镇经济转变的过程，随着科技的进步、农业现代化的发展，农村劳动力会得到解放，农民大量涌入城镇，向第二、第三产业劳动力转变，促进城镇经济的发展;地理学家更加注重地貌环境的改变,将乡村原来的小木屋翻新成一座座整齐的小房子或楼房,放眼望去,到处都是小城镇,即所谓的就地城镇化;社会学家则侧重于生活方式和行为习惯的改变,农民和市民的生活方式和行为习惯的差异不断减少。综上,城镇化就是农村人口不断向城镇人口转移、从业人员由第一产业向第二、第三产业转移、农村面貌向城市转变、农民生活方式和行为习惯不断向市民靠拢的过程。

二、特色城镇化

特色城镇化中"特色"的演变经历了两个阶段:第一阶段是突出城镇化的中国特色,即我国要走一条不同于其他国家的城镇化道路,不能照搬照抄其他国家的现成经验,要从我国的实际国情出发,建立具有我国本土特色的城镇化发展模式,使其更好地为我国的经济、社会服务;第二阶段则是在中国特色的基础上形成具有地方特色的城镇化,目前我国已经开创出一条没有别人走过的城镇化道路。随着时间的沉淀、实践的检验,我国对城镇化的发展又提出了新的要求,即要根据不同地区的自然资源、历史文化、产业结构、风俗习惯等特点,建立各具特色的城镇化,充分发挥各省市的自主性和独立性,体现地区城镇化发展的差异性,形成特色鲜明、健康有活力的城镇化发展模式。

(一)城镇化的中国特色

在进入 21 世纪之际,朱镕基总理正式提出我国要走有中国特色的城镇化道路。中国特色的城镇化道路从提出到现在,已经 18 年了,这条道路走起来可不那么容易,在此过程中,我们跌倒过但不气馁,自我反省后重整旗鼓,目前我们依旧是在蜿蜒曲折中摸索前进。坚持走中国特色的城镇化道路,是党和人民智慧的结晶,是不可撼动的。随着时代的进步、实践经验的积累,特色城镇化不断被加入新元素。

到底何谓中国特色的城镇化道路,目前学者们对其研究甚多,众说纷纭,百家争鸣。费孝通[7]对特色城镇化的研究重点放在城镇上,提出中国特色城镇化建设的重点就是要建设更多的大城市、中小城市及小城镇。特大城市的数目要控制在目前的水平,未来发展的重点应放在大城市、中小城市的建设上,提高其辐射能力和环境承载能力，而小城镇的建设也是我国城镇化发展的重中之重，对农民来说，进镇的门槛低、成本低，更易实现。而简新华[8]对特色城镇化道路的理解是从其发展模式进行考量的："三化"（新型工业化、新型城镇化、农业现代化）协同发展、集中+分散、市场推动+政府导向、自下而上+自上而下。盛广耀[9]对特色城镇化的阐释与费孝通、简新华的观点有相同之处，不同之处在于盛广耀对特色城镇化的定义进行了拓展和延伸，不止强调农村向城市的转变，还加入了新鲜元素：资源+环境、社会和谐。新元素的加入是时代的产物，随着特色城镇化进程的推进，一味地追求高城镇化率带来的负效应不断凸显，城市病日益突出，人们更加注重城镇化的质量和可持续性。杜涛[10]以"特色"和"新型"为基础，对特色新型城镇化的概念进行了阐述，其认为"特色+新型"的城镇化应以和谐、质量、福利为目标，结合经济、资源、环境、公共建设能力，以市场+政府的方式，走出一条具有"智慧、特色、幸福"的城镇化新道路。

作者认为，由于各国城镇化发展所处的社会环境、经济环境、地理环境、时代背景不同，西方发达国家的经济、社会发展水平远超过我国，注定了我国城镇化道路不能照搬西方发达国家的城市化道路。此外，其他发展中国家盲目追求高城市化率所导致的一系列城市病突出，因此，我们更不能照搬其他发展中国家的城市化发展道路，走中国特色城镇化道路没有现成的模式可以照搬，我们要摸着石头过河，在实践中摸索，在总结中成长，进而丰富中国城镇化的内涵，与时俱进。我国要走的城市化道路是基于以下几点综合考量的：国内外城市化道路的经验教训、国内外学者对发展中国家城市化道路的研究成果、中国自身在实践过程中摸索出来的城市化道路。所谓实践是检验真理的唯一标准，到底应该走什么样的城镇化道路，只有在综合研究国内外城镇化发展模式的基础上吸取经验教训，并结合自身实际情况，走符合中国国情、有自己特色、顺应时代要求、在实践中不断摸索前进的城镇化道路，即走中国特色的城镇化道路。

通过对已有文献的梳理，本书对于特色城镇化的理解更加趋向于多方位立体化的内涵解读，中国的城镇化不是单一的，而是经济、社会、环境、文化、资源、产业相互融合、协同发展的，城镇化的"特色"集中体现在文化、资源、产业三个领域，本书对特色城镇化指标体系的构建也是从上述各方面进行的。

（二）城镇化的地方特色

我国城镇化发展要具有地方特色，是新时代的最新要求。为什么要注重地方特色城镇化建设呢？这是由于中国特色的城镇化道路已经走了18年了，取得了令人瞩目的成就，城镇化总体规模已经达到了一定高度，在未来一段时间里，我国对城镇化发展也有了新的期许，这些新要求是15年特色城镇化实践中的突出问题所衍生出来的。目前，我国特色城镇化发展过程中到底出现了哪些问题呢？在过去的城镇化进程中，我国较为重视城镇化速度而忽视了城镇化质量，各地区对城镇化发展的规划趋同，忽略了本土特有的资源优势、文化底蕴、历史背景、产业支撑等。对人文历史景观保护力度不够，导致部分历史文化遗产流失，特色资源和产业没能充分发挥其优势，各地区特色城镇化发展模式趋同，不能充分发挥地方优势，造成地区城镇化发展模式不能与当地经济、社会、环境、资源、产业、文化发展相匹配，阻碍了特色城镇化的发展。

2014年3月，中共中央、国务院印发的《国家新型城镇化规划（2014—2020）》（以下简称《规划》）指出，我国未来在推进城镇化的进程中应坚持传承文化，彰显特色。这是我国第一次在党中央文件中提出文化传承对地区特色发展的重要性，同时也是第一次提出"特色"（暗指地区特色）的重要性，并对如何建设地方特色城镇化给出了具体的参考依据。《规划》指出，各地区要依据自身的历史背景、文化底蕴、自然环境、地理面貌、人文景观等特色，寻找一条适合自身发展的、具有地方特色的、拥有绝对优势的、可持续的地方城镇化道路。总而言之，地方特色城镇化的建设就是将地方特色转化为地方优势，进而转化为地区城镇化发展的支柱和核心竞争力，有效地协调投入和产出之间的关系。该《规划》为本书特色城镇化评价指标体系的构建提供了新思路和新方向，将文化传承作为地方特色城镇化发展的重中之重，在彰显城镇化特色的同时促进地方经济和社会的发展，提升地方城镇的吸引力和竞争力。

由于特色城镇化中对中国特色的相关研究成果较多，已趋于成熟，而对地方特色的相关研究则是凤毛麟角，且地方特色城镇化是新时代的最新课题，是目前各地区都关切的问题，随着地方特色城镇化的发展，各地区将重新洗牌，能否将地方特色城镇化发展做好、做强，是未来一段时间各地区角逐的重要考核点。因此，本书对特色城镇化的研究重点放在突出地方特色上。

（三）新型城镇化与特色城镇化的辨析

在对现有文献进行查阅时，作者发现大多数学者容易混淆"特色城镇化"和"新型城镇化"，不能很好地对二者进行区分。本书的研究对象是特色城镇化，为了让读者能更好地把握特色城镇化的概念，区分"特色"与"新型"之间的差别，特别引入了"新型城镇化"的概念及其与"特色城镇化"的内涵的辨析。

"新型城镇化"是与"传统城镇化"相反的一个词，"新型"是针对"传统"提出的。传统的城镇化道路，是我国城镇化发展的初级阶段所走的城镇化道路，盲目地追求高城镇化率，而对城镇化的质量、对环境的破坏、对资源的浪费不加以考虑和控制，进而引发了一系列城市病，如道路拥堵、环境破坏严重、雾霾天气增多、不合格建筑和基础设施、伤人事件频发、社会矛盾突出、报复性事件频发、原有价值观坍塌等。因此，传统的城镇化模式已经走到了尽头，必须转变观念，从新的角度出发，将城市病所涉及的问题纳入城镇化的内涵，即一个地区城镇的发展，不能简简单单地看其经济发展速度、城市化率等单一指标，而要从城镇发展的综合水平出发，从整体上权衡城镇的发展，努力形成"协调、文明、绿色、智慧、高效、健康"的城镇化发展模式。对于新型城镇化内涵的界定，国内学者纷纷提出各自的观点。仇保兴[11]从传统到新型转变的内容出发，认为新型城镇化"新"在以下六个方面：从城市优先到城乡互补；从高能耗到低能耗；从数量增长型到质量提高型；从高环境冲击型到低环境冲击型；从放任式机动化到集约式机动化；从少数人先富到社会和谐。王如松则从"新"字入手，对其内涵进行了界定，提出"新"是更新观念、变革体制、创新技术、复兴文化。魏后凯[12]直接从新型城镇化的目标出发，提出新型城镇化是人本、市场、文明、特色、绿色、城乡统筹、集群和智慧相统一的。

本书的立脚点是特色城镇化，新型城镇化的提出仅仅是为了更好地把握特色城镇化的内涵。特色城镇化的提出早于新型城镇化，在我国城镇化发展的最初阶段，对城镇化的要求是要走一条有中国特色的城镇化道路，随后又提出了走新型城镇化道路的要求。"新型城镇化"和"特色城镇化"都是时代的产物，二者的侧重点不同。特色城镇化一直以来都备受关注，只是关注的焦点和范围发生了变化，由全国变为了各地区,即由城镇化的中国特色转为地方特色,更加注重中国各个地方的特色,是事物不断发展变化的产物。

目前学术界并没有对特色城镇化和新型城镇化的内涵界定达成共识,通过查阅大量文献资料,作者认为特色城镇化与新型城镇化并不是对立的,而是相辅相成的。最新出现的"特色新型城镇化"一词很好地将"特色城镇化"和"新型城镇化"结合起来,更加确切地描述了我国现阶段对城镇化发展的要求。我国目前所要走的城镇化道路是中国特色新型城镇化道路,既包括"特色"又包括"新型",特色是相对于普通、一般而言的,新型则是相对于传统而言的。特色城镇化强调的是差异性,而新型城镇化则体现了一致性,二者是辩证统一、相辅相成的。新型城镇化的发展要具有地方特色,要学会扬弃,因地制宜,彰显特色,与时俱进。

本书立足于特色城镇化的研究,即一个地区城镇化的发展要有自身的特点,同时不违背新型城镇化的要求,寻找一条适合自身发展的绿色、协调、高效、可持续、有竞争力、健康、充满活力的城镇化道路。《规划》指出,在城镇化快速发展的过程中,出现了一些必须加以高度重视并着力解决的突出矛盾和问题,如一些城市的构建模式和结构与其地理条件不适应,仅仅贪大求洋、照搬照抄,脱离实际,"建设性"破坏仍在不断蔓延,城市的自然和文化个性被不断破坏。如何形成具有地方特色的城镇化发展模式,渐渐成为各个地方城镇化发展的重中之重。

综上,本书从城镇化的地方特色出发,结合吉林省地方文化、资源、产业、经济、社会、环境的发展现状及背景,为吉林省特色城镇化的建设提供依据和参考。

三、农业产业化

(一)农业产业化的概念

20世纪50年代,美国哈佛大学戴维斯和戈德堡两位学者,根据本国农业高度发展的现状,对先进的农业经营方式进行理论概括,首次提出农业综合经营体(Agribusiness)概念,把农业产业化定义为农业生产中产供销三个环节的有机结合体,后来发展成农工一体化(Agricultural Integration)。美国农业部基于其对农业的供应、生产、加工、销售和消费等功能的极大相互依存性的认识，将农业及其相关的产业统一称为"食物纤维体系"（Food and Fiber System）。盖尔·克拉默和克拉伦斯·詹森（1994）也介绍了美国农业的纵向产业化、垂直协作、农民合作社、农业综合企业。法国艾克斯－马赛大学名誉教授罗歇·利韦（1965）认为农民应该和农业食品工业部门建立一种新型关系，通过签订各种不同形式的农业生产合同，明确权责利，通过分工与协作，达到一体化经营。日本农林水产省则建议农林渔业、关联制造业（食品产业、资材供应产业）、关联投资、饮食店和关联流通产业（商业、运输业、应该紧密协作，并将它们统称为"农业·食物关联产业"。日本农林水产省研究员于叶典和上川雅司（1996）认为全球农业进入产业化时代。李国鼎（1972）认为，"农工商打成一片，以至于打破农工商界限，促进农业多元化，使农业向外扩张，使农民多争取收益，是促进农业发展的重要途径之一"。这里的"农工商打成一片"，也可以理解为农业产业化的通俗称谓。

很多国内学者对农业产业化的内涵做了不同的界定，其分析角度可分为宏观和微观两个层面。侧重宏观层面的，一般都是以农业产业结构和产业发展等8方面来定义的。秦少伟（1997）认为[13]，农业产业化是农业（包括种植业和养殖业）与其产前、产中和产后的关联产业的协作与联合，但不是"质"的归一，张慎（1996）则认为[14]是"质"的归一。陈吉元（1996）认为，要用现代科学技术和现代工业来改造传统农业，"农业产业化即农业的工厂化生产"。农业部认为农业产业化是将产前、产中、产后诸环节整合为一个完整的产业系统，提高农业的增值能力和比较效益，形成自我积累、自我发展的良性循环的发展机制。侧重微观层面的，一般都是以产业组织角度来定义的。他们大多认为"农业产业化"与"农业一体化"是同一层次的概念，或"农业产业化"是"农业产业一体化经营"的简称（牛若峰，1997）。林毅夫（1996）认为，农业产业化是一种在市场经济条件下适应生产力发展需要的崭新生产经营方式和产业经济组织形式，实质是生产的专业化。胡继连、靳相木（2000）认为[15]，所谓农业产业化，就是指农业生产者、农场、企业等，为了提升自身的市场竞争地位而走向集中和联合的一种新型经营方式。胡定寰（1997）[16]运用产业组织理论来研究农业产业化，提出了"微观农业产业化"的概念。有的学者在给农业产业化下定义时，能兼顾宏观和微观两个方面。

农业部发展计划司的薛亮（1997）认为农业产业化主要应强调两点：一是生产、加工、销售三个环节要在经济利益上形成一体化，而不仅仅是生产过程上的联系；二是产业化要放在一定形式的经济组织中来研究。

关于农业产业化的概念，国内主要的表述有以下四种。

（1）我国农业产业化与国外"农业一体化"（Agricultural Integration）的概念异名同质。农业一体化其最初的含义，就是农业再生产中产供销三方面业务的有机结合或综合（牛若峰，2002年）[17]。

（2）农业产业化是指供应农业投入品（如种子、农药、化肥和机械等）到食品加工者和零售商的一个由一系列公司和社会团体所组成的有序链条。这个有序链条亦称为"农产品供应链"（吴方卫，2001年）[18]。

（3）农业产业化是以市场为导向，以农户为基础，以"龙头"企业为依托，以经济效益为中心，以系列化服务为手段，通过实施种养加（种植、养殖、加工）、供产销、农工商一体化经营，将农业再生产过程的产前、产中、产后诸环节联结成一个完整的产业系统（毛育刚，2001年）[19]。

（4）农业产业化经营是指农业生产与农产品加工、农产品及其加工品的销售有机结合起来，作为一个完整的产业，实行一体化经营（欧阳旭初，2000年）。这些农业产业化的概念，从不同的角度强调了农业产业化不同方面的本质要求，在一定程度上反映了农业产业化的内涵、本质和特定的外延，综合对上述农业产业化概念的分析，对农业产业化的定义是：以农户为基础，以龙头企业为依托，以市场为导向，以效益为中心，以支柱产业为对象，实行产—加—销、贸—工—农一体化经营，一体化经营组织各主体形成"风险共担，利益共享"的经济共同体的一种经营体制和利益再分配机制。

综上，国内外学术界对"农业产业化"的内涵还没有一个规范统一的认识，但大多数学者都是以"生产专业化、布局区域化、经营一体化、管理企业化、服务社会化、产品市场化"为特征来定义农业产业化的。

（二）农业产业化的内涵

农业产业化实际上是产—加—销、贸—工—农的一体化经营，使农业由单纯的农产品生产向农产品加工和流通综合经营转变。这种一体化经营不是指物流形式上的一体化，而是在产—加—销、贸—工—农各环节的经营组织和利益上的一体化。农业产业化是一种经营体制和利益再分配机制。其内涵核心是以市场为导向，以效益为目标，以支柱产业为对象，以一体化经营为载体，由一体化组织各方组成"利益共享、风险共担"的利益共同体，使各个组成主体都能获得整体产业链条的平均利润，进而实现在统一市场条件下同行业同产品的平均利润。

从对农业产业化内涵的分析，我们可以得出这样的结论，一体化经营是农业产业化的本质要求。一体化经营包含经营组织的一体化和利益的一体化。因此，推进农业产业的各个环节（包括农业生产资料的供应、农产品生产、农产品加工、农产品及加工品的流通等）向一体化经营方向发展，形成"利益共享、风险共担"的利益联结机制是推进农业产业化向高层次发展的关键。

利益一体化是实现农业产业化的核心。发展农业产业化的根本目的之一，就是要使参加一体化经营的各个主体都能够分享到从初级农产品生产到制成品销售全过程各个环节增值总量的平均值。如果没有形成"利益共享、风险共担"的利益共同体，农业生产者不能从农产品加工和流通环节获得平均利润，就失去了发展农业产业化的意义。

组织一体化是实现农业产业化的基础。农民能否取得和占有通过农业产业化而形成的经营利益以及其占有的份额的多寡，取决于农民在农业产业化经营组织中的地位和产权关系。如果在推进农业产业化经营过程中，农民没有与龙头企业之间形成产权关系，只是通过订单形成供销关系，成为企业的原料供应者，那么只能降低农民的生产风险，很难获得产业化整个环节的平均利润。因此，在推进农业产业化过程中，必须引导农民与龙头企业之间建立明晰的产权关系，建立由产权关系联结的利益共同体。

（三）农业产业化的特征

较之传统农业，农业产业化具体呈现出以下五个特征。

（1）农业组织一体化。在农业产业化初期，农户同有关的工商企业、服务组织之间是一般的商品买卖关系；随后它们之间开始签订短期的、不固定的经济合同；进而，为了节约交易费用，获取规模效益，它们之间开始订立长期的、固定的经济合同，逐步在经济上结为"利益共享、风险共担"的利益共同体，实行商品贸易、农产品加工和初级产品加工的生产组织一体化。这种一体化组织一般是长期稳定经济联合的独立经济主体之间的组织形式，是介于企业和市场之间的组织形式。相对于市场，它有节约交易费用等经济性；相对于企业，它又能规避机构庞大的不经济性，兼有两者的长处。但也存在工商企业建立自己的企业基地，或者农民的合作组织在企业生产的基础上直接经营加工工业和商业，实行企业内部纵向一体化经营的情况。

（2）农业关联紧密化。从产业层次上，在农业产业分化的同时，农业产前、产中、产后经济技术联系日益紧密，相互依赖性越来越强。一方面，农业已从自给自足的生产部门变成一个离开现代工业、服务业务便不能独立存在的经济部门，工业、服务业提供的各种产品、技术和劳务越来越渗透到农业生产过程的各个阶段和各个环节。另一方面，农业产前、产后部门对农业生产的依赖性也大大加强，不仅在人力、资金、资源方面存在一般意义上的经济联系，而且还在生产技术上存在较为密切的投入产出关系。宏观上要求农业产前、产中、产后部门必须在分工协作的基础上按照一定的比例关系协调发展。

（3）农业生产集约化。农业生产方式发生了较大变化，动力机械和电力逐渐取代人力和畜力成为主要动力，机引农具逐渐取代手工工具成为主要工具，化学肥料成为主要肥源，良种和生物工程也广泛应用于农业生产。粗放型经营方式向集约型经营方式转变，使农业劳动生产率大为提高。同时在生产和销售阶段，现代化、高科技的手段也引入农业产业化，如生物工程在农产品加工中的应用，流水线生产、网络销售的应用大大提高了农产品的附加价值。

（4）农业生产分工专业化。专业化生产是农业生产社会化高度发展的标志，已成为农业产业化的主要特征。在农业现代化过程中，原来属于传统农业的许多只能从农业中分离出来形成一系列独立的专业化部门。农产品的运输、加工、储蓄、保鲜、销售等经济部门已经发展成为专业化协作水平很高的部门。

（5）农业服务社会化。服务社会化，是指通过一体化组织，既可利用"龙头"企业资金和管理优势，也能够组织社会科技、教育、金融机构，对共同体内各个组成部门提供产前、产中、产后的信息、技术、资金、经营管理、人才培训等全面的全过程服务，促进各种要素直接、紧密、有效的结合。

（四）农业产业化的组织形式

1. 国内外农业产业化组织形式研究现状

农业产业化组织是产业化依托的载体，是产业化顺利发展的基本保证。各国农业产业化（一体化）过程中，依据各自的具体条件和特点，采取多样化的组织形式。美国的农业是一种大型化的农业，其农业一体化的组织形式主要有三种：完全纵向一体化公司、不完全纵向一体化合同制联合企业、一体化农业合作社（柴彭颐、周洁红，1999）[20]。西欧各国的农业是中型化的农业，其一体化的类型与美国基本类似，分为完全的一体化和不完全的一体化。其组织模式有四种：农工综合体、产供销联合型合作社、非农资本公司直接开办的农业公司、多种资本控股型混合（合作）联益公司（贾生华 1999）[21]。其中，把多种资本控股型混合联益的这种形式叫作"内容丰富的联合体"，过去叫"关心农业利益者混合公司"或者"经济利益有关者联合组织"。日本的农业是小型化的农业，其产业化组织模式主要是：日本农协组织全国的广大农户，充当联结市场、企业和农户的中介角色。其主要功能为：生产指导、共同销售、共同采购、信用合作、共济服务（梁开竹，2003）[22]。这种产业化模式可以概括为"小生产、大组织"。以色列的农业是科技型的农业，其产业化模式有三种：基布兹（Kibbutz）、莫沙夫（Mashav）和莫沙瓦（Mashaha）（冯中朝，1998）[23]。基布兹是一种类似集体农庄、集体共产主义式的经济组织，莫沙夫是一种以家庭农场为基础的社区性合作组织，莫沙瓦是一种个体农场。目前三者的数量比例大致是 25:35:40。

国内学者根据不同的划分标准，对农业产业化组织形式的表述也不尽相同。谭静（1997）按照农业产业化各参与主体的联结方式，将其分为紧密型、半紧密型、松散型、协作型四种类型。而牛若峰（1997）认为只需分为紧密型和松散型即可；张文礼（2000）[24]认为农业产业化组织模式有龙头企业带动型、中介组织带动型、科技带动型、市场带动型、主导产业带动型五种；梁世夫（2000）[25]认为完整意义上的产业化经营的组织形式必须同时兼容了农产品生产、加工和销售等三个环节，合作社才为完整的产业化经营组织形式；李惠安[26]（2001）认为，现阶段我国农业产业化经营组织形式主要有合作社组织模式、合同（契约）组织模式和企业组织模式三种基本模式，并认为在现阶段或今后很长一段时间内将以合同契约组织模式为发展的主导类型。

2. 农业产业化组织方式

农业产业化的组织形式是其利益机制的载体。农业产业化的基本组织形式是农户+龙头企业。农户与龙头企业是两个利益主体，而加号则是连接两个利益主体的利益机制。

根据龙头企业的不同类型，可以将农业产业化的组织形式分为以下五种模式。

（1）科技带动型，即农户+农业科技型企业。在这种模式中，由科技型企业与农户之间签订科技服务承包合同，为农户提供生产技术服务，提高农业生产率，降低农业生产成本，提高产品质量，从而提高农产品销售价格，实现农业增效与农民增收的目标。

（2）加工带动型，即农户+农产品加工型企业。在这种模式中，由农产品加工企业与农户之间签订农产品购销合同，农户按照加工企业所要求的农产品品种、质量、数量、出售时间组织生产，龙头企业则为农户提供一定的技术服务和资金扶持，并按照合同规定的数量、价格、时间收购农户的农产品。

（3）专业市场带动型，即农户+农产品专业批发市场。在这种模式中，由农产品专业批发市场与农户之间签订农产品购销合同，农户按照农产品专业批发市场所要求的农产品品种、质量、数量、出售时间组织生产，农产品专业批发市场按照合同规定的数量、价格、时间收购农户的农产品。农产品专业批发市场也可以为农户提供一定的技术服务和资金扶持。

（4）流通企业带动型，即农户+农产品流通企业。在这种模式中，农产品流通企业，既可以是内贸性质的公司，也可以是外贸性质的公司。合同约定的内容与第二、第三种模式基本相同。

（5）企业集团型，即农户与龙头企业之间通过投资，或农户以土地作为资产入股，建立一个新企业集团，或龙头企业通过对农户的土地返租倒包，并对企业进行投资入股，农户成为企业的生产者，农民成为企业的股东或员工，农民通过企业内部的劳动报酬分配机制以及利润分红机制，取得产业链的平均利润。

通过上述对农业产业化具体的组织形式的分析，我们可以看出，通过农业产业化，可以促进农业生产的专业化发展和区域经济一体化、规模化的发展。同时，由于龙头企业与农户之间有着共同的利益目标，为了追求利益的最大化，龙头企业一般还会为农民提供生产技术和资金支持，农民也有了应用先进的农业生产技术的动力，这必将推动农民素质的提高和农业科技的广泛应用，从而提高农业科技水平和农业生产力。

（五）农业产业化的运行机制

农业产业化机制是农业产业化顺利发展的有力支持。其中，利益分配机制是农业产业化中的核心问题，它直接关系到参与农业化各主体的利益，是决定农业产业化成功与否的关键因素；营运约束机制发挥约束作用，保障权利义务关系的统一；资金投入机制解决农业资金短缺的难题，保障农业所需资金的供给；基本保障机制通过一系列措施保障农户的基本利益，发挥了稳定作用；宏观调控机制是政府从国家的角度出发给予的政策保护和扶持。这五大机制在农业产业化中充分发挥各自的作用，对21世纪我国农业的深入发展有重要意义，它们共同组成农业产业化运行的框架机制体系。

1. 利益分配机制

（1）利益分配机制是农业产业化中的核心问题。

在建立利益分配机制时要坚持"利益共享、风险共担"的原则，在企业、农户及其他各参与主体之间建立互利互惠的利益关系。在这里，"共享"与"共担"密不可分，如一块铜板的两面。承担风险是各参与主体共同的义务，也是利益共享的前提。利益共享是多元参与主体应有的正当权益。

（2）产权清晰是建立合理利益分配机制的前提。

在农业产业化中，只有各方产权清晰才能建立合适的利益分配机制，为"蛋糕"的制作创造条件，才能避免"搭便车"和机会主义行为的出现，推动整个资源的合理流动。在这个过程中，各产权主体的生产性努力方向应是一致的，并且保障农户合理的产权剩余索取，农产品增值收益部分回流到农业中去。

（3）农业产业化的利益机制必须通过分配方式来实现。

由于农业产业化的组织形式不同，在各参与主体之间形成了多种利益分配方式。其中，最基本的是两种形式：一是实现股份合作制，按股分红。农户或农户合作组织向加工经销企业投资入股并参与企业管理，待实现利润后按股分配。二是通过合同或契约方式，确定生产、加工、销售各方的应得利益，以多种形式实现利润在各环节间的合理分配。

2. 营运约束机制

营运约束机制主要包括市场约束机制、合同（契约）约束机制、股份合作约束机制、租赁约束机制以及系统内"非市场安排"五个方面。

（1）市场约束机制。

农业产业化初始试办时期，尤其是松散的联合经营，龙头企业凭借自己的信誉和传统的产销关系，与农户和原料产地通过市场进行交易，价格随行就市。这种运行方式多适应农业产业化与系统以外的市场主体进行交易，而在系统内部当保护价低于市场价时也采用市场机制。

（2）合同（契约）约束机制。

合同（契约）约束机制是农业产业化普遍采用的主要运行方式。龙头企业与基地（村）和农户签订具有法律效力的产销合同、资金扶持合同和科技成果引进开发合同等，明确规定各方的责权利，以契约关系为纽带，进入市场，参与竞争，谋求发展。基地（村）、农户接受龙头企业的指导，搞好农产品的生产，按合同规定向龙头企业交售其产品；龙头企业为基地（村）、农户提供服务，按照让利原则保护性地收购签约农户合格的产品。

（3）股份合作约束机制。

在产业化系统中，企业与企业间、企业与农户间实行股份合作制，以土地、资金、技术、劳动力互相参股，形成新的资产关系。龙头企业运用股份合作制吸收农户投资入股，使企业与农户以股份为纽带，结成互利互惠、配套联动的经济共同体。

（4）租赁约束机制。

龙头企业将农民的土地租赁过来，通过租金的方式给付租让其承包土地的农户，然后将土地作为企业的生产基地再倒包给农户经营，产品全部由企业收购，或租让土地的农民可优先在企业试验区、示范园就业、挣工资。维系龙头企业与农户关系的纽带是返租契约和租让土地的农民就业安排协议。

（5）系统内"非市场安排"。

通过农业产业化系统内"非市场安排"，各参与主体之间原本在外部市场上进行交易的原料、半成品和制成品交易内部化，减少了流通环节，降低了交易成本，增加了各主体的收入。系统内的"非市场安排"适应了农业特点，有利于灵活、及时、稳定地协调农业的产供销活动。

3. 基本保障机制

农业产业化的目标和机制，需要与之相配套的制度来保障，制度是由组织制定和执行的。"利益共享、风险共担"的利益共同体是实现农业产业化目标的保障体系。

（1）组织保障。

组织保障是否建有稳定的组织是判断某个经营实体是否实行农业产业化的一个重要标准，也是制定与执行各种制度的承担者和重要保证者。龙头企业是制度的拟定者和主要执行者，作为产业化经营组织载体，在农业产业化中具有非常重要的作用；而农民的组织化程度越高，制度效率和经营效率就越高，经营交易成本也就越低。

（2）制度保障。

农业产业化系统要建立和完善一系列制度，以适应市场经济条件下农业产业化不断发展的需要：① 合同产销制度。实行合同产销制度可以减少生产上的盲目性，降低市场风险，它的实质是按预定销售额进行生产，发展订单农业。② 保护价格制度。保护价格是产销合同的重要内容，只有建立了这样一种制度，签约农户利益才有保证，龙头企业所需原料才有来源，产业化正常营运也就有了基础。③ 风险基金制度。为防范市场农业面临的自然和市场风险，农业产业化系统必须建立风险基金制度。该基金可以采用政府、龙头企业、农户等不同的组合方式建立。

4. 宏观调控机制

宏观调控机制是由国家计划、经济政策和宏观调控手段等环节有机组成的调节和控制农业产业化运行的体系。政府部门应把规范农业产业化内部营运机制、改善外部运行环境、建立和运用宏观调控机制作为推进农业产业化进程的一项重要任务。它主要包括以下几个方面：高起点搞好农业产业化的总体规划；制定优惠的经济政策，全力扶持农业产业化发展；引导合作经济组织的自发形成；引导农业科技变革和创新；加强涉农法制建设，以法律法规规范农业产业化。

5. 资金投入机制

资金是我国农业发展最稀缺的要素之一，也是推进农业和农村经济结构战略性调整的一个关键性因素。建立多元化投入机制，是促进农业产业化各个环节的规模不断扩大和协调发展的重要保证。在农业产业化中，要探索建立以政府投入为引导、以农民和集体投入为主体、以龙头企业和社会法人投入为骨干、以外资投入为补充的多元化投入新机制。

（六）农业产业化的意义

1. 农业产业化提高农村劳动生产率，促进农业向规模化、集约化升级

与家庭联产承包责任制下一家一户单独经营不同，农业产业化的基本要求是规模化和市场化，其重要目标是促进农业向规模化、集约化升级。在农业产业化经营的过程中，政府部门通过农村地区土地流转和土地整理，一方面拆院并院，流转出集体建设用地用于农业企业生产，防止企业建设侵占耕地资源；另一方面流转耕地，实现土地向种养大户、专业基地、农业公司集中，化零为整，提高土地利用率，提高农村地区种植养殖业的专业化、机械化和市场化水平。与此同时，土地流转所释放出的农村劳动力可通过专业培训提升劳动技能，参与农业企业的种植、养殖、加工、销售等生产活动，实现就地就业，拓宽农民收入渠道，提高农村劳动生产率。

2. 农业产业化促进资本进入农业和农村

与工业和服务业相比，农业生产投资大、见效慢、收益低，特别是在过去很长一段时间内，由于农产品价格"剪刀差"、农村投资环境欠佳、国家发展战略倾向等问题的存在，农业和农村"缺血"现象严重，成为制约农村地区发展的经济瓶颈。相比之下，农业产业化经营具有政府部门积极的政策导向，能够得到税收、土地、信贷等方面的优惠和支持，为产业化带来良好的经济效益和社会效益，这些积极因素促使农业和农村日趋成为社会资金流向的重要领域。随着资金、信息和技术的进入，农业产业化经营可逐渐壮大自身规模，完善投融资和利益分配制度，进而激活农业、农村金融信贷市场，活跃农村经济。

3. 农业产业化面向市场，增强农业抗风险能力

市场是农业产业化的"风向标"，市场化是农业产业化的重要内容。农业产业化经营的最基本要求是生产者能够根据市场需求安排生产规模和产品种类，适时合理调整生产时序，并通过规模化、集约化生产降低成本，增强农业生产资料和农产品议价能力，稳定农民收益，防止类似"谷贱伤农"的现象发生。同时，农业产业化经营促进市场体系的完善，农业产业化经营所需的各种物资、服务、技术能够通过市场渠道进行顺畅流通，市场能够对大宗采购和销售提供适宜的市场容量，从而规避农业生产所具有的脆弱性和敏感性，提高农业抗风险能力。

4. 农业产业化调整农业产业结构，拉长产业链并促进乡村旅游的发展

一方面，农业产业化打破了农业单一的产业结构，将制造业、商贸业、金融业等多种产业形态与农业相融合，构成农业产业联合体。另一方面，农业产业化可调整地区的农业产业结构，根据地势、气候、水土、市场等资源基础，单一的种植业可经过调整变成以某一特色农产品为主、多种农产品联合发展的立体农业，增加土地产出效益。与此同时，农业产业化所带来的规模效应可营造良好的大地景观，为乡村旅游发展提供绝佳的景观背景。农业产业化涵盖的手工业、制造业和高科技农业，可开发为乡村旅游产品。农业产业化的生产企业、农业基地、科研院所等可开发为旅游景点。

5. 农业产业化与乡村旅游结合，形成规模产业集聚

乡村旅游与农业产业化有着紧密的内在联系，农业产业化可为乡村旅游提供产业基础和景观背景，有些农业项目可作为旅游资源进行开发；乡村旅游可提升地区知名度，促使乡村改善投资环境，吸引社会资金流入。农业产业化与乡村旅游结合发展，有利于乡村地区旅游企业摆脱"散、小、弱"的不良局面，提高旅游企业经营规模；有利于农业产业化经营下剩余劳动力的转移，避免人口过度向城市流动；有利于形成规模产业集聚，提高特色产业边际效益，提高农业、旅游业的综合效益。

四、产业化与城镇化的相关理论

国内对农业产业化的研究很多，目前社会各界对农业产业化的内涵已经形成比较统一的认识：农业产业化是以市场为导向，以经济效益为中心，以主导产业、特色产品为重点，以科学技术为手段，优化各种生产要素组合，实行布局区域化、生产专业化、建设规模化、加工系列化、服务社会化、管理企业化，形成种养加、产供销、贸工农一体化经营，提高农业的增值能力，使农业走上自我发展、自我积累、自我约束、自我调节的良性发展轨道的现代化的农业经营方式和产业组织形式。它的实质是对传统农业进行技术改造，推动农业科技进步，加速实现农业现代化的过程。

农村城镇化是农村人口不断在城镇集中的同时，各种要素不断集聚，导致城镇规模不断扩大、城镇化水平不断提高的过程。国外对农村城镇化发展问题的研究，集中于城镇化发展阶段研究（P. Hall，1971；Klassen，1981）、城市社会地理学研究（Burgess，1978；Hoyt，2002；Harri，2005）、城市空间结构研究（Howard，1902；Raymond Unwen，1927；W. Christaller，1940）等领域。国内对城镇化发展的研究，则集中于城镇化发展路径选择研究（费孝通，1984；辜胜阻，2000；李永周，2007）、城镇化发展动力机制研究（李树踪，2001；覃成林，2007；孙中和，2009）、城镇化发展水平和速度研究（辜胜阻，2000；叶裕民，2007），以及乡村城镇化等领域。农业产业化是用管理现代工业的办法来组织现代农业的生产和经营活动的。自20世纪50年代美国提出"农业产业化"概念以来，国外学者对农业产业化的研究，集中于产供销纵向一体化、横向协作研究和产品链企业管理结构研究等领域。国内的研究，则集中于对农业产业化内涵、实质、特征的研究，以及农业产业化的动力机制、发展条件、组织形态和运行机制的研究。

农村城镇化与农业产业化的协同发展问题，是城乡关系问题的重要组成部分。国外学者对城乡关系问题的研究集中在三个方面：① 二元经济理论，包括"劳动力转移模型"（William Arthur Lewis，1954）、"费-拉模型"（John C. H. Fei，Gustav Ranis，1961）、"乔根森模型"（D. W. Jorgenson，1967），以及"托达罗模型"（Michael P. Todaro，1969）。② 地理二元结构理论，包括"回波效应理论"（Gunnar Myrdal，1957）、"区际经济不平衡增长理论"（A. O. Hirschman，1958），以及"中心边缘理论"（Friedman，1966）。③ 城乡关系协调理论，包括早期的空想社会主义，到马克思主义对城乡融合的历史唯物主义辩证观，以及霍华德（Ebenezer Howard，

1898）提出的"田园城市"概念，芒福德（Lewis Mumford，1961）提出的"城乡融合"概念，爱泼斯坦与杰泽夫（Tscarlett Epstein，David Jezeph，2007）提出的"三维城乡合作模型"，以及国内学者在城镇化与农业结构调整、城镇化与农业现代化发展、城镇化与新农村建设等领域的理论探索。从大趋势来看，国外早期的研究侧重于对城乡经济关系的探索，随后侧重于对"城市偏向"问题的研究，20世纪70年代以后，关注焦点转向城乡协调发展问题。与国外学者较多地从宏观层面研究城乡关系问题相比，国内学者更多地偏重于从微观、具体层面展开研究，尽管研究成果颇多，但较少涉及农村城镇化与农业产业化的协同发展问题。事实上，农村城镇化为农业产业化创造了条件，农业产业化为农村城镇化提供了支撑，两者互为条件、相互联系。两者的协同发展，对建设社会主义新农村、促进城乡统筹发展等，有着极其重要的意义。

第二节 城镇化与产业化相互关系分析

在新常态下，城镇化对于经济的拉动作用更加突出。回顾我国城镇化的发展历程，无论是民营经济驱动的城镇化，还是外资驱动的城镇化，无论是资本流动的城镇化，还是人口迁移的城镇化，都是产业推动的结果，健康的城镇化要以产业化为基础。因此，考察城镇化与产业化的发展关系对于我国发挥后发优势，顺利推进城镇化的发展有重要意义。

一、产业化与城镇化互动发展的关系

从国际上城镇化与产业化的发展情况可以看出，产业化的不断发展是城镇化发展的动力源泉，只有依靠产业化的不断发展，城镇化的发展才能获得就业的支撑和基本公共服务的保障。与此同时，城镇化为产业化提供了需求，提高了产业的生产效率，推进了产业结构的转变，更重要的是集聚经济加速了创新的形成，创新对于产业化的持续深入起着至关重要的作用。

（一）产业化对城镇化具有推动作用

产业化可以带动人口和企业向城市集中，提高人民收入水平，高水平的收入

为城镇化提供了内在需求。高端消费需求促使非农业占比不断上升，服务业在非农产业的占比不断上升，劳动力就业结构改变带动城镇化发展。产业化也可以为城镇化提供就业岗位、工资、利息和利润。城镇化过程在一定程度上提高了非农劳动力的供给，然而解决对非农劳动力的需求问题要依靠产业的发展。因此，解决新型城镇化问题的根本是要推动产业化发展。

（二）城镇化对产业化具有促进作用

城镇化通过促进生产推动产业化发展，城镇化的集聚效应可以增强工业和服务业竞争力，城市创新活动可以为产业升级提供知识要素的供给。城镇化也通过改善需求拉动产业化发展，城市中人口的集聚可以降低交易成本，并为产业的发展提供巨大的本地市场，使市场规模达到特定产业发展的阈值，城市的高端消费也为产业化深化提供了需求。

城镇化与产业化相互关联，因而一方发展不当便会对整体的互动造成影响。如城镇化成本对于产业化具有负向效应，城镇化成本的过快上涨，会影响产业化与城镇化的协同发展。总之，城镇化的合理推进需要产业化的有效进行来推动，产业化的有效进行需要城镇化的合理推进来保证。

二、产业化与城镇化互动协同发展的模式

城镇化与产业化既相互影响又相互独立，二者在初期相互耦合较强，中期却可能出现脱节。纵观国际城镇化进程，大体可分为西方国家工业化驱动城镇化、东亚国家政府引导下产业化与城镇化同步发展以及拉美国家产业化滞后城镇化三种模式。

（一）工业化驱动城镇化的模式

18世纪中叶，第一次工业革命在英国萌芽。随后工业革命迅速发展，至19世纪，西方国家工业化迅速发展的同时城镇化迅猛发展。1801年，英国城镇化率为33.8%，1851年达到54%，1901年达到78%[27]。工业化的迅速发展使城市与乡村的生产效率产生了巨大差距，城市中工业部门迅速成长，对劳动力产生巨大需求，对城镇化起到了拉动作用。圈地运动为农村人口的流动创造了条件，农村劳动力涌入城市，促进了城镇化的发展。同样，城镇化也为工业化提供了市场，并且城市的集聚经济也有利于工业部门生产率的提高。因此，在工业化的原始力量驱动下，城镇化与产业化

形成了良性互动,建立了工业经济体系,促进了城镇化的发展。

西方国家的整个城镇化过程主要由工业化在市场的作用下自发推进,属于产业化先于城镇化,城镇化先于社会福利的过程,城镇化进程较慢。在取得成功的同时,这种城镇化进程中也出现了一些问题,如自发的城镇化使人们没有意识到生态和环境的约束,工业化的发展对于环境造成了很大的破坏;人口在城市的大量集聚使得城市的公共服务滞后,人民生活质量差距扩大。

(二)产业化与城镇化同步发展的模式

第二次世界大战之后,日本、韩国等东亚国家进入了快速的城镇化与产业化过程。城镇化与产业化同步发展,使得这些国家在较短时间内完成了高质量的城镇化。日本1950年城镇化率为53.4%,1960年迅速增长到63.3%,1970年达到71.9%[28]。由于吸取了西方国家城镇化的经验,政府的规划引导在城镇化的进程中发挥了重要作用。政府注意引导产业的发展与升级,将传统制造业转变为高新产业和服务业,形成了国际先进的高端产业链条,并以此不断促进城镇化的进程。政府通过编制国土规划促进产业结构与空间格局的整体协调,使城镇化的质量快速提高,为城镇化的持续高质量推进提供了保证。

在这种城镇化模式中,城镇化、产业化和社会福利协调同步发展,取得了很大成功。然而,快速的城镇化推进也产生了一些问题,城镇化和产业化的发展对环境造成了巨大破坏,高速的发展过程使劳资关系出现紧张,但是政府通过及时出台法律等手段对这些问题进行了有效解决。可见,政府的适度引导对于城镇化与产业化的可持续协调发展起到了关键作用。

(三)产业化滞后城镇化的模式

第二次世界大战之后,拉美国家实行进口替代战略,快速建立起了工业体系,墨西哥、巴西等国家也大规模推进城镇化进程,城镇化率得到了大幅提高。1950—1980年巴西城镇化率从36.2%提高到65.5%[27],而西方发达国家这个历程经历了半个多世纪。但是,产业化的进程和产业的升级并没有与城镇化的快速发展相匹配,拉美国家过于依赖初级产品的出口使得产业升级十分缓慢,农村生产力的低下促使农业人口无序地涌入城市;由于缺乏产业吸纳就业,大量的城镇人口处于不充分就业状态,贫民窟现象十分严重;由于缺少产业化发动机的作用,并过早地推行福利赶超，加剧了经济停滞，使得城镇化的质量低下；较差的城市环境又对产业升级和服务业的发展产生了不利影响。

拉美国家的产业化与城镇化初期同步发展，但随后产业化远远滞后于城镇化，形成城镇化快于产业化，公共福利脱节的模式。虽然巴西个别城市的发展情况较好，但是城市发展不均衡的现象十分明显，大城市的过度发展与其他地区的凋敝同时出现。可见，脱离了产业化发展的城镇化会引发非常恶劣的后果。

第三节 特色城镇化与农业产业化关联性分析

特色城镇化为农业产业化创造了条件，农业产业化为特色城镇化提供了支撑，两者互为条件、相互联系、协同发展。据百度百科：所谓协同发展，就是指协调两个或者两个以上的不同资源或者个体，相互协作完成某一目标，达到共同发展的双赢效果。协同发展论已被当今世界许多国家和地区确定为实现社会可持续发展的基础。就如优胜劣汰理论一样，是自然法则对人类的贡献。

新型城镇化与农业产业化协同发展是指新型城镇化与农业产业化在客观上相互协调、相互促进、相互协作完成某一目标，使两者达到共同发展的双赢效果。

研究新型城镇化与农业产业化协同发展的实质是分析两者的相关关系。新型城镇化与农业产业化本是两个不同的主体，也是不同的系统，两者可以构成一个新的系统，即新型城镇化与农业产业化之间相互作用的一个良性循环系统，这一新的系统不是新型城镇化与农业产业化两个子系统的简单相加或融合，与两者原来的系统并不相悖，而是重构为一个全新的经济运行系统。新型城镇化与农业产业化发展过程之中涉及的"成员"是多方面的，它们之间互相协作，形成一个统一而又和谐的系统。一方面，新型城镇化与农业产业化协同发展覆盖农业产业化的产前、产中、产后所有相关联的参与主体与所有环节，除此之外，还包括农业产业化的外在影响因素，如与其发展相关的制定法律法规的政府部门与组织机构。另一方面，新型城镇化与农业产业化协同发展的过程之中会受到其周边环境影响，同时也在影响着周围的环境，两者协同发展是环境影响和自演变共同作用的结果。城镇化发展的外界影响因素，即对农业产业化的发展产生直接与间接作用的因素，一般包括城镇化所在区域的政治环境、社会环境、自然环境、经济环境和信息技术。

一、农业产业化和特色城镇化协同发展的关联性分析

（一）城镇化推动了农业产业化的发展

城镇化推动农业产业化发展的影响机理体现在以下四个方面。

1. 城镇化的发展加快了农业剩余劳动力的转移，有利于农业规模化生产

农业产业化发展的关键是提高农业产业经营效益，而农业的规模化生产是提高该效益的必由之路。这就依赖于城镇化的发展，因为农业产业化的实现需要在空间上不断地向城镇转移农村人口，在产业层面上向城镇的第二、第三产业不断地转移第一产业剩余劳动力，进而能够减少农村人口与农业从业人员，促使有限的土地相对集中到少数种植能手那里，为土地适度规模化、专业化生产创造必要的生产条件。城镇化的发展过程，是农村人口向城镇人口集聚并转变的过程，是从事第一产业人口的减少而进入城镇的第二、第三产业生产的过程，即城镇人口增加、产业结构发生改变的过程。研究表明，常住人口城镇化率提高 1 个百分点，从事第一产业生产的人员比重就下降 1.021 9 个百分点[29]。从该研究结果来看，城镇化的加速，能够为农村人口脱离农业而进入城镇非农业就业提供必要的条件——越来越多的农村人口落户到城镇，就会让他们将其原来的农村土地家庭联产承包经营权进行流转或者彻底放弃，如此使得拥有土地的人口大幅减少，释放出更多的土地，这样有限、分布零散的土地就可以相对集中到少数农户，有利于农村土地的规划和整治，为农业适度规模化生产经营与管理创造了必要的前提条件。

2. 城镇化为农业产业化的发展拓宽了市场需求

城镇化的发展加速了越来越多的农村人口向城镇转移，这些新增人口的角色也相应发生了变化——从原来的农副产品的生产者转变为对农产品的消费者。消费者的增加必然对农产品的基本需求增多。一方面，随着城镇化的发展，落户到城镇的人口增加将会大大增加整个城镇与社会对农产品的需求，为农业产业化的进一步发展拓宽了市场需求。另一方面，与时俱进的思维观念也会影响他们，使

其追求更有质量的生活方式，随之而来的消费观也就发生转变，如对产品的质量、营养和食品的安全性、多样性等需求更加关注，这些变化使城镇总人口对生产生活的需求也相应增加。据测算，单个城镇居民的消费水平相当于单个农民的3倍，城镇化率每提高1个百分点，消费便会增长0.8个百分点。在市场经济运行机制下，需求的变化和增多拓宽了农产品市场，使农户更加重视生产效率、土地生产力的提高，更加关注和掌握市场需求的动态，按照市场需求对农业结构进行相应的调整，如对农业进行绿色化、专业化、规模化、集约化生产，对农产品进行深加工，提高农产品供给的质量和效率，使农业生产匹配与新的市场需求，进而提升农业产业化的经济效益，提高农民收入。经济的增长与农民收入的增加会使农民自发地增加对农业科技的投入，这会进一步促进农业产业化的发展。

3. 城镇化为农业产业化的发展提供相应的物质技术支持

农业产业化是农产品的生产、加工、销售的一体化经营，其所需的完善的服务支持体系是农业产业化发展的关键。缺乏与之相应的物质和技术，其发展将会受到严重的阻碍。城镇化的溢出效应和集聚效应能为农业产业化的发展提供相应的物质技术支撑。首先，城镇化可以为农业产业化发展提供所需的物质基础，如基础设施、先进的机械用具和优质的化肥农药等农用物资。其次，城镇化可以为农业产业化发展提供人才、农业技术和资金等各种要素。具体而言，城镇化的发展能够进一步完善教育体制，产生更多的人才，教育和人才的溢出效应为农村教育水平的提高奠定了坚实的物质和人才基础；城镇化的发展会相应地带动工业生产方式的升级、技术的进步和管理水平的提高，由于城镇化的溢出效应，这些资源和能量会向农业部门转移和扩散，进而促进农业科技水平的提升；城镇化的发展能进一步提升该区域的经济实力，产生巨大的资金集聚效应，使该区域的资本积累率和投资回报率得到提高，加上互联网金融的发展，均有利于诱导城市部门充沛的资金向回报率较高的农业技术部门流动，为农业产业化的发展提供资金支持。城镇化提供的这些资源有利于农产品加工企业、农产品批发市场、龙头企业的建立和完善。再次，城镇化带来的发达、便捷的交通环境以及多样化的市场需求，使物流、人流、资金流和信息流更加集聚、畅通和高效，这将为农业产业化的生产、加工、销售与市场的连接提供有利的环境和外部支持。最后，相对完善和健全的社会化服务体系，能够为农民获取农产品的需求和市场动态提供较为便捷有效的渠道，降低了农民自主化、盲目化生产和销售带来的风险。

4. 城镇化有利于提高农民素质，增加农民收入

拥有一定数量土地的农民，如果只有土地收入这一项收入来源，很难有效实现增加收入的目的，其主要影响因素是农产品商品化程度较低使投入产出比得不到提高。而城镇化的进程带动了第二、第三产业的快速发展，可以提供大量的就业岗位，进而能够吸纳日益增多的农村剩余劳动力。转移到城镇务工或经商的传统农民会感受到城市工业文明，在其原有文化和城镇文化相互冲突、竞争和磨合以后，他们会接受城镇中较为先进的文化和经济，个体素质得到提升，他们相互影响和传播，进而有助于提高整体农民群体的素质水平，同时为他们寻求更好的生产、生活条件和增加收入创造了机会。农村剩余劳动力向城镇转移能进一步促进城镇化的进程，从而促进第二、第三产业的发展，同时为更加集约化、规模化的农产品生产提供条件。

（二）农业产业化支撑城镇化的发展

农业产业化支撑城镇化发展的影响机理主要体现在以下四个方面。

1. 农业产业化为城镇化提供了基本的物质支持

农业生产率的提高和农业产业化经营，为城镇化的发展提供了必要的物质支撑。农业产业化通过发挥龙头企业的带动作用，为分散的小农户与市场之间架起桥梁，实现产供销一体化，实现专业化、规模化和集约化生产，不断提高农业的综合效益，为城镇化的发展提供了大量的必需工业原料和农产品。一方面，农业产业化为城镇化尤其是城镇工业提供了丰富的原材料，如在城镇发展初期，由农业为其提供原始积累，另外许多工业是在以农业原料为加工起点的基础上发展起来的；当城镇化达到一定程度时，便能反哺农业，两者相互促进，共同发展。另一方面，农业产业化能够产生较多的农产品富余，这些剩余的农产品为城镇人口提供了优质、丰富的商品粮，同时，随着农产品的深加工，多样化的农产品能够满足城镇人口对农产品消费多元化的需求。这些物质既为日益增多的城镇人口提供必需的生活需求，又促进了城镇工业的进程。

2. 农村产业结构的优化为城镇化发展提供产业支持

农业生产方式的不断调整和改进是农业产业化发展的必由之路，如此便促进了农业产业结构的调整。农村产业结构包括三个部分：农业（种植业、林业、畜牧业和渔业）、农村工业和农村服务业（金融、会计、农村信息、咨询、法律和旅游服务等）。合理的农村产业结构，不仅能够充分利用自然资源和经济资源，还可以使各个生产单位和生产项目对农业物质生产资料达到相对平衡的状态。农业产业化通过商品生产基地，保证了农产品的基本供给，便于采用高科技的生产方式进行规模化生产，进而提升规模效益和综合效益。农业产业结构的调整，是原来较为单一的农业经济向综合性经济（农产品加工、农村商业化、农业服务体系和农村第三产业等）转变。相应地，农民的收益渠道也从原来单一的农业收入转向以农为本、以工带农（采用工业化的组织模式和生产方式，提高了农村工业与农业的关联程度，实现了农产品就地加工增值的效果）、生产方式的多样化加快了农民致富。农业产业化通过商品生产基地、龙头企业、市场群落和主导产业等要素作为农业产业化经营的支撑点，促进农村三大产业结构的调整与优化，从而为城镇化的发展提供产业支撑。

3. 加速转移农业剩余劳动力，为城镇化发展提供人力保障

20世纪90年代以后，我国农业领域所能容纳劳动力的绝对量平均每年以0.83%的速度在下降。由此预测可知当前我国农业剩余劳动力的现状，大量的剩余劳动力离开农村向非农产业和城市迁移。城镇化也在逐步发展，由此推动了产业结构与就业结构的变动，不断发展的第二、第三产业对劳动力的需求量越来越大，越来越迫切，而城镇劳动力的自然增长速度满足不了对需求量的增长速度的要求，同时，农业产业化的兴起和发展促进了产业化经营的规模化、专业化和集约化，尤其是在农业科技快速发展的时代，大大提高了农业的生产率，这样从农业中释放的剩余劳动力恰好满足城镇化对人口的需求，为城镇化发展提供了重要的人力保障，进而加快了城镇化的发展。

4. 增加农民收入，为城镇化的发展拓宽消费空间

农业产业化是将生产、加工和销售一体化的过程，它减少了劳动力的投入，却提高了总的产出效益，因此提高了农业劳动力的生产率，农民人均可支配收入也随之增加。依据凯恩斯的消费理论,消费与收入是正比例关系。换言之,收入增加,消费也将按照一定的比例随之增加。因此,在物价基本稳定的条件下,农民收入增加将会使农村消费者预算约束线向外扩张,农民先前的潜在需求能够转变为现实的消费满足。农业产业化的逐步发展相应地提高了农民的收入水平,农村居民的恩格尔系数随之降低,即食物消费在总的消费支出的比重降低,进而使农民对工业制品和服务的消费增加,这就拓宽了工业品(包括城市工业品和农村工业品)和服务市场的市场空间,从而加速了第二、第三产业的发展,为城镇化发展提供了产业支撑,增强了城镇化发展的经济推动力。

由上述内容可知:城镇化的发展加快了农业剩余劳动力的转移,提供相应的物质技术,为农业产业化提供市场需求,增加农民收入;农业产业为城镇化提供了物质支撑、产业支撑、人力保障和广阔的消费空间;可见城镇化为农业产业化是相互促进、相互协作的,二者互为依托,相辅相成。

二、农业产业化和城镇化的协同发展更有助于经济快速稳定发展

科学发展观是以人为本,全面、协调、可持续的发展观,促进经济社会和人的全面发展,要求统筹城乡发展、统筹区域发展、统筹经济社会发展。实践证明,只有农业产业化和城镇化协同发展,才能加快农业产业化发展的步伐,才能加快实现城镇化,城乡差距才能逐步缩小,地区经济社会才能全面持续快速发展。这才是真正地落实了科学发展观,真正地实现了城乡统筹、经济社会发展的统筹。

城镇化与农业产业化协同发展,可以产生"1+1>2"的综合效果,不仅有利于两者自身的发展,更有利于社会主义新农村建设和城乡统筹发展,最终起到富农强省的作用。具体来讲,其可以概括为以下四个方面。

(一)两者协同发展,可以形成要素集聚效应

农村城镇化是农村剩余劳动力的集聚过程,是乡村人口向城镇人口转变的过程;农业产业化则是农业生产要素的集聚过程,其本质是用管理现代工业的办法来组织现代农业的生产和经营活动。农村城镇化与农业产业化的协同发展,一是将分散的农村企业集中到城镇,实现农村工业化向城镇工业化的转变;二是传统农业向现代农业的跨越,是农户(农业企业)向龙头企业、核心企业集中,龙头

企业、核心企业向工业园区和城镇集中的转变。这种劳动力和生产要素的集聚,在提高农村城镇化、农业产业化水平和质量的同时,可以充分发挥规模效应和集聚效应,并通过纵向延伸(延长农业产业链)和横向拓展(组建农业企业集团),带动相关产业的发展,从而发挥两者协同发展的连带效应。

(二)两者协同发展,可以形成市场培育效应

强化农业资产和农业要素的市场化运营,既是农村城镇化发展的内在要求,也是农业产业化发展的内在要求。农村城镇化与农业产业化的协同发展,更要求农业资产、农业要素按市场规律有序流动,达到合理配置、高效利用的目的。具体来讲,两者协同发展的市场培育效应,表现在四个方面:首先,两者的协同发展,要求按照产权明晰、权责分明、管理科学的原则,推动农村土地制度的改革,构建农地的有偿使用机制和依法流转机制;其次,两者的协同发展,要求强化以城镇为依托的农业要素市场,并建立健全市场中介组织,促进农业资源的市场化配置,实现高效配置、优化配置;再次,两者的协同发展,要求完善以城镇为依托的农村金融市场,促进投资主体的多元化发展。同时,股份制改革等金融创新,也是促进农村集体资产市场化运营、提高农业企业运营效率的内在要求。可见,农村城镇化与农业产业化的协同发展,可以促进农村市场的完善,从而发挥两者协同发展的市场培育效应。

(三)两者协同发展,可以形成产业优化效应

从产业结构调整视角来看,农村城镇化与农业产业化协同发展的过程,是农村产业结构调整和优化升级的过程,也是以传统农业占主导地位的第一产业向以现代工业、服务业、高新技术产业占主导地位的第二、第三产业转移的过程。在产业结构调整和产业转移、优化的过程中,农村城镇为不同村落、不同宗族的"农村人"提供了集聚的场所和机会,使更多的农村居民从农村宗法关系、族群关系的束缚中摆脱出来,按照现代文明、民主法治的原则处理人际关系。这时,农村城镇为生活在其中的居民提供了更多个性发展的自由空间,人们的生活环境、工作环境、思维方式和行为习惯也会更好地融入现代社会,最终完成从"农民"向"市民"的转变。这种转变过程,同时也满足了农村产业结构调整对劳动力素质和个性特征的要求,从而为农村产业结构的持续调整、优化奠定良好的基础。

（四）两者协同发展，可以形成经济催化效应

结合农业产业化趋势，发展多种形式的所有制经济，全面改造农村乡镇经济，是建设社会主义新农村的一个重要内容，也是我国农业产业化发展的一个重要趋势。长期以来，农村乡镇企业在反哺农业、以工补农的过程中，做出了巨大贡献。目前，乡镇企业如果停留于用货币资金来支农、补农，那么显然无法适应市场化发展的需要。利用自身在资金、技术、管理等方面的优势，着力办好农业龙头企业，积极发展农副产品的生产、加工、储运、销售，实现贸工农一体化，种养加和产供销一条龙，可以有力地带动地方经济的发展，从而充分发挥两者协同发展的经济催化效应。同时，两者的协同发展，有利于形成机制共创、设施共用、信息共享、市场共育的综合体系，从而有利于形成完善的社会化服务体系，最终有利于提升企业的持续竞争能力和创新能力，促进农村区域经济的持续、稳定发展。

依据以上四个方面的协同效应，城镇化与农业产业化的相互作用及二者的协同发展可以起到强省富农的积极作用。

参考文献

[1] 新玉言. 新型城镇化：模式分析与实践路径 [M]. 北京：国家行政学院出版社，2013.

[2] 刘传江，郑凌云，等. 城镇化与城乡可持续发展 [M]. 北京：科学出版社，2004.

[3] 秦润新. 农村城市化的理论与实践 [M]. 北京：中国经济出版社，2000：15.

[4] 赵春音. 城市现代化：从城镇化到城市化 [J]. 城市问题，2003（1）：6-12.

[5] 胡必亮. 把握城镇化实质推进我国城镇化健康稳步发展 [J]. 理论参考，2010（2）：14-17.

[6] 孔凡文. 未来中国城镇化发展道路的选择 [J]. 经济研究参考，2006（71）：37.

[7] 费孝通. 中国城镇化道路 [M]. 呼和浩特：内蒙古人民出版社，2010.

[8] 简新华. 走好中国特色的城镇化道路——中国特色的城镇化道路研究之二

[J]. 学习与实践, 2003 (11): 45-50.

[9] 盛广耀. 新型城镇化理论初探 [J]. 学习与实践, 2013 (2): 13-18.

[10] 杜涛. 发展中国特色新型城镇化的路径选择 [J]. 中国商论, 2014 (2): 149-150.

[11] 仇保兴. 新型城镇化：从概念到行动 [J]. 武汉建设, 2013 (3): 12-14.

[12] 魏后凯. 新时期中国城镇化转型的方向 [J]. 中国发展观察, 2014 (7): 4-7.

[13] 秦少伟. 对"农业产业化"提法的困惑 [J]. 经济体制改革, 1997 (4): 129.

[14] 张慎. 农业产业化的实质、客观要求和历史任务 [J]. 中国农村经济, 1996 (6): 16-23.

[15] 胡继连, 靳相木. 有中国特色的农业产业化理论 [J]. 社会科学研究, 2000 (3): 47-51.

[16] 胡定寰. 微观农业产业化的理论及其应用——我国现代农业产业组织理论的初探 [J]. 中国农村观察, 1997 (6): 23-28.

[17] 牛若峰. 当代农业产业一体化经营 [M]. 南昌：江西人民出版社, 2002: 8-14.

[18] 吴方卫. 关于农业产业化的几点思考 [J]. 农业经济问题, 2001 (11): 34-37.

[19] 毛育刚. 中国农业演变之探索 [M]. 北京：社会科学文献出版社, 2001.

[20] 柴彭颐, 周洁红. 发达国家农业产业化经营的经验及对我国的启示 [J]. 浙江学刊, 1999 (1).

[21] 贾生华, 张宏斌. 农业产业化的国际经验研究 [M]. 北京：中国农业出版社, 1999.

[22] 梁开竹. 借鉴日本经验，推进我国农业产业化的发展 [J]. 广州城市职业学院学报, 2003 (1): 41-46.

[23] 冯中朝. 科技、农业与国民经济——以色列农业考察报告 [J]. 农业经济问题, 1998 (5): 60-63.

[24] 张文礼. 农业组织制度创新与农业产业化经营组织模式选择 [J]. 甘肃社会科学, 2000 (6): 62-64.

[25] 梁世夫. 农业产业化经营组织形式及其运行 [J]. 湘潭师范学院学报（社会科学版）, 2000 (1): 49-51.

[26] 李惠安,黄连贵,陈峰云. 发挥产业化经营在优化农业结构中的作用[J]. 农村合作经济经营管理,2000(2):10-11.

[27] 孙久文,闫昊生. 城镇化与产业化协同发展研究[J]. 中国国情国力,2015(6).

[28] 刘凤祥. "十三五"重点中心镇产业发展研究[J]. 中国名城,2017(1):29-35.

[29] 李丽莎. 论城镇化对产业结构与就业结构的影响[J]. 商业时代,2011(18):15-16.

第二章 国内外农业产业化比较研究与借鉴

第一节 国内外农业产业化比较研究

一、国外农业产业化概述

(一) 美国农业产业化

美国国土面积937万平方公里,总人口3亿多人,是地广人稀的国家,美国自然资源丰富,发展农业有着得天独厚的条件,其农业产业化起步于20世纪50年代,到今天,布局区域化、生产专业化、经营一体化、服务社会化的农业产业化大格局已全面形成。

1. 健全的利益联结机制

美国农业产业化体系是建立在大规模家庭农场基础上的。1994年,美国有204万个家庭农场,其平均规模为193.4公顷。目前,私人业主或家庭农场占86%,合伙农场占10%,公司农场占3%,其他占1%。由于许多合伙农场和公司农场也是以家庭为依托的,所以约99%的美国农场实际上都是家庭农场[1]。美国现在的大多数家庭农场就是企业,农场主也可被称为农业企业家。农场作为独立运作的农业企业,与其他行业的企业一样,都是根据市场给出的信息来经营的。它们与加工、销售企业之间的关系,尽管外部形式不同,如有的是较紧密的股份制关系,有的是契约关系,有的是合作关系,有的是市场买断关系,但本质却是市场等价交换关系,只不过这些企业从事的经营环节不同,农场作为企业,在这条企业链上没有任何特殊情况,不存在受欺负、被剥削的问题。农场与企业之间建立了合理的分配关系，真正成了"利益共享、风险共担"的共同体。

2. 产供销一体化的农业产业化经营体系

随着农场规模的扩大和农业生力的发展，在农业和其他产业领域内相继出现了大批为农业服务的组织和公司，从而把农业从农用生产物资的生产和供应、农业生产、农产品收购、储运、加工、包装一直到销售等所有环节组成了一个有机的整体，形成了一体化的农业体系。其组织形式主要有以下三种：第一，在为农场主提供产前、产中、产后服务的各类厂商和公司中起主要作用的是大型托拉斯集团，它们在美国的农业产业一体化中起主导作用。第二，按合同制组成的联合企业。美国约有40%的畜产品是以生产合同或垂直一体化的形式进行生产的，其中肉鸡业、鲜奶业分别高达97%和98%。1/3的果木农场也实行合同制[2]。第三，由农场主联合投资兴办的供应生产资料和销售农产品的合作社。农场主合作社在美国的一体化农业服务体系中占有重要的地位。它解决了单个农场难以解决的问题。

3. 农业专业化程度很高

美国农业已经在很大程度上实现了种植专业化，形成了一些著名的生产带，如玉米带、小麦带、棉花带等。这种区域分工使美国各个地区能充分地发挥各自的比较优势，有利于降低成本、提高生产效率。通畅的水陆运输网的建立更进一步促进了区域分工和专业化生产，而区域分工和专业化生产也有力地推动了附近地区相关产业的发展。

4. 依靠市场机制的作用来保证农业产业化的推行

美国农业产业完全以市场为导向，联邦政府、州政府及县政府没有统一指令性的种植计划，农场主根据市场需求情况来经营和管理农场。其农产品的销售方式一般是加工业或商业业主在生产期间签订产销合同，根据合同组织生产提供产品，而这些业主根据市场情况有的自己收购这些产品，有的进行转让交易或期货交易，有些农场主也进入市场对自己的产品进行拍卖。这一切都由农场主独立决策。农场主和产品经销商十分重视市场信息，信息反馈速度较快，农场主可通过微机联网获得技术信息或商品信息，各级政府和农业部门也帮助农场主，为其提供信息服务。

5. 政府对农业进行比较有效的宏观调控

作为发达的市场经济国家,美国主要依靠市场力量对资源进行合理配置。但政府仍然重视农业的基础地位,对农业采取了有力的支持政策。美国农业的宏观调控有三个特点:一是有专司政府调控职能的机构(商品信贷公司),并建立了巨大而灵活的联邦储备体系;二是有充足的财政支持;三是政府实行农场主"自愿"的农业计划,并用价格、信贷、补贴等手段予以有力的配合。

(二)荷兰农业产业化

荷兰位于西欧北部,国土面积4.15万平方公里,人口1 700多万人,是世界人口密度较大的国家之一。20世纪60年代初,荷兰畜产品、蔬菜、水果出现大量过剩,但没有销售市场。其主要原因有两个:一是欧共体各国有自己传统的进口渠道;二是其生产成本高,在世界市场上无法与美国、加拿大等国农产品竞争。于是在各成员国共同利益的要求下,欧共体彻底实施农业一体化。在此进程中,荷兰农业生产向产业化、集约化和机械化发展,使有限的土地产生了可观的经济效益,也取得了宝贵的经验。

1. 政府实施了适合国情的农业产业化政策

荷兰地势平坦,降雨充足,但光照不足,全年光照时间只有1 600小时左右。荷兰政府为使有限的土地得到高效的利用,采取了一系列符合国家气候特点和国情的农业发展战略及政策,避开需要大量光照和生产销售价位低的禾谷类作物的生产,充分利用地势平坦、牧草资源丰富的优势大力发展畜牧业、奶业和附加值高的园艺作物。荷兰农业一体化经营和农业发展获得成功的一个基本经验就是按照比较优势原则进行农业资源配置和结构组合,即对于优势领域多发展、多出口,而对于非优势领域就少发展甚至不发展,用进口来弥补国内需求。这既提高了农业资源的利用效率,又提高了农业的外向度,实现了农业的有效发展。

2. 专业化生产及社会化服务体系促进了农业产业化的推进

荷兰耕地不足,促使其比任何国家都更注重提高劳动生产率。因此,大多数农业企业都采用集约化、规模化的生产方式。荷兰农业无论是蔬菜还是花卉,一般都是专业化生产,多品种经营。荷兰有很多中介服务组织为农业服务,其中最为突出的是农业合作社。荷兰农业合作社已有100多年历史,是农民自己的组织,又切切实实地为农业服务,有信用合作社、购买合作社、加工合作社、花卉拍卖场等。有的一个农户同时是几个合作社的成员,合作社均有完善的组织结构,强有力的市场规范能力和全程服务机制,提供包括采购、生产、加工和筹备资金等产前、产中、产后全程服务。

3. 农业生产化以国际化的市场为导向

荷兰经济具有强烈的国际导向。1992 年以后,欧洲内部壁垒消除,因统一市场的影响,西欧内部市场潜力扩大并对成员国提供一定程度的保护,使欧洲成员国内部各种经济活动更加活跃,也给荷兰在欧洲市场上创造了更多的机会。荷兰农业产业纷纷看准欧洲和国际市场,充分发挥优越的地理位置,利用阿姆斯特丹、鹿特丹港的海运优势,阿姆斯特丹史基浦机场的优势及发达的道路系统和公共运输网络,促使农产品大进大出,使荷兰成为欧洲大陆农产品的分销中心。1995 年,荷兰人均 GDP 超过 40 000 荷兰盾,稳居富裕国家之列。1997 年,荷兰农业生产在欧洲所占市场份额达到 8%,其中园艺果蔬占 7%。便捷的航运使荷兰生产的鲜切花和蔬菜在两天之内运到欧洲、亚洲及北美洲等地。完全按市场需要决定产业生产经营方向,有效地遏制了相同产业或产品挤占市场"独木桥"的弊端。

4. 网络化的农业科研、教育和推广体系,促进了农业产业化的推行

知识和科技是农业创新的手段,荷兰的农业知识体系(科研、教育和推广)为农业产业化经营提供了有力的支撑。农业政策和相关领域科研工作由荷兰政府主管农业的行政管理机构农业、自然资源管理和渔业部(简称农渔部)负责。农业研究包括基础研究、战略研究、应用研究和实际研究,农业科研由农业实验站、区域研究中心、研究所和学会等部分组成,各自的研究方向和重点不同,分工明确,并相互协作,研究经费充足,设备先进,许多研究领域在世界上享有很高的声誉。研究成果及时推广于农民,很快就转化为生产力。农业科技的推广为农业产业化提供了雄厚的科技支持,有效地推动了农产品科技含量的提高,科技进步对荷兰农业增长的贡献率已超过 80%,这是荷兰农业具有持续竞争力的根本原因。

(三)日本农业产业化

在资本主义经济极为发达的日本,小农经济在农村占绝对的优势,与欧美国家完全不同，这与日本的自然、社会条件有关。其耕地面积仅占世界耕地面积总数的 0.4%，其人口却占世界人口的 2.2%左右，加上农田的零星分布，土地经营的规模就难以扩大。由于传统农业一家一户分散经营的格局越来越不适应农业生产力的发展，因此农业产业化需要从农业经营方式进行改革。日本农业产业化是在 20 世纪 70 年代前后实现的。日本农业产业化建设走的是"内源式"的发展道路，即充分发挥当地资源优势和充分利用现有的人力、物力和财力，面向国内国际市场，依托基层农协组织，注重加强农工商的合作。

1. 日本农协对农业产业化作用巨大

在日本农业产业化体系中，市场、企业、农户三者关系比较特殊，基本只有一种关系，即"市场—农协—农户"，企业作用不明显。农协为农户服务，并与农户结成经济利益共同体，基本上做到了农户需要什么服务，就提供什么服务。农协设有营农指导员，在生产、经营方面给农民以指导。产前由营农指导员按专业把农户组织起来，根据农协提供的信息以及各个农村家庭的实际情况，帮助农户编制生产与经营计划，并给以具体帮助，如取得信贷资金、开发引进低成本高收益的技术、推广优良品种及制定合理的耕作制度。产中按规划供应农药、化肥以及其他生产资料，并进行具体的技术指导。产后接受农户委托，对农产品分级包装并运往市场。日本农业的产前、产中、产后以及农民生活的各种服务基本上是由各级农协承担的，按农协的话讲，"农协的职能是要为农民提供从摇篮到墓地的一切帮助"。

2. 重视科教、因地制宜地推行农业产业化

日本从 1976 年普及高中教育，如今高校的升学率已达 50%。农业大学共有 42 所，在校生有 8 000 人，其办校特点是与农业生产紧密结合，大力培养应用型的技术人才，提高劳动者的科技素质。日本地少人多，山地多平原少，结合本国特点，日本政府重视在农业中生物技术等高新技术的开发和普及、对农作物的品种改良及栽培方法的改进、家用机械的利用以及生产环境的改善。例如，针对土地分散的特点，日本在农业中大量使用小型拖拉机，其小型拖拉机拥有量相当于法国的 35 倍、英国的 80 倍。每台拖拉机负担的耕地面积在 2 公顷左右，大大超过了世界的平均水平[3]。这些举措大大促进了日本农业产业化的良性运行。

3. 日本政府采取对农业产业化积极扶持的政策

日本农业是小农经营，巨额投资部分无法由农户自己来承担，在很大程度上要靠政府投资及金融政策。20 世纪 50 年代，日本政府对农业的投资已占国民经济投资的 20%左右，以后对农业产业的投资呈增长的趋势，目前已超过 40%。日本政府还对农产品实行价格补贴政策，70%以上的农产品的价格受政府的价格政策支持[4]。政府规定，受价格政策支持的农产品的市场价格如果低于保护底价，这些农产品就由政府部门收购，由此而产生的亏损，一部分由进口征税弥补，另一部分则转入公共财政预算，日本政府对农业的资助很多，但农业生产者的税收却比非农业要低得多，大体上只有非农业税率的一半，这些政策措施，成为保护农民收入的重要手段，也为农业产业化的顺利推行铺平了道路。

（四）国外农业产业化的内容

纵观世界农业发展的历史，农业产业化最早产生于 20 世纪 50 年代的美国，然后迅速传入西欧、日本、加拿大等发达国家，充分显示了农业产业化给农业乃至整个国民经济带来的积极的促进作用。国外农业产业化是根据利润最大化原则，通过变革旧的经济组织方式去追求潜在的经济利益，实现生产、经营、服务与利益机制等方面的转变的。由于资源条件、生产要素结构和政治经济社会环境不同，所以国外的农业产业化经营也各有特点。经过认真的分析对比，国外农业产业化的内容有以下四个方面。

1. 农业专业化和集中化

这是发达国家农业产业化的主要特征。农业专业化包括农业企业专业化、农艺过程专业化和农业地区专业化三个方面。所谓农业企业专业化是指农业企业之间实行明显的社会分工，各企业逐步摆脱"小而全"的生产结构，生产项目由多到少，由分散到集中，由自给自足转变到专门为市场生产某种农产品，其他生产项目或者降为次要的地位，或者成为从属的、辅助的生产部门，甚至完全消失。农艺过程专业化又叫农业作业过程专业化，即把生产某一种农产品的全部作业过程分解为若干个阶段，分别由不同的专业化的企业来完成。如美国的畜牧业生产，育雏、饲养、蛋奶生产等工作都由专门的企业来完成。农业地区专业化又称农业生产区域化，是指农业生产在较大的地区之间实行日益明显的分工，各地区逐步由"千篇一律""万物俱全""自给自足"的生产结构转变为比较集中地为市场生产某些农产品的专业化地区。如美国因地制宜地进行某种作物的生产,通过长期演进,已形成玉米带、棉花带、畜牧带等10个各具特色的农业带。生产集中化一般是指伴随农场数目的减少而出现的农场经营规模不断扩大的趋势。如美国农场的总数由1974年的231.4万个下降到1992年的190多万个,小规模的家庭农场逐渐减少,代之而起的是大规模经营的农场。虽然大农场在1992年只占全国农场总数不到18%,但是其拥有的土地占农业用地的54%,产量占农业总产量的83%[4]。

2. 农工商一体化,产供销一条龙

这是农业产业化最突出的表现形式。它是指农业企业集团内部、农业企业之间以及农业企业与非农业企业之间,通过某种经济约束或协议,把农业的生产过程各个环节纳入同一个经营体,形成风险共担、利益均沾、互惠互利、共同发展的经济利益共同体。如芬兰最大的乳制品联合生产企业瓦利奥公司,是一个具有大规模生产能力的专业化、社会化和集团化公司。该公司从奶牛的饲养,原奶的收购、运输,到乳制品的精加工、产品的销售和出口进行一体化经营,不仅效率高、周期短、生产成本低,而且随时可以根据市场的动态需求变化调整产品的品种和数量。该公司在全国各地拥有33个乳制品加工厂,加工能力占全国牛奶加工总量的77%左右,产品种类多达1 400种,年营业额达到18亿美元。

3. 服务社会化

这是农业产业化发展的客观要求。其基本内容包括产前、产中、产后各个环节上"一条龙"的社会化服务体系。如墨西哥的锡那罗亚西红柿生产协会就是为生产西红柿的农户设立的系列化服务机构,而且它还对西红柿的产销形势、政府政策、市场动向、生产技术等问题及时准确地向农户提出意见和建议。

4. 利益分配机制合理化

这是农业产业化发展的本质。由于农户处于出卖原料的地位,作为价格的消极接受者,一般难以得到正常的利润,而农业产业化则可以打破这种不合理的利益分配机制,通过农工商一体化经营,使农户也分享到农产品在加工、流通过程中增值的平均利润。同时,发达国家还十分重视对利益分配机制的调控,除给农民提供长期低息贷款外，还突出表现在农产品价格措施方面。如欧盟通过制定干预价格（最低收购价格）与门槛价格（最低进口价格）等措施，保护农民利益，以防"谷贱伤民"。

从国外农业产业化成功的经验中看出，企业与农民互惠互利是产业联结的基础，妥善调节企业与农民的利益关系则是农业产业化赖以生存和发展的关键。可见，农业产业化的发展，能够有力地推动一个国家农业的发展，这给缩小城乡差距、增加农民收入提供了一个新的发展思路。

二、国内农业产业化概述

（一）农业产业化发展阶段

结合我国的国情、现状，我国农业产业化在东部、西部和中部的发展，在一定程度上反映了我国农业产业化的发展历程。我国农业产业化的发展经历了三个阶段。

1. 探索起步阶段

这一阶段以西部地区市、县为主，其标志是：初步建成一定规模的农产品商品生产基地，形成若干专业村；初步培育1~2个具有一定经济实力和带动能力的龙头企业，或形成一批小规模、大群体的载体群；龙头企业与基地农户间的利益关系以市场交易为主；商品基地范围内的社会化服务组织初步建立，社会化服务开始起步。

2. 成长启动阶段

这一阶段以中部地区市、县为主，其标志是：农产品商品基地规模不断扩大，形成一个以上专业乡镇；有1~2个具有一定经济实力和带动能力的农产品加工、销售型龙头载体和一批小规模、大群体的小型龙头企业载体群，基本解决农产品卖难问题；龙头企业与基地农户之间的利益关系，由市场交易型逐渐转向合同制为主；基地范围内的社会化服务体系日趋健全，形成龙头企业垂直服务与有关涉农部门横向服务并存的局面；基地内农户逐步成立各种类型的互助合作组织，并发挥一定的组织带动作用。

3. 提高实施阶段

这一阶段以东部地区市、县为主，其标志是：骨干农产品生产基地向全县扩展,基地规模化程度较高,发展形成几个专业乡(镇);形成 3~5 个规模较大、经济实力强、带动辐射力大的龙头企业集团;产值或销售收入达 1 亿元以上,商品基地 80%以上产品通过龙头企业收购、加工或经销,成为基地商品销售的主渠道;农业科技对农业经济增长的贡献率达到 40%~50%;龙头企业与农户之间的利益关系,以较紧密的合同制利益共同体为主、市场交易为辅;基地范围内的社会化服务体系健全,功能比较完善;基地农户普遍建立了各种互助合作组织,能够较好地发挥合作组织的优势,维护农户的利益。

(二)农业产业化发展状况

我国农业产业化的发展,总的来说,形势良好,并取得了可喜的成绩,对于我国国民经济的发展和农村经济的发展,做出了巨大的贡献。农业产业化的现状主要表现在以下四个方面。

(1)整体发展水平全面提高。以培育壮大农村企业和壮大产业化组织作为重点,这有力地促进了农业产业化的发展。据 2002 年年底对农业产业化的统计,全国各类产业化组织总数是 94 000 个,比 2000 年增长了 42.4%。

(2)产业化领域进一步拓宽,龙头组织结构趋于合理。近几年越来越体现出农业一体化发展的要求,展现了农业一体化发展的大趋势。产业化组织按产业分类,种植业占 44.8%,畜牧业占 24.1%,水产业占 8.2%,林特产业占 10.4%,还有其他类型占 10.5%。

(3)产业化发展动力机制进一步完善。对于农业产业化经营的核心和内在的动力,企业和农户利益联结机制在发展的过程中不断趋于合理、科学。目前全国各类产业化组织与农户的联结方式中,合同方式占 51.9%,普通合作方式占 12.6%,股份合作方式占 13.3%,其他方式还有 22.2%。合同、普通合作、股份合作三种比较稳定的利益联结方式所占的比例达到 77.8%[5]。这大大地保护了农户的利益,降低了农户在发展农业过程中的风险,有力地推动了农业产业化的发展。

(4)现代企业管理机制被引入,龙头企业的带动能力明显增强。在产业化发展中,龙头企业处于市场竞争的最前沿,它们通过优化资本结构,采取兼并联合、股份改造等多种方式进行改制,不断增强自身的活力,迎接严峻的市场挑战,取得了很好的效益。企业管理机制的引入,有利于科技的引进和推广,农户思想意识的提高、竞争观念的增强，也加速了农业产业化的推广和发展。

（三）农业产业化发展特点

国内目前各地农业产业化经营呈现出组织数量增加、利益联结密切、经营形式多样、规模扩大、区域产业布局优化的特点，对发展农村经济的贡献也进一步增大。其呈现出以下发展特点。

（1）组织数量迅速增加。1998年农业部对1 650个县进行统计调查，当时农业产业化经营组织有3万多个，到2000年年底发展到66 000多个，尽管其中有调查范围扩大了800多个县、市的重要因素，但组织数量迅速增加仍是一大特点，截至2004年，已发展到124 000多个，平均年增长率为36.74%。

（2）利益联结方式更加紧密。各类农业产业化组织中合同方式占48.7%，比1998年下降了7个百分点；而普通合作、股份合作方式占27.6%，比1998年增加了7个百分点。建立稳定、长期的利益联结关系既是龙头企业发展的战略需要，也是农村农业产业结构调整、农民增收的需要，以合作、股份合作等为主要形式的紧密型农业产业化组织比重的提高将是今后的发展趋势。

（3）经营形式多样化。各类农业产业化组织中，有龙头企业带动型组织27 000个，中介组织带动型组织22 000个，专业市场带动型组织7 600个。在龙头企业带动农业产业化经营仍居主导地位的同时，中介组织带动农业产业化经营的作用越来越大。

（4）经营规模进一步扩大。2000年，农业产业化组织拥有固定资产总额4 200亿元，按同口径计算，比1998年增长26.8%，年增长13.2%，其中龙头企业的固定资产总额3 000多亿元，占72.2%；农业产业化组织实现销售收入6 800亿元，比1998年增长26.6%，年均增长12.25%；实现市场交易额4 100亿元。

（5）对发展农村经济的贡献进一步增大。首先，对农业产业结构调整的贡献增大。与1998年相比，农业产业化组织中蔬菜、水果、肉制品、乳制品加工的龙头企业的比例增加，其中蔬菜、水果加工龙头企业在种植业内部的比例增加了9个百分点；肉制品加工龙头企业在畜牧业内部的比例增加了8个百分点；乳制品加工龙头企业增幅更大，两年将近翻了一番。这些农业产业化龙头企业的发展，有力地推动了农业产业结构调整。其次，对农民增加收入的贡献增大。2000年，通过发展以"公司+农户"为主要模式的农业产业化经营，带动农户 5 961 万户，平均每户增收 900 元，比 1998 年增加了 100 元左右；2004 年，带动农户 8 454 万户，比 2000 年增加 41.8%，农户从农业产业化经营中平均每户增收 1 202 元，比 2000 年增加 302 元。

（6）优化了区域产业布局。随着农业产业化的推进，各地逐步形成了一批各具特色的、跨区域的、专业化和社会化程度较高的产业带，成为推动区域经济发展新的增长点。农业产业化经营充分发挥了各地的产业优势，优化了区域产业布局。

（四）农业产业化发展趋势

农业产业化的发展，顺应了我国农业经济发展的客观要求，当前在我国已呈现出令人欣慰的发展趋势。主要趋势有以下八个方面。

（1）在组织形式上，向着实体化的方向发展。实体型经营组织在开展经济活动中，实行有偿服务，形成了自身补偿的有效机制，使经营组织者有能力改进经营设施，增强组织经营功能，确保经营组织的不断发展、完善和壮大。这种经营组织的实体化，体现了农业产业化的发展趋势。

（2）在经营范围上，呈现出多元化的发展态势。这主要表现在生产环节、经营范围和经营活动三个方面：一是单一生产环节上的联合经营向某一生产项目的全程经营转化；二是由以种植业为主要经营范围，向林、牧、副、渔各业的综合经营方面发展；三是由生产领域内的经营活动，向分配、流通、消费等领域延伸与拓展。

（3）在组织的深度上，由一般性经营联合，开始向科研、推广、服务等专业化经营探索。这是农业产业化经营组织者追求和寻找的高层次、高水平的经营新动向。

（4）在农业产业化发展上，开始出现向群众规模的发展转化。产业化经营者大多是活跃在农村的"能人"，他们的成功，形成了一股强劲的影响力，带动起一部分农民大胆尝试的积极性，也吸收了一些农民加入他们的组织，促使农业产业化飞速发展，这势必成为扩展我国农业发展的一种有效途径。

（5）在经营组织的模式上，由传统的松散型向规范化的紧密型转化。组织内部制定有大家共同认可的章程和严格健全的各种制度,使组织经营机制的运行正常有序。目前,国务院各有关部门为共同推进农业产业化经营,由农业农村部、国家发展改革委等九部门建立了农业产业化联席会议制度,共同协调有关工作,制定有关扶持政策。同时,随着农业产业化经营的发展,农村和农业各项改革措施的深入和完善,国家对农业,包括农业产业化经营的管理体制也将会进行相应的改革,政府对农业产业化的管理、监督、指导和服务工作将更具有权威性和效率。

(6) 农业产业化经营将成为农村经济新的增长点。我国农业产业化龙头企业连接着亿万农户。大力发展农业产业化经营、扶持龙头企业,能更有效地解决农业的产业结构调整问题,解决农民的增收问题;能在一个比较短的时间内提高农业企业的竞争力,加长我国农业的产业链,提高我国农产品及其加工制品的附加值,这既是我国农业进入新的发展阶段农业、农村经济发展的需要,也是我国加入WTO后广大农民的必然选择。发展农业产业化经营在全国各地正在形成共识,政府各有关部门将会继续做好扶持农业产业化经营,有关扶持政策将得到进一步落实,农业产业化经营对国民经济的贡献和农村现代化建设的作用将继续扩大。

(7) 在产业方面,具有地域优势的农业产业带将和农业产业化龙头企业紧密结合并形成新的支柱产业。主导产业突出,做强做大了一批龙头企业,基地建设和标准化生产也取得了显著成效。在今后一个时期,发展农业产业化经营将继续与调整农业产业结构、促进农民增收紧密相结合。在东部地区,与发展外向型农业有关的农副产品加工项目相结合,农业产业化经营直接与国际市场接轨;在中部地区,尤其是粮棉油主产区,与粮食加工、棉花加工、油脂加工、饲料加工等项目相结合,通过农业产业化经营,使当地资源优势变为产业优势和经济优势;在牧区和大中城市郊区,肉类加工、乳制品加工等将成为农业产业化经营的支柱产业。同时,农业产业化经营将进一步推进区域间的分工与合作,加快我国农产品资源在更大范围内的高效配置和农业市场一体化进程。

(8) 在推广方面,中介组织快速发育,利益联结机制更紧密。在实施农业产业化经营过程中,注重引导龙头企业与农户建立较为紧密的利益联结机制,如合同制、合作制、股份制等,有效地降低了农业市场和自然双重风险。

第二节 国内外农业产业化发展的主要经验及对吉林省的启示

农业产业化是一个国家由传统农业向现代农业转变的必由之路。目前，农业产业化在许多国家以不同形式，在不同水平上，正轰轰烈烈地推进着，并积累了不少经验，吸取和借鉴这些国家农业产业化的经验教训，不仅可以从经济发展战略的角度来审视吉林省经济发展的轨迹，而且可以使我们少走弯路，更好更快地推进现代农业和统筹城乡发展。

一、国外农业产业化发展的主要经验及其对吉林省的启示

工业化国家农业产业化起步较早，它们大多通过城乡市场的结合，转变了农业生产方式，提高了农民收入，实现了现代农业，有效地提高了经济效益，进而实现了城乡统筹发展，从而实现了工业化。但由于各国自然地理、资源和区域布局的不同，在农业产业化的道路上，也各具特色。最典型的国家是美国和日本。

（一）美国发展农业产业化的主要经验及其对吉林省的启示

中美两国从表面上看，在农业方面存在很大差异，如农户规模、基础设施、市场体系、科技水平、生态环境及政府管理等，但仔细分析，这些基本上都是发展程度的差异。而在更本质的层面上，中美两国在农业发展上又有许多共同之处，如都是位于大陆中心的幅员辽阔的大国，农业资源丰富，人口众多，城市林立，市场广阔，产业门类齐全，各地经济差异性大，与世界各国有着广泛的联系等。因此透过表面现象的分析，找到中美两国的异同之处，探寻其中的差距，借鉴美国发展农业产业体系的经验教训，以此反思吉林省发展农业产业化经营的理论与实践，将其引导到正确的轨道，就能加快吉林省农业现代化进程。

1. 美国农业产业化发展的主要经验

（1）农业产业化经营要以市场为龙头。

审视美国的农业产业体系，就会更为清楚地看到，市场是真正的龙头。因为

首先，农业产业体系无论是其构成，还是其运营，究竟采取什么形式，都由所处的市场结构来决定；其次，美国农业产业体系面临的加工与销售、专业化与一体化、全球化与区域化、劳动密集与高科技等重大关系问题的具体处理，也要根据产业体系所处的市场情况来具体决定；再次，美国产业体系的内部与外部的利益关系，更是由特定时点的市场交换关系来决定的；然后，美国农业产业体系中的农户也是企业，在有机联系的产业链条中，每个企业都有独特的作用，很难说谁是龙头；最后，众多的美国企业都是以市场营销为龙头的，产业体系中流通的企业更是企业链条的首端。

总之，在美国的农业产业体系中，市场是真正的龙头，是最宝贵的资源。而这个龙头又是"神龙见首不见尾"，时时变幻不定，难以把握，再加上各种竞争对手也在其中博弈，更增加其神秘莫测的色彩，使得所有置身其中的市场主体，无不小心谨慎，认真对付；于是也机警灵活，求实创新。

（2）不断创新的知识经济和人才促进农业产业化经营上新台阶。

"美国现在发展农业产业化经营，重视科技，不仅停留在良种、好的加工设备等方面，还以国家所属的大院大所为依托，由高级科技人员来撑门面，而这样在原有的体制框架内'单打一'的狭窄的视野范围拓展到提高科技含量。"像美国农业食品产业体系中的可口可乐、麦当劳、肯德基等著名品牌和企业，它们在全球经营中得心应手，屡战屡胜，靠的就是横跨科技、文化及经济等多方面领域的综合经营，使其产品畅销世界，品牌深入人心，始终领导食品行业的时尚和潮流。这些方面的创新，都离不开人才。可以说，美国农业产业体系最持久、最关键的竞争力载体，就是适应市场竞争的复合型人才。美国发达的教育和培训是孕育产业化经营各类人才的摇篮；而成熟的人力资本市场，又使人才能够不断地调适自己，适应知识经济时代的发展。应该说这是我国开展农业产业化经营时与美国差距最大的地方。

现在社会已发展到不只是注重实物经济，而且还需要"知识经济""概念经济""眼球经济"的阶段。"在农产品供求关系从卖方市场转向买方市场，千家万户分散经营的状况没有根本改变，农产品竞争日益激烈的今天，要实现小生产与大市场的对接，根本出路在于发展农业产业化。发展农业产业化经营是加快农业和农村经济结构条件，实现现代化的重要途径，也是应对入世挑战，增强农业竞争力、提高农业效益、增加农民收入，全面建设农村小康社会的有效途径。"要想吸引人们的注意力，使经济行为及成果有特色，必须有较大的差异性，这不但要提高科技来弥补这样的差距，还要大胆果断地深化农业科技推广体制改革，重视人才的培养。

2. 美国农业产业化发展经验对吉林省的启示

（1）吉林省发展农业产业化经营要把市场放在首位。

吉林省要加速发展农业产业化经营，一定要把市场作为农业产业化的立足点，把市场作为农业产业化经营内在的、真正的龙头来看待。企业和农户的所有经营方式和行为都要从市场出发，由具体的市场结构来确定，注重市场调研，特别是研究国内外同行的经营状况。正是这些竞争对手，构成活生生的市场。要集中企业最优秀的人才、用最大的精力来对待市场营销，学习外国先进的营销理论与实务，通过生动活泼的形式，引导人们的消费观念和习惯。要根据市场体系的发育状况来发展专业化、社会化分工，特别注意生产与流通的分工分业，大力发展专业的流通组织和机构。在开拓市场的同时，注重品牌和服务，加强市场的维护。

（2）吉林省加速农业产业化经营贵在创新。

把推动科技创新作为发展农业产业化的制高点，创新是民族的灵魂和不竭动力，要突出抓好。一是鼓励农产品加工企业瞄准国内外同行业的先进水平，加快科技进步，提高农产品的加工能力；二是引导龙头企业与大中专院校、科研单位联姻攻关，加快先进技术在农产品生产、加工、贮藏、保鲜、运输环节的应用；三是鼓励企业加大对科研的投入，提高企业的自我创新能力，增强企业的发展后劲；四是在加强龙头企业人才培训的基础上，引导企业不拘一格地引进和聘用高级管理人才和技术人才，加快提高企业的管理水平和技术水平。

吉林省农业产业化只有产业创新、市场创新、管理创新、科技创新和体制机制创新，才能有竞争力。产业体系的核心竞争力，要害就是创新。要创新，就必须有能够创新的主体——人才，还要在机制体制上创新，而不能只局限于科技领域。杨振宁讲："科学和艺术是一个硬币的两面。"

（二）日本农业产业化发展的主要经验及其对吉林省的启示

日本是一个人多地少的国家，全国总人口约为 1.2 亿人，其中 76% 为城市人口。在日本 37.7 万平方千米的国土面积中，被森林覆盖的山地面积占 76%，全国人均耕地面积不到 0.046 公顷。日本和中国是一衣带水的近邻。日本人口多、资源匮乏、人均耕地少，但是依靠技术进步和发展教育走上了农业现代化和农村城市化的道路，人民丰衣足食、安居乐业，社会稳定，已成为世界瞩目的经济强国。日本以土地广泛分散在小农户手里的家庭经济为基础的农业与中国的农业国情极为相似，其发展农业产业化经营的经验，对同样属于人多地少的吉林省来说，具有较大的参考价值。

1. 日本农业产业化发展的主要经验

为提高农业产业化经营水平，改变农业的落后状况，提高农产品的市场竞争力，日本从 20 世纪 50 年代初开始以各种方式推行农业产业化经营战略，经过 20 多年的摸索和努力，至 20 世纪 70 年代中期，获得了较好的成效。其采取的做法主要有以下三个方面。

（1）利用补贴、扶持政策，促进农业产业化发展。日本农业是一个保护性的产业，生产、加工、销售每个环节都有一些优惠的扶持政策。在生产方面，在加入世界贸易组织以前，日本政府采取农产品价格补贴政策扶持农业；在加入世界贸易组织以后，由于受其有关农畜产品价格市场化、贸易自由化等多方面的限制，日本政府放开了农畜产品价格，同时采取补贴基础设施投资的办法来促进农业生产的发展。基础设施建设投资由国家和地方两级政府承担，其中 90% 左右是无偿投入的，其余 10% 左右由受益者在 1~5 年内偿还。此外，日本政府还拨付农协一定的资金，以低息贷款的方式支持农业发展。在加工方面，加工企业的建设投资国家无偿投入 50% 左右。在销售方面，农畜产品销售店、销售市场的建设，国家的无偿投入一般都在 50% 左右。日本政府采取的这些补贴、扶持举措，有力地促进了农业生产、加工、销售等方面的强劲发展，大大提升其市场竞争力。

（2）日本农业产业化经营模式不像一些欧美国家那么多种多样，而是主要采取两类模式：一是以工商业资本为主体的垂直一体化经营模式；二是以农协为主体的平行一体化经营模式。"一村一品"运动是日本农业产业化的成功模式。在人多地少、资源紧张的情况下，日本通过开展"一村一品"运动，使每个村庄开发出具有地方特色的精品或拳头产品，成功打入国内和国际市场[6]。

（3）发展农业兼业户，转移农村剩余劳动力。日本农业机械化作业的普及，虽然大大提高了活劳动的生产效率，但也导致农业劳动力过剩。为此，日本政府通过积极发展农业兼业户，使一部分剩余劳动力转移到第二、第三产业。这不仅为农业产业化经营创造条件，也为增加农民收入提供多种途径。日本兼业农户特别是第二产业兼业农户的大量出现，为工业经济的稳步发展提供了稳定的"产业后备军"，起到了"劳动力蓄水池"的作用，丰富了现代市场经济体系中的劳动力商品市场，同时对于缩小城乡差别和稳定社会也具有良好的作用。

2. 日本农业产业化发展经验对吉林省的启示

日本农业产业化的做法以及取得的成就对中国农业发展具有良好的借鉴及启示。

（1）强化政府作用。

环顾包括日本在内的农业发达国家，其农业现代化的进程都离不开政府的支持。农业基础设施的建设、农用科技的开发与推广、农业合作组织的完善等都依靠政府的扶持。农业本身的弱质性也决定了政府扶持农业的必要性，现阶段在强调政企分开的同时，不能一概否认政府干预，关键是看干预的结果。日本政府就从立法、组织、资金、价格贸易等多方面采取一系列的政策措施，支持和推动农业产业化的发展。

（2）提高农业的组织化程度。

吉林省目前农业生产的基本单位是农户，单个农户的生产方式与社会化大分工、大生产的农业产业化之间有着根本的矛盾，如何结合省情将分散的、单个的农户与大市场、大生产联系起来，农业社会化专业组织的建立便成为解决问题的关键，我们可以吸取日本重视发展农协的成功经验，由农业合作组织来引导农户由一家一户的小生产向大市场迈进。农协组织在日本十分普遍，有99%以上的农户都加入了各自的农民协会。在日本农业产业化体系中，市场与农户的关系实际上体现为一种"市场—农协—农户"的关系，农业企业的作用反而不明显。大力发展农业合作组织，努力提高农业的组织化程度，应是中国农业产业化进程中必不可少的举措。

（3）提高农业的科技化程度。

科技化是农业产业化的基本特征之一。科技化是指在产品的生产、加工、营销过程中以科技为先导，具有高科技含量，通过科技投入来达到"两高一优"的目的。在吉林省目前的小规模的、兼业的、一家一户的小农生产方式下，要想进一步提高农产品的科技含量，提高农业产出率，发展农业应用科技应是切实可行的途径。吉林省农业科技落后的一个重要原因就是大量先进实用的农业科技成果没有在农业生产中得到广泛的推广应用，即农业科技转化率低，科技没有转化为现实的生产力。吉林省应着力于农业科技的开发、推广，特别是应用工作，让农业插上科技的翅膀，让科技化加速推进吉林省产业化的进程。

（4）农业产业化与农村城市化共同发展。

用历史的眼光考察日本和其他发达国家农业产业化的进程，我们可以发现，农业产业化过程既是农业劳动力向非农产业转移的过程，也是农业及其相关产业升级换代的互动过程，还是农村工业化和农村城市化协同发展的动态过程。这三个过程相互衔接，环环相扣。没有农业产业化经营，与农业相关的非农产业就难以兴旺发达；有了农业产业化经营，可以促进交通、通信、教育、文化、体育、旅游、饮食、信息、金融、保险、贸易等非农产业的发展，为农村城市化建设打下基础。因此，我们绝不能单纯地就农业生产规模的扩大、农产品生产成本的降低、农户的联合去抓农业产业化经营，而要打开眼界，从农村城市化的全方位出发，从基础抓起，各方面配合，努力实现符合现代化要求的农业产业化经营。农村城市化的含义应当从两个方面加以理解：一是在农村建立起更多的中心城镇；二是在非城镇的农业经济单位使用现代化的生产方式，实现农业生产企业化。

二、国内农业产业化发展的主要经验及其对吉林省的启示

国内部分地区发展农业产业化的成功模式也是值得借鉴的，最典型的是山东省。

（一）山东省发展农业产业化的主要经验

吉林省虽没有山东省农业产业化经营起步早，但发展速度较快，整体水平也

较高。近年来，山东省发展农业产业化的主要经验有：山东省各级党委、政府更加重视农业产业化战略的实施，把农业产业化经营与农业和农村经济结构战略性调整、推进农村城镇化、经济国际化和农业现代化相结合；积极实行组织形式多样化、基地建设标准化和市场开拓多元化"三化并举、配套联动"的推进战略；目前，山东省农业产业化经营已形成了三大经营类型带动、六大经济成分并举、九大主导产业支撑、东西区域互动发展、联结机制不断完善的格局；农业产业化经营在带动农业结构调整、组织标准化生产、参与国际竞争、提高农民组织化程度、增加农民收入、加快农村城镇化进程等方面，发挥着越来越重要的作用。

（二）山东省农业产业化发展经验对吉林省的启示

山东省作为农业产业化的发源地，其成功模式对吉林省这样的农业大省加速农业产业化经营具有很强的借鉴之处。

（1）加强标准和质量管理体系建设，增强龙头企业的市场竞争力。质量是企业的生命，严格执行质量标准是实现产业化经营可持续发展的关键，提高产品标准化建设水平应着重抓好四项工作：一是加快产品质检体系建设；二是加快标准体系建设；三是加强农产品批发市场的监管，严格市场准入制度；四是加快安全（无公害）农产品生产基地建设。

（2）强化对龙头企业的引导和服务，落实扶持农业产业化经营的优惠政策。帮助企业加大宣传力度，并通过龙头企业内部机制创新；协调解决企业发展中遇到的困难；引导龙头企业配合农业结构战略性调整，加强基地建设，加强与农民的利益联结，充分发挥龙头企业对农民增收的带动作用，真正为龙头企业发展创造良好的环境。

参考文献

[1] 张宜海，王星源. 我国农业产业化经营对策研究 [J]. 粮食问题研究，2002 (6)：35-38.

[2] 熊彩云. 美国家禽鸡蛋业和肉猪业垂直协作方式的比较分析 [J]. 世界农业，2004 (9)：33-36.

[3] 任海洋,张术环.日本农业现代化发展的特点研究[J].世界农业,2013(10):55-58.

[4] 季莉娅,王厚俊.美国、法国、日本3国政府对农业投资状况分析及经验借鉴[J].世界农业,2014(1):60-63.

[5] 唐荣卞.建立农业产业化中间组织的探讨[J].重庆行政(公共论坛),2004(4):96-97.

[6] 陆志雄.农业产业化经营的成功模式——赴日本考察"一村一品"运动的体会[J].发展,2008(6):53-54.

第三章　国内外城镇化比较研究与借鉴

第一节　国内外城镇化比较研究

一、国外城镇化发展建设概述

（一）美国

1. 美国城镇化的早期阶段

美国农业产业化的产生是以其商品农业的发展为基础的。1860年以前的发展，是美国农业从自给自足向商品农业的转轨时期，即美国农业产业化的萌芽时期。1862年《宅地法》的实施大大带动了美国农业的飞速发展。大批移民开始涌向西部开发荒地，发展种植业和畜牧业。这一法律使美国的农业生产关系发生了变革，南方庄园奴隶制被废除，实现了土地私有化并使土地应用于专业化生产。随着工业化的实现、交通运输网的形成及国内外市场的扩大，更加促进美国农业专业化水平的提高。在城镇化方面，20世纪30年代中期，美国农业产业化初具雏形，也是城镇化的加速阶段。大批移民开发西部荒地，对美国城镇化建设起到了巨大的推动作用。据统计，1851—1920年，平均每年仅从欧洲迁入美国大陆的移民就达39万人，与美国当时自然增长的人口数之比为56.5:100。这些国际移民中一半以上是来自英国、德国和法国的工人和专业技术人员，他们为美国带来了先进的冶铁、纺织、炼油等工业知识和技术，同时也为美国城镇化发展提供了充足的劳动力。另外，这一时期美国工业化的飞速发展，也促使相关产业在空间上不断集聚，城镇化进程加快；交通运输网络的完善又加强了美国东部与西部之间的经济联系，使得东部地区工业化和城市化的成果可以向西部地区推进。到1920

年，美国城市人口的比重第一次超过了农村人口，掀起了美国历史上农村人口城镇化的第一次高潮，城镇化水平由 35.1% 提高到 51.2%，从根本上改变了美国城乡结构，初步实现了城镇化。

2. 美国城镇化的快速发展阶段

20 世纪 40 年代以来，美国农业爆发了"以知识替代资源"的第二次农业革命，这场农业技术革命使美国农业生产发生了巨大变化：一是极大地促进了耕地面积的扩大；二是农业技术广泛使用，机械化生产普及，劳动生产率得到成倍的提高。20 世纪 50 年代和 60 年代农业生产的各个环节基本实现了专业化经营，且农业生产日益集中化，农场的规模也不断扩大，农业向其关联产业进行延伸或联合、协作相关联的产业。这一时期也掀起了美国城镇化的第二次高潮，其结果是农业人口下降到最低点，城镇人口趋于饱和。

3. 美国城镇化的高度发达阶段

20 世纪 70 年代前后，美国为适应不同地区的气候和土质要求，培育出许多杂交品种，并开始利用当时最新发明及研制技术，如遗传生物工程方法、核辐射技术和航天工程技术，改造优化种子的遗传基因，使产品质量得到大幅提高，产品种类更加丰富。现今，美国的农业科技发展主要侧重于如何利用生物技术来保护环境和节约能源，同时重视科技的研究和运用，形成了教育、研究和推广"三位一体"的体系，使美国农业产业进入高速发展阶段。但是，美国同期的城镇化发展却比较缓慢。从 20 世纪 70 年代开始，由于中心城区的居住环境逐步恶化和汽车日益普及等原因，人口逐渐从大城市市区向中小城市和农村地区回流，这种现象称为城市郊区化，也称为逆城镇化[1]，是城镇化发展到一定阶段后必然出现的现象。进入 20 世纪 80 年代以后，新一轮的科技革命又开始了，以信息化、全球化为标志，城镇化又进入了新的阶段。逆城镇化并不是指城市人口向农村回归，也不是指城市文明和生活方式的农村化，而是指城市市区人口向郊区迁移或大城市的人口向卫星城市迁移的倾向。随着这一过程的深入发展，不仅有人口向郊区迁移，城市工商业也向着空间潜力大、生态环境好和经营成本低的郊区转移。

美国在 1950—1970 年间，城市外围的住宅从占整个城市住宅面积的 23% 上升到 37%。美国郊区人口从 1950 年的 4 023 万人增长到 2000 年的 1.4 亿人；同期美国郊区人口的比重由 26.7% 增长到 49.8%。几十年来郊区人口稳定增长，其中 20 世纪 60 年代增长最快，而中心城市的人口增长相对于郊区来说显得缓慢，非都市区的人口则有升有降。从中心城市、郊区和非都市区人口变化的过程来看，美国人口增量主要分布在郊区。从 1950 年到 2000 年，美国城市人口增加了 1.3 亿人，其中约有 77% 住在郊区[2]。

郊区化趋势实际上是美国实现了城市化后其城市人口分布状况依据经济、社会等因素的变化在城市区域进行动态调整的过程，它并不是"非城市化"的分散化过程。20 世纪 80 年代以来，受到石油价格持续攀升而导致的通勤成本增加，以及中心城区环境得到改善等因素的影响，一些郊区的居民又重新回到城市中心区，形成了一股所谓"再城市化"的潮流。

（二）法国

1. 基本实现城市化阶段（19 世纪 30 年代到 20 世纪 30 年代）

依据菲利普·潘什梅尔的研究，法国的城市化始于 19 世纪 30 年代。1810—1840 年，法国农业产值大约占全国总产值的 66.5%。1806 年法国农村人口 2 369 万人，至 1846 年增至 2 875 万人，占法国人口总数的 75.6%[5]。此时的法国依然是一个以农业和农村人口为主的国家。法国城市工业增长相对缓慢，如 1824—1859 年年均工业增长率为 2.3%，因此，法国城市就不像同期的英国城市那样，能够吸引和吸收大批农业人口。法国直到 1931 年城市化水平才超过 50%，初步实现了城市化，在时间上比英国晚了 80 年[2]。

这一阶段法国农村人口向城市迁移比较缓慢。由于在工业化的进程中，法国农民既没有像圈地运动后英国农民那样彻底割断与土地的关系，同时又缺少在城市就业的机会。因此影响了法国农村人口向城市迁移的进程。与其他西欧国家相比，法国乡村更为保守、封闭，农民的流动性很小。绝大多数农民终生的活动范围是在自己教区和毗邻教区，是在直径不超过 10 公里的生活圈内，农民配偶的选择绝大多数也限于同一教区，很少有人到 10 公里之外远嫁或远娶。而且长期以来形成的小农经济将法国农民束缚在土地上，农民对土地有着非常强的依赖性和恋土情结。因此，直到 19 世纪上半叶，法国乡村人口才开始有小规模的流动，这种趋势在 19 世纪下半叶逐渐活跃起来。

19世纪上半叶，法国仅有规模不大的人口的流动，没有形成乡村向城市的迁移浪潮。19世纪下半叶由乡村向城市移民的数量相对增多，并且在1851—1872年、1876—1881年、1896—1901年、1906—1911年形成了几次迁移的高峰期。但总体而言，这样的迁移数量相对于法国2 000多万的农村人口总数依然很低。

2. 实现高度城市化阶段（第二次世界大战后到20世纪60年代末）

第二次世界大战后，法国的城市化进程明显加速，其城市化水平从1946年的53.2%快速提高到1968年的69.9%，22年间年均提高0.71个百分点；城市人口从2 155万人增加到3 479万人，增幅达61.4%[2]。

1950—1970年，法国的城市人口快速增长，而农村人口则绝对减少。其中1955—1965年是法国城市人口增长最快的时间，年均增长率在2.2%以上，而同期总人口的增长率只是略高于1%。1950—1970年，法国城市化水平的年均增长率超过了1%，1955—1965年超过了1.2%。这一时期是法国城市化速度最快的阶段[2]。

从城市体系来看，战后法国主要城市的人口规模均大幅增长。1950—1970年，除里尔人口仅增长了25.3%外，其他7个主要城市的人口增幅均在50%以上，其中波尔多、里昂和马赛的人口规模几乎翻番，但法国的城市结构体系仍未有太大的改变，巴黎依旧是远远超过其他城市的超大城市。虽然法国的城市首位度从1950年的8.7下降到1970年的7.5，但除巴黎外，1970年仅有马赛和里昂的人口超过了百万。同时，6大城市人口合计占全国城市人口的比重在1960年达到峰值39.6%[2]，反映了这一阶段城市人口有向大中城市集中的趋势。

3. 高度城市化基础上的分散型城市化阶段（20世纪70年代以来）

随着政治、经济、社会的发展，至20世纪70年代末，法国城市人口占总人口中的比重上升到70%以上，1974年法国有3/4的人口生活在城市之中，2005年城市化水平达到76.7%，已经实现了高度城市化。这一阶段法国的城市化速度明显放缓，1975—2005年的30年，城市化水平只提高了3.8个百分点[2]。

在高度城市化的基础上，法国城市人口分布趋向于分散化和均衡化，如1970—2005年，法国主要的7个城市的人口规模依然维持着上升的趋势，但增长的速度已经大大放缓。除了图卢兹的人口规模增加了72%，其他几个城市的人口增长均不到45%，而巴黎和里尔的人口增长不足20%。这与第二次世界大战后20多年的增长速度相比，已经明显减缓。而且，7个主要城市的人口占全国城市人口的比重从1970年的36.7%下降到2005年的34.9%。这说明了中小城市的增速更快，城市人口主要分布在中小城市当中，有统计表明，从1970年前后开始，法国的城市空间增长远远超出了城市集聚，从1968年到1999年，城市空间增长了5倍，城市通勤距离增长了4倍，而同期人口只增长了50%。快速的城市空间增长伴随着城市区域人口居住密度的降低，城市化呈现出分散化的特点。

从1968年开始，巴黎出现了城市向外扩展和中心城区人口密度降低的趋势，随后其他主要城市也出现了这一现象。20世纪70年代中期，经济活动和住房分布呈离心式发展的特点日趋明显，法国的城市中心区人口开始出现负增长，而在城市边缘区域的人口增长迅速。总之，在最近的20多年间，法国城市人口缓慢增长。城市化水平在实现高度城市化后趋于平稳，同时城市人口分布逐渐呈现出分散化和郊区化的特征，城市之间由不平衡发展向平衡发展转变。

（三）德国

1. 城市化初期发展阶段（19世纪40年代到19世纪70年代初）

19世纪40年代以前，德国依然是以农业和农村为主的国家，农业在国民经济中占据主导地位，农村人口占总人口的绝大部分，城市人口比重很小，仅有一些主要的传统城市初具规模。例如柏林17.2万人、汉堡13万人、德累斯顿6万人、科隆5万人左右、莱比锡4万人、慕尼黑3万人。这些在工业革命前形成的城市主要是作为行政、军事和宗教中心而存在的，它们往往具有较为发达的工场手工业，以及少量的文化和商业设施，以满足当时的地主贵族们的需要。这些城市为后来德国的城市化发展奠定了较好的基础，成为吸引农村人口转移的重要据点。这一时期，德国的小城镇也有发展，分布比较广，如巴门的人口已达1.3万人、埃尔伯弗尔德1万人、勒姆施艾德0.7万人、哈根0.2万人。

19世纪40年代以后，随着工业化的起步，德国城市化进程也随之启动。这一时期德国的城市数量和城市人口迅速增加，城市规模不断扩大，城市的功能日益多样化。从19世纪40年代开始，德国出现了一批以工矿业城市为主的新兴城市，例如鲁尔工业区的塞尔多夫、多特蒙德、杜伊斯堡、埃森等。这些城市主要依靠当地的资源优势（煤矿、铁矿等）以及水陆交通运输的便利条件，在工业发展的过程中得天独厚，吸引了大量的投资和劳动力就业。

这些城市不断沿公路、铁路和河道向外扩展，城市面积不断扩大，人口规模也迅速增加，从而由工业化前的中小城镇或村庄快速发展成大城市。在些较大的城市里，人口增加更为突出，如柏林在1850年人口已达41.9万人、慕尼黑11万人、科伦9.7万人、布勒斯劳11.4万人[2]。

2. 城市化加速发展与基本实现阶段（19世纪70年代初到1910年）

19世纪70年代，德国的工业和服务性行业的产值已占国民生产总值的68%。这一时期是德国城市化发展的鼎盛时期。1871—1910年，德国城市人口从1 482万人增加到3 896万人，29年增加了1.62倍，同时城市化率从36.1%增长到60%。其中，1890—1900年，城市化率由42.5%提高到54.4%，10年增加了11.9%，每年平均上升近1.2个百分点[2]。而农村人口在1890—1900年就开始出现绝对减少的趋势。

在城市人口规模增长的同时，城市行政区划不断向外扩展，并入了周边的区域和人口，进而加速了德国的城市化进程。到1918年为止，超过5万居民的85个德国城市的行政区域被并入。德国城市通过并入周边地区而扩大自己的行为在当时呈现出加速的趋势，这一时期各省的城市经济有了较大的发展，工业城市从农村获得大批劳动力，促进了城市的扩张，同时一些以手工业、商业、服务性行业为主的城市人口也不断增加。如1875年德国1万人以上的城市只有271个，1890年达到394个，1910年进一步增加到576个，平均每年增加9个城市。与此同时，城市的规模也不断扩大，10万人以上的大城市由1871年的8个增加到1910年的48个，其中德国首都柏林在1910年人口就已经超过200万人，成为当时欧洲第三大城市和世界第五大城市。从不同规模城市的人口占全国人口的比重看，1871—1910年，10万人以上城市的人口增长最快，其占全国总人口的比重从4.8%提高到21.3%，1万~10万人规模的城市的人口占全国人口的比重从7.7%提高到13.4%[2]。面对日益膨胀的城市人口，许多城市管理者根据发展的需要，将城市划分为工厂区、住宅区、商业区等，使城市混乱无序的局面大为改观，并有效地促进了城市的发展。

3. 实现高度城市化阶段（第二次世界大战以后）

在 1910—1945 年的两次世界大战中，德国遭受了战争的严重打击，经济衰退，大量人口战死疆场，城市遭到严重破坏，城市化进程停滞。20 世纪 50—60 年代，联邦德国经过战后经济恢复，迅速实现经济的繁荣，同时实现了高度城市化，城市化水平从 1950 年的 64.7%提高到 2005 年的 75.2%，在此过程中，德国开始由集中型城市向分散型城市发展，城市体系的规模结构、职能类型以及空间结构都发生了很大变化，主要特征是中小城市获得了较快发展，城市人口在中小城市分布的比重逐渐提高。

在 20 世纪 50 年代以前，大城市一直是德国城市化进程中发展最快的区域。由于大城市拥有优越的区位、便捷的交通、雄厚的资本和物质技术基础，它们像巨大的磁铁一样吸引了大量的工商企业和劳动力在此集聚，使其规模不断膨胀。到 20 世纪中叶，德国大城市发展的势头逐渐减弱，有些城市甚至由盛变衰。而德国大城市的衰退并不是城市化停滞不前，而是城市化集中型向分散型转变，城市文明在更为广泛的地域扩散和发展，标志着城市化进入高级发展阶段。在大城市发展速度放缓的同时，德国的小市镇蓬勃发展起来。1965—1985 年，50 万人以上的城市仅增加了 1 座，10 万~50 万人的城市增加了 6 座，5 万~10 万人的城市增加了 32 座，而 1 万~5 万人的小城镇增加了 458 座，且小城市的增长比例远远高于大城市。据 1985 年统计，联邦德国有 1 007 万人生活在 50 万人以上的大城市中，只占全国人口总数的 16.4%，居住在 2 000~10 万人的小市镇中的人数高达 3 750 万人，占全国人口总数的 61.4%，居优势地位[2]。

在大城市增速放缓、中小城市迅速发展的过程中，德国城市化原有的城乡之间、大城市与中小城市之间及经济发达地区与落后地区之间的差距在逐步缩小。由于高速公路、城际铁路等现代交通网的全面建设，私人小汽车的普及和电视、广播、电话等信息传播系统的广泛应用，大城市在区位及物质技术方面的优势已经明显减弱，大多数小城市的居民不仅在收入上与大城市居民没有什么差别，而且也同样可以享受现代化的城市生活。相反，大城市由于人口高度集中而面临的环境污染、交通拥挤、地价房价上涨、就业困难等问题日趋严重，因而对企业和劳动力的吸引力下降。在此情形下，小城市往往比大城市更能够吸引大量的企业、公司和青壮劳动力进入和集聚。

虽然大城市人口总规模在起伏中略有增长，但其在德国人口中的比重在20世纪下半叶以来呈现出下降的趋势。由于各等级城市之间的比例趋于合理，城市的空间分布更为均衡。原有大城市在人口膨胀阶段产生的种种城市问题有所缓解。总之，自20世纪60年代以来，德国的城市化已由向心集聚的初级阶段进入由点向面扩散的高级阶段。

（四）韩国

韩国由首尔特别市，京畿道、江原道、忠清北道、忠清南道、全罗北道、全罗南道、庆尚北道、庆尚南道和济州道等9个道，釜山、大邱、仁川、光州、大田和蔚山6个广域市组成。韩国的城镇化过程可以划分为四个时期：第一个时期是日本把殖民地政策从剥削农业转变为工业的20世纪30年代。第二个时期是光复后大量回国人员和朝鲜战争期间从北方来的难民为寻找就业机会定居于城市的时期。第三个时期也是最为重要的转折，出现在20世纪60年代以后。随着经济开发和工业化加快，无数的农村人口流入城市，在此过程中伴生急速的城镇化。政府推行了以低工资为基础、以轻工业为中心的输出主导型开发政策。为扩大输出，政府扩大既有工厂的生产能力，随之城市人口也增加。新建制造企业也建立在基础设施较好，又易于取得劳动力的城市地区。第四个时期是全球化对韩国城镇化的影响期。

1. 城镇化史前阶段（1876—1947年）

1876年，日本强加的《江华条约》打开了朝鲜王朝的大门。1930年，朝鲜城镇化水平在5%以下，还是一个典型的农业国家。据统计，朝鲜1944年的城镇化率仅为13.0%[2]。第二次世界大战后，朝鲜半岛又被苏联和美国一分为二，美国占领军接管了朝鲜南部。即使在这样的社会下，还是催长了一些城市。这些城市被当成获得出口产品的中转站，而不是促进国内商品经济发展的市场。所以，当时的朝鲜还是典型的农业经济社会。

2. 城镇化起步阶段（1948—1960年）

这一时期，韩国经济大致经历了殖民地经济向独立经济转移（1945—1950年）、朝鲜战争与重建（1950—1959年）。李承晚政府时期，城市人口有了大幅增长，其主要原因是光复后大批归国人员到城市居住；战争引起了大规模的人口移动，使得大批难民及农民从北方或农村涌入城市，而政府依赖美国援助进口了大量的美国粮食，这使农业经济遭到破产，大批的农民弃地入城。尽管政府采取了一些限制措施，但是韩国城市人口依然增长很快。

3. 城镇化加速发展时期（1961—1987 年）

在这一时期，韩国政坛主要经历了朴正熙、全斗焕和卢泰愚政府时期。三届政府的城镇化政策一脉相承。1961 年，朴正熙利用军事政变控制韩国政权。在朴正熙政府时期（1961—1979 年）开始了各方面的改革，经济发展经历了从低增长到高增长过渡（1960—1969 年）、出口主导型发展（1970—1977 年）、不稳定及萎缩（1978—1982 年）几个阶段，以利用外资发展的进口替代向出口导向战略转变的工业化进程开始启动。韩国政府开始实行政府主导型增长战略，奉行"工业为主、大企业为主、大城市为主"，以低工资为基础，以轻工业为中心的输出主导型开发政策。国家产业体系由劳动密集型的纺织业逐步发展到以汽车、电子、钢铁、造船业为支柱的制造和出口加工业体系，由发展轻工业向发展重工业转变。重工业的发展为韩国的城镇化进程做出了重大的贡献，依托原有城市实行工业的集中布局，1962 年在蔚山建立了第二个工业区。此后，在首尔及其卫星城和东南沿海城市中建立了许多工业区，原有城市和新兴城市同时发展。这一时期，韩国没有在乡村发展工业，而是把工业集中到城市，利用集聚效应推动工业的发展，也促使城市规模的扩大和城市数量的增加。与此同时，政府奉行人口自由流动政策，导致了大量农村人口向城市的迁移和城市人口的增加。1960—1980 年，全国城市由 27 个增至 40 个。城镇化水平 1960 年为 28%，1970 年达到 50%，1985 年达到 77.3%，1987 年提高到 78%。韩国用了 30 年时间，完成了城镇化快速发展，城镇化水平提高了约 45 个百分点[2]。这样快速的发展带来的直接后果是城市人口的急剧增加给城市带来巨大的压力。从全国城市发展来看，首都圈高度集中，城市发展极不平衡。这时首尔的人口密度每平方公里竟高达 13 343 人，高于纽约。大城市摊大饼式地向外扩展，致使绿地锐减；由于城市工业的发展和小汽车数量的激增，造成了城市空气的污染和交通的拥堵，导致城市社区人居环境质量的下降。城市内大量机动车辆的使用带来了严重的大气污染（包括一氧化碳、氮氧化物和碳氢化合物等）。城市土地极为紧张，住房、交通、环境问题凸现。卢泰愚政府对修订后的《第二次国土综合开发修订规划（1987—1991年）》实施非常有力，促进了中部圈、东南圈和西南圈的发展。

4. 城镇化平稳发展时期（1988年至今）

在经历了近30年的威权统治后，1987年韩国实现了向民主国家的转轨，从过去的农业占统治地位的70%（国土的70%为山地，国民的70%是农民）过渡到非农业部门产值占GNP的90%以上的工业化国家。到1990年，韩国城镇化率已达82.7%，1991年韩国农业在GNP中的比重只占8%，韩国进入了工业化和城镇化时代。随着全球化进程加速和新经济时代的到来，从中央政府到地方政府，韩国更加关注经济发展方式的转变、产业和城市的转型升级，相继出台了一系列政策措施，将一些传统产业迅速转型到"以知识为基础发展"，用知识经济引领城市发展的未来，走上了知识城市之路。1985年韩国城镇化水平达到77.3%，2000年更高达89%。到2000年，韩国农耕地和林地占国土面积的87%，而住宅用地（2.4%）、工厂用地（0.5%）等城市用地仅占2.9%，道路、铁路、学校用地等公共用地占2.7%。4 800万人居住在占国土面积2.4%的区域，所有产业活动在仅占国土面积0.5%的空间上展开[2]。

韩国曾经是一个落后的农业国，从1962年实施第一个五年计划到1990年，韩国经济实现了国民生产总值平均每年8.7%的增长（20世纪70年代国民生产总值增长率高达9.6%，经历了"从进口替代的内向型经济向出口导向的外向型经济发展战略"的第一次产业调整，继而又根据世界经济格局的变化，从20世纪70年代起先后进行了资本技术密集型产业结构和技术知识密集型产业结构的调整。到1990年人均国民生产总值超过6 000美元，1995年人均国民生产总值已超过1万美元，使其从贫穷落后的小农国家一跃而成为新兴的工业化国家。目前，韩国城镇化水平已接近90%，是新兴的工业化和城镇化国家，被誉为亚洲"四小龙"之一，跻身于亚洲经济发达国家行列。2009年首尔公布的城市人口总数约为1 020.8万人，约占全国人口的四分之一。

韩国在20世纪60年代迅速推进了国家的工业化和城镇化，导致工农业发展严重失衡，农村问题十分突出。为了改变这种状况，韩国政府组织实施了新村运动,把经济发展、科技进步和精神文明建设紧密结合起来,成功地实现了其城镇化与农业产业化的逐步协同发展。其主要做法和取得的成就有以下两个。

(1) 激发村民投身于新村运动。韩国政府认识到要想在农村开发事业,需要广大农民提高认识,主动、积极、自发地开展各项建设工作,为此,政府重点进行科学的引导和扶持,广泛地调动了农民的积极性,具体做法有以下三个。

第一,以村为单位实施各类开发建设项目。由村总会研究决定具体项目内容、规模、实施范围、实施期限、预期目标,村开发委员会研究制定具体实施操作计划,如资金分配、劳动力安排、工作日程等,要记录每天或每周的工作进度。

第二,实施奖优罚劣的开发政策。经过几年的建设,积极参与的农村发生了明显的变化,抱着消极旁观态度的村见邻近村庄都发生了很大的变化,也开始采取行动,积极争取政府的先进奖励和重点扶持、援助,奋起直追,到1978年,韩国绝大分村都成为自立村或自助村。

第三,实施村民监督制度。在新村运动中,所有的财物以村为单位申报领用,政府各部门不参与工程建设。政府每村只委派一个公务员具体负责统计工作,并接受村民监督,政府把能否及时、准确无误地将中央分配下达的支援物资送到村里作为考核公务员业绩的重要标志。另外,各村的村民代表可参与政府的有关决策会议,可以约见市长、郡守,并当面提出问题、批评与建议。

(2) 设立高效统一的新村运动组织管理机构。为了完成中央制定的各项政策措施、财物援助项目,减少中间环节的资源消耗,中央成立了中央协议会,直属内务部,同时,地方各级政府按中央模式设立了相应的地方协议会,这样从中央到地方各级建立了系统的组织机构和工作程序。制定严格的新村运动建设管理制度。韩国政府经认真研究后,制定出一系列科学管理制度,对各级政府的管理对象、内容、方法、信息分析,还有组织和反馈体系等都做出明确翔实的规定。

二、国内城镇化发展建设概述

1. 1949—1957年农村城镇化快速发展阶段

这一阶段的特点是城镇化与农业劳动力转移同步发展。中华人民共和国成立初期,我国城镇化率仅为10%。1949—1952年国民经济恢复时期,政府一方面在农村实行土地改革，使农民生活有了着落；另一方面，战后经济得到了恢复，政府开始大力发展重工业，提供了许多就业岗位，三年中共有 300 多万农民进入城市就业，农村劳动力占全部社会劳动力的比重由 91.50% 下降到 88%，城镇化水平则由 1949 年的 10.64% 提高到 1952 年的 12.25%[3]。可以看出，这一时期的城镇化与农业发展基本同步。

2. 1958—1965 年农村城镇化与农业发展起伏阶段

"大跃进"时期是过度城镇化时期，大量的农业劳动力向城镇转移。但是，这一时期的经济发展水平还很有限，"大跃进"营造的生产力极高、物质产品极大丰富的假象使人们忽视了农业生产的重要性，在农村中也掀起了"浮夸风"，过高地估计当年农业生产量，造成农业劳动力大量剩余的假象。"大跃进"后，由于农村的"浮夸风"问题，城市的物资紧缺，对人口的容力降低，迫切需要农业的支持。因此，农业劳动力大量向农业回流，而大部分城镇由于资源不足和产业单一处于衰落中。

3. 1966—1977 年农村城镇化与农业发展的停滞阶段

这是自上而下的城镇化发展时期。政府强调优先快速发展重工业，减少对农业的投入。众所周知，农村为城市提供大量廉价的食品、原材料和劳动力，政府却忽视农业的基础作用，把有限的资源以各种形式投资于工业生产或发放到城市居民，资源配置方式与当时的国情严重不符，导致资源利用效率低下。这种发展方式不可避免地牺牲了农业，农村人口因转移无门而大量滞留在有限的地域范围内，农业的规模经营难以实现，农业劳动生产率增长缓慢，城镇经济的经营也存在各种弊端。城镇方面，由于工业的大力发展却忽视了农产品深精加工工业发展，农业的进步较慢，满足不了工业对其的需求，也不能成为工业的潜在市场。久而久之，城市和农村经济发展严重缺乏互动性，二者的经济联系因市场壁垒而阻断，城乡差距越来越大，农业发展与城镇化发展都很缓慢。

4. 1978 年后农村城镇化发展复苏

改革开放以来，我国广大农村创造并推广了家庭联产承包责任制，大批农民进城就业，乡镇企业应运而生并且迅速发展，极大地推动了农村工业化、农村现代化、农村城镇化进程。这一时期的城镇化可以分为两个阶段，1978—1997 年，我国城镇人口比重从 17.9% 提高到 31.9%，年均提高 0.7 个百分点；1998—2003 年，我国城镇人口比重从 33.4% 提高到 40.5%，年均提高 1.4 个百分点。但是与国外农业发达国家比较，我国农村城市化水平还是比较低的。据统计，发展中国家城市化水平平均为 40% 左右，发达国家为 80%～90%，而我国只有 30%[3]。目前，我国已有小城镇由于建设标准比较低，规模小，发展水平低，对农业和农村经济发展的带动能力不强，成为我国农村经济发展、实现农业现代化、提高城镇经济实力的一个重要制约因素。

第二节　国内外城镇化发展建设的借鉴与启示

一、国外小城镇发展的模式

国外小城镇建设与发展的道路是与各国国情和生产力发展水平相联系的，它们有着自身的特色，但又有着众多共同的特点。按照各国小城镇建设与发展特点的差别，可将其分为两种模式。

（一）发达国家的城乡协调发展型

发达国家在农业现代化建设过程中，为了缩小农村与城市在就业、收入和生活等方面的差距，稳定农村人口，提高农场主的利益，实行了一系列围绕小城镇发展的土地、人口、房产、投资、贸易及税收等政策措施，形成了农场专业化生产，小城镇具备产前社会化服务和产后加工、销售的地域分工协作格局，并依靠小城镇把广大农村和城市相联系，实现了城乡协调发展的目标。以美国为例，小城镇依据所处的不同区位，可以分为三种：大都会边缘区的小城镇、郊区小城镇和农业地带小城镇。这三种类型的小城镇都具有不同的产业特色和功能，总体来看，有三个特点：一是小城镇始终把创造一个比城市更优美舒适的生活居住环境放在首位，十分注重改善小城镇的交通、通信、公共服务等条件，为私人投资建设创造一个有利的投资环境。而处于农业地带的小城镇则把吸引和促进农副产品加工和储运业的发展作为发展小城镇的重点。二是小城镇规划具有综合性、科学性。小城镇建设总体规划一般是依据联邦和州的有关法律规定的该区位特色及产业特色进行的，注重规划的综合性和长远性，市区建设规划比较强调整体协调和功能分区。三是小城镇的交通、通信、排污等公共基础设施建设都有预见性，避免多次修建、扩建造成损失。

1. 英国的工业化模式

英国经济高度发达，城市形成得早，发展历史也比较长，目前的城镇化率高达95%以上，很多地方城市和乡村已融为一体。总的来看，除伦敦人口规模在百万人以上，几个老的工业城市人口在数十万人以外，绝大多数城市的人口规模都在10万人以下，基本属于小城镇的范畴。

英国是最早开始城镇化的国家，已有近300年的历史，对英国来说，城镇化是工业化的"孪生姐妹"。"圈地运动"使农场规模扩大，农业机械技术得到了很好的应用，于是农村劳动力大量剩余，并且也为工业革命提供了坚实的经济基础。一个农业劳动力在1700年只能养活1.7人，在1800年就能够养活2.5人。这些条件促使农村劳动力大量涌入城市，城镇居民人口比重迅速提高。1850年，英国的城镇化率就达到50%，基本实现了城镇化。

工业革命也带动了英国乡村工业的迅速发展，形成了小城镇发展的自组织能力。一大批工业村庄转化为小城镇，使小城镇得到了极大的发展。1800年，英国小城镇只有105座；随着工业化的深入，到了1850年，小城镇有265座，翻了两倍多。1880年，英国的城镇居民比重达到68%，1930年达到80%[2]。英国的小城镇发展是以牺牲农业为代价的。大量的农村劳动力外流，导致了农业的萎缩，英国在实现城镇化的同时也成了粮食进口大国。很多小城镇后来逐渐发展成了大城市，出现了所谓的城市病[4]。20世纪30年代后，英国实行农业保护政策，使农产品供给相对较少的情况得到缓解，也为小城镇的发展注入了新的活力。

2. 美国的自由市场模式

美国是个高度城镇化的国家，85%以上的人口住在城市里。全国50个州3 043个县（郡），35 153个市、镇（村），基本达到城乡一体化、农村城镇化。美国在发展初期地多人少，随大量外部资金和具有冒险精神的创业者的涌入，农业和工业同时得到了快速发展，1864年，美国成立移民局，采取预借路费、降低运费、优惠贷款、来去自由、免予征兵和给予公民权等措施，以吸引国外移民的进入，西欧、北欧移民构成了移民的主体。这批移民中的技术工人把欧洲先进的技术源源不断地带到美国，形成了一种自然的、不花任何代价的技术引进，满足了其城镇化和工业化对劳动力的需要。19世纪末进入了大城市建设时期，先由东部地区崛起，以纽约为中心，向大西洋沿岸扩散；到20世纪初，以芝加哥为中心，形成了中西部重工业区。

20世纪中叶，美国城市体系发展出现了"郊区化"趋势，中心城市人口大量向郊区迁移，形成了众多的"卫星城"城镇。进入20世纪60年代以后，美国又实行了"示范城市"试验计划，进一步分流大城市人口，使"郊区化"趋势进一步扩大，甚至导致"反城市化"现象。城市人口由迁移到郊区转向城市四周更广大的地区，使连接于城乡之间的小城镇得到了新的发展[5]。从城镇化发展道路来看，美国依托大城市的辐射功能，从一开始就着力发展众多的小城镇。小城镇和工业区相互交错，形成了大规模的城镇群，减小了城镇和郊区、城镇和乡村的差距。在城镇化、工业化的同时实现了农业现代化，不仅解决了粮食和原料问题，也为工业化和城镇化提供了大量资金积累。

美国城镇化的失误之处在于，由于在早期发展中缺乏统一规划和管理，城镇建设过于放任自流，无节制地向农村地区扩张，造成耕地使用的浪费和环境的破坏，形成所谓的"过度郊区化"现象。

3. 日本的行政管理导向模式

日本的小城镇发展是在较高水准上逐步推进的，经过从1945年到1965年的发展高峰期，小城镇的数量基本趋于稳定。20世纪50年代后期至70年代中期是日本城市大发展时期，农村人口尤其是年轻人大量涌入大城市，形成了东京、大阪和名古屋三大都市圈，吸收了全国几乎一半的人口，出现了严重的城市病。这个时期的城乡差别加大，小城镇不仅没有发展反而萎缩，形成了农村地区人口过疏问题。

20世纪70年代后期，政府制定了大量法律，包括《过疏地区活跃化特别措施法》《半岛振兴法》《山区振兴法》等，加大村镇基础设施的建设力度，以疏散人口、促进农村发展。至20世纪80年代中后期，日本村镇的基础设施水平已和大城市基本持平；同时，政府采取了一系列政策措施，鼓励人们返乡工作。

日本在开发建设小城镇的过程中，注重选择符合当地实际并能发挥优势的发展道路。其主要模式有瞄准大城市市场，纳入大城市圈与中小城市联合、共同发展；运用地方资源，创建特色城镇；等等。同时，也十分重视保护农民的收益，对农产品实行限产和价格保护[5]。日本国内的水果、蔬菜、大米等农产品的价格都相当高，农民从事农业的收入不比其他行业差，从而保证了城乡差别进一步缩小，促进了第一、第二、第三产业的协调发展。在小城镇的住宅及各项建设方面，也十分强调统一规划、协调一致。

政府的宏观调控是日本小城镇发展的主导力量。日本政府十分重视制订城镇发展计划、颁布城镇建设立法、扩大政府公共投资。近几十年来，政府用于建设公共基础设施的投资大幅增长，为小城镇的发展提供了很好的外部条件。

（二）发展中国家的乡村综合开发类型

20 世纪 60 年代后，绿色革命给发展中国家的小城镇发展带来了活力，但以乡村综合开发为核心的小城镇建设是在 20 世纪 70 年代后。总体来说，其大致分为三种类型。

1. 以缓解乡村贫困为核心的印度乡村综合开发活动

20 世纪 80 年代初，印度政府主管乡村的部门根据不同地区的资源条件状况及其开发潜力，选择在贫困线之下的农户，通过投资、补贴等措施，提高农户收益。到 20 世纪 80 年代中后期，在 1 000 人以上的村庄修通公路，推动农民成立销售合作社，并在村庄一级建立信贷合作社、修建储藏设施、建立市场等。到 20 世纪 90 年代，为了进一步提高农业活力，依托村镇建设，引进农业加工技术，吸引农民参加以农业为基础的公司并免征落后地区农业加工联合体所得税等，开始实施印度农业革命的十点计划。

2. 以提高农民收入和生活水平为核心的泰国乡村综合开发活动

1982 年，泰国政府公布了第一个明确的农村发展政策，建立了不同层次的农村发展管理体系，并系统开展工作。一是缓解贫困项目，通过生产资料资助、公共设施改善以及技术推广等，以提高 800 万农民的收入及生活水平。二是乡村就业促进项目，通过财政支持，改进干旱地区的水利设施，发展非农产业，以提高就业和收入。1990 年极度贫困的村庄由 1984 年的 5 560 个下降到 180 个。

3. 以农业现代化建设为核心的韩国新村运动

韩国新村运动是以政府行为和开发项目促进农民自发建设农业现代化的活动。从 1970 年开始，大致每三年作为一个阶段。首先以改善居住条件、修建公路、改良农牧业品种为基础，调动农民建设家乡的积极性。其后迅速向城镇扩展，发展成为全国性运动，开始大力兴建各种公共设施。在发展畜牧业、加工业以及特产农业的同时，积极推动农村金融、流通和保险业的发展。到了 20 世纪 80 年代末，农村的经济收入与生活水平已接近城市水平，初步实现了农村现代化和城乡一体化。

1960 年，韩国的城市化率仅为 28%，到 1990 年已经达到 74%，目前已是 80% 以上。韩国小城镇的快速发展，主要得益于 20 世纪 70 年代发起的新村运动。作为振兴农村的一个重要环节，韩国政府专门为小城镇发展制定和实施了一系列政策，可分为两个阶段：1972—1976 年为小城市培育阶段，以改善中心镇的基础环境为中心，培育一些重点小城镇成为周围农村地区的生活、文化、流通的中心地区；1977—1989 年为小城镇培育阶段，主要改善更广大的小城镇落后的生活环境，培育小城镇的自主生产能力，使其能够承担准城市的职能，从而缩小城乡之间生活水平的差距，20 世纪 90 年代后，韩国政府继续投资促进小城镇发展，逐渐把小城镇培育成农村地区的综合性中心[6]。

虽然韩国政府为持续促进小城镇发展付出了巨大努力，但由于政策的综合性差，其结果是小城镇数量有了增加，但其质量却提高得不多，尤其是整体功能水平不高，例如，小城镇市区空间构造不合理、道路网体系位序乃至连接性差、公用空间不够、环境保护设施不健全等。为此，在 21 世纪初，韩国政府先后制定了《地方小城镇培育支援法》（2001 年）和《小城镇培育事业 10 年促进计划（2003—2012 年）》（2002 年），为实施"小城镇综合培育事业"，再次掀起促进小城镇发展的高潮。

4. 拉美国家的外部经济模式

拉美地区平均城镇化率已达 75%，部分国家的城镇化率已超过 80%。多数拉美国家的城镇化带有殖民经济特点，城镇发展不是以工业化和经济发展、技术进步为前提的，而主要是依靠无序的人口膨胀进行扩展的。

来自宗主国的资本促进了第三产业发展,为城镇化带来了动力,但整体经济发展则相对较慢,工业化明显落后于城镇化,加之政府调控乏力,形成了"过度城镇化"。在管理模式上,完全套用宗主国的发展模式和调控办法,根本无视这些国家原有的民族文化和基本国情。在农村人口持续不断地流向城市的过程中,其经济却日趋衰落或停滞不前。其后果就是城镇发展质量很低、基础设施严重短缺、城镇贫民大量增加。据统计,目前拉美国家城市贫民已占到城市人口的1/3。贫民窟居民在物质与生存层面难以与所在城市融合,在文化层面上的融合就更难,各类犯罪活动猖獗。

为了解决城镇化发展中的种种问题,拉美各国也把注意力转向小城镇的开发建设。以巴西圣保罗市为例,先后在老市区50～80公里的半径范围内建设了8个环境优美、交通便利的卫星城,引导人口流向这些中小城市和小城镇。目前,这些卫星城的人口大约占圣保罗市总人口的10%。在圣保罗市的示范作用下,巴西许多大城市都非常重视卫星城的建设,并将其作为缓解人口压力、解决经济社会环境问题的重要手段。

二、国外城镇化发展的经验和教训

(一)国外城市化发展的经验启示

国外城市化发展为我们提供了积极的经验启示,概括起来,主要有以下五个方面。

1. 城市化必须以农业生产的发展为前提

农业是人类社会存在和发展的基础,农业生产的发展进步是城市化的前提条件。没有农业生产效率的大幅提高,工业化和城市化就不可能实现。

首先,农业的发展为城市中从事非农产业的人口提供了足够食物,农业部门的生产剩余决定了能够提供给城市消费的食物数量。因此,农业通过所能提供的商品食物数量决定着城市化的规模和程度。其次,工业化是城市化前期和中期最重要的推动力量,农业的发展为工业的发展提供了必需的原材料。特别是早期工业发展所需的棉、粮、丝等资源都来自农业生产部门。再次,农业的发展为城市化提供了劳动力资源。城市化和非农产业的发展互为因果,在城市化快速发展时期，从事非农产业的人口，除一小部分来自城市自身人口的自然增长外，大部分来自农村劳动力转移。农业的发展以农业劳动生产率的提高为标志，劳动生产率的提高使大量农村劳动力可以脱离农业生产部门，进而从事非农产业的工作。因此，从理论上讲，在城市化快速发展时期，农业生产力水平决定了农业生产部门能够释放的劳动力数量，从而影响了城市化的规模和速度。最后，农业的发展为城市化提供了必要的土地资源。土地是城市存在和发展的最基础条件，城市化所需的土地资源大部分来源于农村。农业的发展提高了土地生产率水平，使部分农业生产用地得以释放，以满足城市化对土地资源的需求。因此，农业发展水平是决定城市化模式的关键因素之一，没有农业的发展，城市化就难以为继。

从历史经验看，西方发达国家在工业化和城市化之前的30～50年中，普遍经历了一个农业大发展历程，农业生产效率获得大幅提高，为工业化和城市化提供了资金积累、原材料、广阔的市场以及大量的劳动力。在基本实现工业化后，由于农业机械和化肥在农业生产中广泛使用，农业生产再次出现飞跃发展，生产率和产量取得了新的突破。可见，在发达国家的现代化进程中，农业与工业化、城市化是良性互动、协调发展的，农业的发展推动了工业化、城市化进程，工业化和城市化的发展又为农业提供了机器、化肥以及其他农业生产技术，为农产品创造广阔的市场。在美国、法国等西方大国的现代化过程中，农业的相对地位有所下降，但从来没有停止发展，农业始终是国民经济的基础。

与欧美发达国家走过的城市化道路不同，拉美国家的城市化缺乏农业先导发展的基础。第二次世界大战后，部分拉美国家错误地把工业化等同于现代化，采取了优先发展工业的国家战略，忽略了农业和农村的发展，对农业投入严重不足，农业生产技术和劳动生产率得不到提高，农村长期陷于贫困落后的局面。同时，不合理的"大地产制"土地制度，使大量农民失去赖以生存的土地。从而导致农业人口在相对短的时期内大量离开农村，盲目涌入城市，而此时城市产业的发展不足，难以吸纳更多的劳动力，以至于城市人口爆炸，粮食短缺，城市贫困，出现了严重的城市病。农业则由于劳动力的流失，发展愈加相对停滞，加剧了农村落后局面，城市化和农业发展陷入了恶性循环。

2. 城市化发展必须以工业发展和产业集群为支撑

城市化与工业化、工业化与产业集群之间都存在着密切的联系，城市化、工业化都是以系统化的专业分工及其形成的产业集群作为基础和支撑的。

发展经济学家和地理学家都认为，在经济发展中，城市化具有循环累积的性质和作用。城市化的发展取决于工业化和经济增长水平，而城市化也是工业化和经济增长的重要驱动力量。诺贝尔奖获得者、美国经济学家库兹涅茨（Simon Kuznets）在《现代经济增长：发现与思考》中把现代经济增长概括为工业化和城市化过程，他指出："各国经济增长……常伴随着人口增长和结构的巨大变化。在当今时代发生了以下产业结构的变化：产品的来源和资源的去处从农业活动转向非农业生产活动，即工业化过程；城市和乡村之间的人口分布发生了变化，即城市化过程。"[7]可见，工业化和城市化是密不可分的。欧美发达国家的城市化是随着工业化的出现而快速发展的，工业化是城市化的"发动机"，是城市化的最大动力。工业化率和城市化率高度相关，"1841—1931年英国城市化率和工业化率的相关系数为0.985，1866—1946年法国城市化率和工业化率的相关系数为0.970，1870—1940年瑞典城市化率和工业化率的相关系数为0.967，1790—1950年美国城市化率和工业化率的相关系数为0.997"[8]。1790—1950年美国城市化率与工业化率的变动曲线，两条曲线几乎平行上升。

产业集群是市场经济条件下工业化发展到一定阶段的产物，美国哈佛大学商学院教授波特把它定义为"在某一特定领域内互相联系的、在地理位置上集中的公司和机构的集合；它包括一批对竞争起着重要作用的、相互联系的产业和其他实体；在结构上，产业集群经常向下延伸至销售渠道和客户，并从侧面扩展到辅助性产品的制造商，以及与技能技术或投入相关的产业公司；还包括提供专业化培训、教育、信息研究和技术支持的政府和其他机构"。产业集群在世界范围内广泛分布，带动了一个区域甚至是一个国家城市化和国民经济的发展。如20世纪90年代中期，美国380个产业集群创造了全美接近60%的产出。最为著名的例子是加州硅谷的高技术产业集群。据不完全统计，目前硅谷集聚着8 000多家不同规模的企业，其中电子工业制造厂商2 700多家，直接或间接为电子工业服务的公司3 000多家，另外还有2 000家从事其他尖端工业生产和研究的企业。此外，硅谷还有著名的斯坦福大学、加利福尼亚大学伯克利分校等 4 所大学，9 所专科院校和 33 所技工学校。硅谷集聚了来自美国和世界各国的科技人员 100 万人以上，2008 年硅谷的 GDP 约占美国总 GDP 的 5%，硅谷人均 GDP 达到 83 000 美元，居全美第一。

埃德温·米尔斯的城市形成模型描述了产业集群与城市化的关系（图 3-1）。

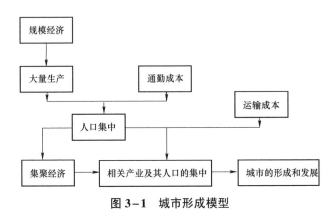

图 3-1　城市形成模型

其主要观点是城市化的动力来源于产业的区位选择和集聚过程。并在此基础上进一步推论，如果某种经济活动存在规模经济效应，那么从事这种经济活动的主体必然会选择某一个区位进行规模化生产以获得规模经济，这就是经济活动的地方化。而与这种经济活动相关的人员为了工作方便、减少通勤成本，会选择附近的地域居住，这一选择的结果会引起人口（需求）的集中。在这种人口（需求）的引导下，其他相关的经济活动及其从业人员为了减少运输和通勤成本，也会纷纷效仿就近选址。这种人口和经济活动集聚又会产生积极的外部效应，即集聚经济。集聚经济的作用会引起连锁反应，效果会放大，甚至吸引那些与最初活动无关的经济活动和人口的进一步集聚，从而开始了城市化过程的不断演进。

3. 城市化发展要以市场化为制度前提

市场化是推动欧美发达国家经济发展、制度变革的最主要动力，从各国城市化的经验看，市场主导下的城市化进程是最有效率的城市化方式。从生产要素流动的角度看，城市化过程是一个生产要素由低效率的农村向高效率的城市转移的过程，是一个资源优化配置的过程。市场制度可以为城市化提供激励机制、诱因和有效的制度框架，保证城市化所需的劳动力、土地、资本等要素高效合理流动，城乡资源要素得到合理配置。高度城市化的国家都有完善的市场经济体制，而非市场经济国家的城市化都遇到了不少的问题。在欧美发达国家，市场化与工业化、城市化是同步发展的，城市的规模、布局以及产业分工都是市场选择和市场作用的结果。在市场经济体制下，劳动力、资金、商品和信息在城乡之间畅通流动，快速集聚实现城市化所需的各种要素。同时，市场机制是经济活动选择最优空间区位的必要机制。不同规模、不同区位、不同条件的城市适宜不同的经济活动。市场机制一方面可以让城市根据自身的比较优势，确定合理的主导产业，促进本地区工业化的发展，增强城市竞争力，实现城市经济持续稳定繁荣；另一方面市场机制也可以引导经济活动的区位选择，使各类经济活动与最佳的城市相结合，并通过经济活动促进城市的繁荣发展，进而推进城市化进程。

4. 城市化发展要注意大中小城市和小城镇协调发展

在世界城市化的进程中，大城市发展比中小城市发展快，这一现象在20世纪50年代以后表现得更加明显。据统计，在18世纪世界上人口超过15万人的城市只有15个，到1900年这一数字增加到38个。而在1950—1980年的短短30年，仅百万人口以上的大城市就由71个增至234个，并出现了墨西哥城、圣保罗、伦敦、纽约、东京和上海这样人口超千万的特大型城市。谢文蕙、邓卫在《城市经济学》一书中总结："1950年10万人以上的城市在世界城市总人口中所占的比重为56.34%，1960年为59.01%，1970年为61.51%，1975年为62.25%。大城市人口的增长快于小城市。1900—1980年，50万人以下的城市人口只增长了5倍，50万~100万人的城市人口增长了6倍，100万~250万人的城市人口增长了19倍，250万~500万人的城市人口增长了16倍，500万~1 000万人的城市人口增长了20倍。"[9]

大城市优先发展是经济因素和市场机制促成的。与中小城市相比，大城市的经济实力强，投资环境好，基础设施和城市功能完善，规模效应使商品、资源、信息、资本和人才等要素在大城市的集聚程度高于中小城市。因此，大城市是一个地区甚至一个国家的社会经济发展的中心，具有强大的集聚能力，能够吸纳更多的人口和资源，其发展速度高于中小城市就不足为怪了。

但是随着大城市规模的进一步扩大，带来的负面弊端和问题引起了人们的广泛关注。大城市城区人口过于密集，导致就业困难、环境恶化、交通拥堵、地价房租昂贵、社会治安恶化、生活质量下降等城市病出现。在这种情况下，人们开始重新审视城市发展问题，小城市和小城镇建设引起更多关注。人们向环境优美、地价房租便宜的郊区或卫星城迁移，出现了人口尤其是大城市市区人口郊区化、大城市外围卫星城镇布局分散化的趋势，也就是所谓的"逆城市化"。实际上，逆城市化不是城市化的反向运动，而是城市化发展的一个新阶段，是对小城市、小城镇重新审视的结果。以美国为例，在 20 世纪 60 年代实施了"示范城市"的试验计划，试图扭转大城市过度扩张的趋势，把人口分流到小城市和小城镇。经过约 10 年的努力，取得了良好效果，生活在 10 万人规模以下城镇的人口由 7 700 多万人增长到 9 600 万人，增长了约 25%。目前，约 75% 的美国人生活在小城镇。近 30 年发展起来的大都市区和城市绵延区是大批小城镇的集合，而不是靠无限扩张中心城市规模来实现的。

事实上，各种规模的城市均存在优势和不足，不同规模的城市在区域中的功能不同。大城市具有较高的效益，是一定范围的政治、经济、文化中心。中等城市机动灵活，兼容性强，往往是区域分工体系的枢纽。小城市则配合大中城市的功能承接大中城市在区域经济中的辐射作用，能够快速实现人口非农化和农村的城市化。因此，城市化发展要注意大中小城市和小城镇协调发展，形成合理的城市体系、完善的城市结构。

5. 城市化健康发展要积极发挥政府的有效调控作用

市场机制是资源配置的有效方式，市场化主导下的城市化进程具有较高的效率。但是自发的市场机制具有内在的缺陷，主要表现为自发性、盲目性、滞后性，以及导致的经济波动和偏离社会公平的趋向，因此市场机制不能很好地解决城市化过程中城市管理、环境保护和社会公平等问题。正是市场经济中客观存在的市场失效，引出了政府干预经济社会生活的理由，这就要求政府介入，并承担起应尽的职责。

英国不仅是世界上第一个实现工业化的国家，也是世界第一个实现城市化的国家。在其城市化初期阶段，英国正处于自由资本主义时期，政府对城市化奉行自由放任政策，未对城市的盲目扩张进行干预和调控。城市发展缺乏规划，城市管理和社会服务严重落后，出现了严重的城市病。在工业化的推动下，大量农村人口向城市迁移。《伦敦百科全书》（*The London Encyclopaedia*）提供的数据显示[10]：1600年伦敦人口只有20万人，1650年增至35万～40万人，1700年增至57.5万～60万人，1750年增至65万人，1801年超过100万人，1851年达到265万人，1901年剧增到650万人，成为世界上前所未有的巨大都市。人口的剧增使得城市原有的基础设施和各种公共服务设施不堪重负，住房供应严重不足，贫民窟比比皆是。伦敦有20个以上聚居超过万人的贫民窟，这些贫民窟成为热病、伤寒、霍乱和其他传染病的滋生源。1832—1886年伦敦发生了四次霍乱大流行，上万人为此丧生。大量工业废水和废气被肆无忌惮排入河流和空气，造成严重环境污染。城市垃圾往往不能及时清扫，垃圾粪便随意堆放，卫生状况极度糟糕。19世纪初，英国城市建设大多缺乏规划，新建城市街道狭窄拥塞，没有专门的人行道或车道，建筑杂乱无章，更无绿化。工人生活异常悲惨。在工业化初期仅有约三分之一的工人能充分就业，日工作时间大多长达12小时以上，有的甚至超过15小时，19世纪中叶工人平均寿命仅为22岁。1842年，英国社会改革家查德威克在向政府提交的《大不列颠劳动人口卫生状况报告书》中写道："我国的某些城镇竟如此缺乏市政管理，以至清洁卫生方面之糟，几乎和一个野营的游牧民族或一支无纪律的军队不相上下。"[11]

环境的污染、资本家与工人矛盾的激化、城乡对立的加剧等多种矛盾的激化，促使英国政府开始通过立法规划城市的布局和发展，建立符合城市现代化发展要求的管理体系。1834年，英国通过《济贫法》修正案，初步建立社会保障体系，救济贫困。1847年，英国颁布的《河道法令》规定，禁止污染任何作为公共供水水源的河流、水库、供水系统的管道及其他部分，禁止污染饮用供水，授权卫生管理机构对没有供水防污措施的单位切断供水。1848年，英国颁布了第一部改善工业城镇环境的立法文件《公共卫生法》。这部法律要求把污水和废弃物集中处理，规定在国家的统一管理下，由地方当局负责供应清洁水。1875年，英国又颁布了更为完善的《公共卫生法》，对城市的排水系统、供水系统、清洁卫生、水资源保护、流行病的预防以及医院的建设等都做了明文规定。1909年，英国通过了第一部涉及城市规划的法律《住宅、城镇规划诸法》(Housing, Town Planning, Etc, Act),这是把城市规划作为一项政府职能的开端。据统计,自1909年以来,英国先后颁布了40余部关于城市的法规条例,如1945年的《工业分布法》、1946年的《新城法》、1947年的《城乡规划法》、1949年的《国家公园和乡村通道法》、1952年的《城镇发展法》等。

与英国早期的自由放任不同,日本政府在本国城市化进程的开始之时就进行了有效干预。日本城市化起步时间晚于欧美,面临着尽快完成城市化的压力,但是本国可利用的土地面积较小,土地资源有限。日本政府对国土进行了全面、周密的规划,以提高土地的利用效率,保障城市化的有序进行。同时,为了确保政府规划顺利实施,政府制定了许多法律条文,以确保针对城市化进程而制订的国土开发计划顺利实施。日本国土开发立法体系非常完备,既有覆盖面的广泛性,又具备约束对象的针对性。立法与规划之间互相衔接,各种地方开发计划总有相关的立法与之相对应,使得地区开发计划的制订和实施能够得到有效监管。从第二次世界大战后到现在,日本政府已先后制订了多个具有不同内容、不同治理目标的国土综合开发计划。20世纪50年代日本的国土开发以恢复城市面貌和城市经济动力为目标。20世纪60年代日本的国土综合开发计划以大规模建设经济区、在全国范围内设置据点城市、合理配置经济力量为中心。20世纪70年代以后日本的国土综合开发计划是进一步调整和平衡经济力量在全国范围内的合理布局,同时创造出一个自然、生产、生活都相互协调的综合环境。20世纪80年代以后日本的国土开发,则是从社会生活出发,对以前的国土开发进行调整,以创建高品质的福利社会为目标。第二次世界大战后日本的城市化基本上就是沿着这样的点轴线面立体的模式,有计划、有步骤地完成的。日本的国土建设在几次国土综合开发计划的统一指导下,到20世纪70年代以后,以东京、大阪、名古屋三大城市为中心的一体化的经济区和多层次的城乡结合网络已逐渐形成,城市化建设有了较高的发展。

总之,城市化是市场机制和政府调控共同作用的结果。在充分尊重市场规律的同时,要合理界定市场与政府职能的边界。加强政府在城市规划和建设、市政设施建设、土地合理利用、环境保护、城乡统筹、制度创新、社会管理和公共服务等领域的主导作用。

（二）国外城市化道路的教训

国外城市化有许多成功的经验，值得我们借鉴。但是国外城市化道路也走过许多弯路，值得我们警惕和避免。

1. 缺乏城乡统筹，以牺牲"三农"利益为代价

翻开世界城市化发展的历史，资本主义的城市化固然走在了人类城市化发展的前列，但是资本主义国家城市化建立在资本雇佣劳动的基础上，这些城市化的发展，无不是以农业、农村和农民利益的牺牲为前提的。如英国的工业化起步阶段，采取"羊吃人"的圈地运动，将农民和土地剥离，驱赶农民进城，进入资本家的工厂和城市。有的国家还一度采取"城市偏向"政策，由于资本的逐利本性，大量涌入利润率高的城市工业部门，而对农业投入持续减少，农业逐步被副业化和边缘化。与城市规模的扩大和繁荣相伴随的是农业衰败、农村凋零和农民贫困。

2. 掠夺殖民地，消耗世界资源和生态

城市化发展需要大量的资源和资本集聚，需要巨大的资源支撑，承担巨大的社会成本。因此城市化的过程，也往往表现为财富向城市转移的过程，表现为大量的集中的资源消耗和成本支付。对于城市化需要的资源、资本，西方国家主要是通过殖民地扩张消化的。他们或通过战争，或直接进行抢夺，大肆掠夺殖民地财富和资源，贩卖奴隶，向殖民地倾销商品。几百年里，正是通过这些强盗的手段，转嫁了自身城市化过程中出现的矛盾和问题。而遭受到掠夺的殖民地国家却长期在贫困线上挣扎。就是时至今日，我们仍然还要为这些早已实现城市化的国家承担地球资源过分消耗和生态环境恶化的后果。

3. 市场经济的自发作用导致一系列城市病出现

城市化是历史的进步，但是无序的城市化和过度的城市化又难免带来一定负面因素和负面影响的城市病。从西方城市化的历程来看，由于早期城市化完全服从于追求经济利益最大化，具有较强的盲目性，城市基础设施建设杂乱无章，城镇人口盲目增长，城镇人口短期快速膨胀与城镇的承载力不相适应，导致城市失业率上升、交通拥挤、污染严重、秩序混乱，城镇居民生活条件恶化，大量贫民窟存在。

分析国外城市化发展的弊端，究其根本原因，就是以追求个人和集团利益最大化为根本出发点，故而"一有适当的利润，资本就胆大起来。如果有10%的利润，它就保证到处被使用；有20%的利润，它就活跃起来；有50%的利润，它就铤而走险；有100%的利润，它就敢践踏一切人间法律；有300%的利润，它就敢犯任何罪行，甚至冒绞首的危险"[12]。以史为鉴，国外城市化的发展是一面历史的镜子，认真分析西方国家和其他发展中国家在城市化的发展进程中的经验教训，可以让我们在反思历史的同时，认真审视我国城镇化发展中必须坚持的以人为本的城镇化，积极稳妥又好又快地推进我国的新型城镇化建设。

三、国内城镇化发展的典型模式和比较

中国城镇化进程依托各地区位优势、主导产业、动力机制、空间范围等，必然展现出多种多样的发展模式。对这些典型模式进行总结概括和分析比较，对于我们推进新型城镇化建设，将具有重要的借鉴意义。

（一）我国城镇化发展的典型模式

模式就是某种事物的标准形式或使人可以照着做的标准样式，也是一种参照性的指导方略。城镇化模式是指一个国家、一个地区在特定阶段、特定环境背景下城镇化采取的具体方法和途径。中国幅员辽阔，各地的社会文化与自然发展环境、发展阶段等都有很大差异，在城镇化的实践中，许多地方结合自身的条件和特点走出了一些具有明显特色的城镇化道路。本书主要从城镇化的区域结构、动力机制、主导产业、空间模式、城乡统筹等方面，对我国一些地区进行的城镇化的发展模式进行分类研究。通过对这些城镇化模式的梳理和分类研究，在我国各地区城镇化实践中因地制宜地选择不同发展模式。

1. 按照城镇化区域结构划分的典型模式

按照城镇化的区域结构划分城镇化发展模式，大致可以分为以下三种模式。

（1）城市群带动型模式。

城市群和城市带是当今城市发展的一个总体趋势,城市群具有辐射带动作用，可以利用它来构建大中小城市，促进小城镇协调发展，形成互促共进的格局，为县域城市化的发展提供广阔的腹地和发展样板。城市群内城市充分发挥与城市群

内中心城市、其他城市、城市网络体系的密切关系，利用自己的区位优势，推动县域经济和县域城镇化的发展。比如，中原城市群通过加快完善多层次城际快速交通网络，实现以郑州为中心的核心区域与开封、洛阳、新乡、许昌等城市融合发展。强化京广、陇海发展轴节点城市互动联动，推动邯郸、安阳、邢台、鹤壁、聊城、菏泽、濮阳等北部城市密集区提升发展，促进蚌埠、商丘、阜阳、周口、亳州、淮北、宿州、信阳、驻马店等豫东皖北城市密集区加快发展。江西省按照"以点带轴、以轴带面"的城市群发展模式，以中心城区为核心，以瑞金和龙南两个次中心城市为支点，以沿赣粤、赣闽走廊为两轴的赣南城市群，并通过高速公路、城际铁路等城市间基础设施一体化，推动"同城化"进程，力争形成 1 个城区人口百万人以上的特大城市、6 个城区人口 20 万人以上的中等城市、5 个城区人口 10 万～20 万人的小城市、30 个重点小城镇。

（2）中心城市带动型模式。

增长极理论和都市圈一体化理论强调城市之间的关系，强调中心城市的辐射和带动。区域发展在空间演化上始终存在着极化效应和扩散效应。极化效应是各种要素的集聚过程，而集聚发展到一定程度就必然发生扩散效应。中心城市与区域经济的发展必然由集聚到扩散，最后走向一体化。充分发挥中心城市的辐射带动作用，推进交通一体、产业链接、服务共享、生态共建，优化中心城市布局和形态，发展城区经济，完善城市功能；增强县域城镇承载承接作用，注重内涵式发展，突出特色，提高品位，强化产业支撑，完善公共服务，带动一些基础条件好的县（市）发展成为中等城市，基础较好的中心镇发展成为小城市，最终通过统筹城乡规划、产业发展、基础设施建设、公共服务、劳动就业、社会管理，促进城乡经济协调发展和基本公共服务均等化，构建城乡一体化发展新格局。如昆山北与常熟相连，南至上海嘉定、青浦，西与吴江、苏州交界，昆山通过与中心城区的互动，通过产业、人才、空间等的主动对接，实现与中心城区的错位发展，拓展了发展空间，创造了都市圈共赢的发展状态。

（3）交通要道带动型模式。

良好的交通区位就是一个无法逾越的优势。从国内外城市发展轨迹看，早期城市依托发达的交通网络和传统产业，引领带动上下游关联产业和配套服务业在城市周边区域集聚，进而推动特定区域大量城镇快速发展。马克思曾经对亚得里亚海北部的两个港口城市，即威尼斯和的里雅斯特的兴衰进行研究。认为威尼斯与的里雅斯特相比，威尼斯已经保持了近700年的繁荣，并且是世界性的巨型港口。但是到了19世纪初，威尼斯衰落下来，而的里雅斯特却奇迹般地兴盛起来。二者的自然地理位置都没有变化，为什么一盛一衰？马克思认为，威尼斯衰落的原因是交通线路的改变导致贸易优势的丧失，而的里雅斯特的兴起的原因是城市同一个广大而富庶的地区的贸易结合起来了。马克思正是从交通地理的变化分析了港口城市威尼斯由胜到衰的原因。

在城市群发展过程中，城市规模不断扩大，空间集聚程度不断提高，城市资源环境压力不断增大，要素资源逐步向城市群外围扩散，城市群规模和区域经济发展水平进一步提升。发达的城际交通体系，是继续保持城市群内部人流、物流、信息流高效流通，城市群正常运转的前提。从国内外城市群的发展经验看，无论何种空间布局形态，城市群总有一条产业和城镇密集分布的走廊，通过发达的交通网络相连，如美国大西洋沿岸和五大湖地区重要的港口城市波士顿、费城、纽约、巴尔的摩等。我国陇海铁路西段从华阴到伊宁，交通要道沿途150公里的带状范围内共有32个规模不等的大中小城市，占了陕西、甘肃、新疆三省（自治区）城市数量的69.56%。从西南地区来看，城镇主要集中于长江上游成渝轴线，贵昆、黔桂和川黔沿线等。因此，建设功能完备、布局合理、衔接顺畅的交通体系是实现城市群健康持续发展的基础。

郑州航空港经济的蓬勃发展，充分展示了利用交通区位优势发展经济，促进新型城镇化发展的良好示范作用。郑州航空港经济综合实验区是中国首个航空港经济发展先行区，是以河南省郑州市新郑国际机场附近的新郑综合保税区（郑州航空港区）为核心的航空经济体和航空都市区，是郑州市朝着国际航空物流中心、国际化陆港城市、国际性的综合物流区、高端制造业基地和服务业基地方向发展的主要载体。郑州航空港经济综合实验区建设自从上升为国家战略以后，以空港为核心，以陆港为支撑，强化航空、铁路、公路有机衔接，通过打造竞争力强的国际化综合交通枢纽，积极引进顺丰、菜鸟网络、敦豪等龙头企业，进一步做大做强物流产业。通过发展大物流，进一步吸引富士康、美国图博公司、创维、致远、乐派、百豪电子、中兴、凯利通、百立丰等龙头企业入驻，进一步壮大了航空设备制造维修、电子信息、生物医药等主导产业。现在，郑州航空港通过产业的不断集聚，人口的集聚，基础设施的完善，已经依托航空港交通枢纽，逐步从一个国内干线机场变成了河南省对外开放的前沿和基地。

2. 按照资源禀赋划分的典型模式

按照资源禀赋和产业拉动角度划分城镇化模式，大致可以分为以下四种模式。

（1）专业市场带动型模式。

专业市场型城镇主要是靠近交通干道，是传统的商品集散地、集贸中心或新兴商品交易中心。凭借这一交通优势，可以以商兴县、以商兴镇。如浙江义乌实施"兴商建市"的发展战略，发展小商品批发，充分带动相关产业发展，并且创造了大量的就业机会带动了县域城镇化的发展。

（2）农业主导型模式。

我国也有很多县是通过大力发展农业，依靠农业的产业化、市场化发展起来的。山东寿光的城镇化表明，农业产业化是该县城镇化重要的产业基础。寿光的农业产业化是一个生产经营体系，集生产、加工、运输、中介、科技等多个环节通过组合各个生产要素，实现区域整体产业链条，从而创造大量的城市非农就业机会。

（3）工业主导型模式。

县域工业基础较好，乡镇企业比较发达，而且形成了一定规模，能够吸纳大批剩余劳动力，能够带动当地及周边经济的发展，能够吸引大量的外地农村人口到县域内城镇就业和居住。东北老工业基地的大部分城市，以及浙江、江苏、福建和山东很多城镇都是通过工业和发达的乡镇企业建立起来的。

（4）旅游带动型模式。

旅游的特点是使旅游目的地成为消费的场所，形成旅游产业链发展的基础。旅游产业带动泛旅游消费集聚，形成产业集聚区，并与城市化发展结构相互融合。张家界就是由于旅游带动人口流动，形成消费集聚，带动产业集聚，从而促进城镇化的发展的。

3. 按照城镇化动力机制划分的典型模式

按照城镇化的动力机制划分城镇化模式，大致可以划分为以下四种模式。

（1）苏南模式。

苏南模式是学术界对苏州、无锡、常州地区自20世纪80年代以来经济和社会发展道路的概括和总结。由苏南地区城镇化发展过程可以看出，苏南模式城镇化具有以下两个特点：一是依靠社区政府推动，走内发型的发展路子，以集体经济为主要经济体来发展乡镇企业，采取由政府出面组织劳动力、土地和资本等生产资料的方式，政府出资办企业，并指派企业负责人。通过这种城镇化模式，企业家把社会闲散的资本集中起来，跨越了资本的原始积累阶段，从而使苏南乡镇企业有充足的资金在全国领先发展，使大规模的农民向非农领域转移，并出现了就地工业化的局面。二是苏南模式具有城乡产业相互协调推进的特点，它注重加强与城乡工业的联系，并不断提高一体化程度，以促使农村经济结构转变。在城镇化方面，城市工业要素在向农村转移扩散的过程中，会选择某些区位避开另一些区位，使其在空间上分布不均匀，小城镇的集聚程度和工业化水平会得到进一步的提高。苏南地区经济发展的一个特点就是非常重视培育特色商品市场，并使其具有强大的吸引力，从而促进人口和要素向城镇集中，进而推动城镇化不断发展。

（2）温州模式。

温州模式是温州农民在没有政府投资及相关政策的情况下，以家庭工业生产和专业化市场相结合，敢为人先，一举打破了由政府支持的经济格局，率先以市场经济的方式，促进农村经济的发展和城镇化的进程。温州模式城镇化具有以下两个特点：一是以农民的手工业、小商品为起点，充分发挥以市场经济为基础的个体经济和私营经济的优势。在温州，成千上万的农民自己兴办企业、承担风险，发展以劳动密集型产品为主的小商品，把小企业一步步做大、做强，把小商品逐渐发展成为市场主导产品，并在国内外市场拥有相当大的份额。到了20世纪90年代以后，温州地区的生产规模开始扩大，开始摆脱小商品、小企业的局面。民营企业开始扩大生产规模，进而转向规模经济，同时也开始发展外向型经济，并向国际市场迈进。二是依靠家庭经济和市场经济发展小城镇。温州地区在集体资源有限的情况下,把资源主要配置在家庭工业上,大量的劳动力外出务工,方便了获取市场技术和信息以及进行民间资本的积累;温州地区很重视培育专业市场,并形成了许多闻名全国的专业市场,如苍南宜山再生腈纶市场、金乡徽章市场、永嘉桥头纽扣市场、乐清柳市低压电器市场等。温州的家庭经济和商品市场的不断发展,促使剩余劳动力转向温州的家庭经济和商品市场,人口不断向小城镇集聚,小城镇的规模逐渐扩大,从而促进了城镇的发展。

(3) 胶东模式。

胶东模式是对胶东半岛地区出现的城镇化模式的统称。胶东半岛地区具有与韩国、日本相邻的地缘优势,以发展出口商品为导向,农村集体经济在乡镇企业快速发展的基础上,通过农村产业结构升级,促进农村人口向城镇转移,出现了一批中小城镇。农村剩余劳动力就地安置,直接到当地乡镇企业就业。20世纪90年代后期,当地乡镇企业从出口外向型经济转向全面开放提升型经济,胶东地区的产业结构进一步随着国际产业转移的加快,加快升级步伐,打造国际先进制造业基地。同时,由于国际产业资本、人员的大量转移,带动城市规模、城市建设、城市文化、城市功能不断与国际接轨。

(4) 珠三角模式。

珠三角模式是指以广州、深圳等为中心的珠江三角洲地区的社会经济发展道路和城镇化发展模式。它主要是大规模引进香港等地的外资,以外资企业和中外合资企业为主体发展经济,通过工业化发展推动了城镇化发展。华侨众多、毗邻港澳及国家特区的优惠政策优势,使珠三角模式举世瞩目。珠三角模式城镇化具有以下两个特点:一是利用。在珠江三角洲地区建立乡镇企业的资金不是来自内部,而主要是来自外资特别是大量香港资金,利用这些资金在内地投资建厂,利用"前店后厂"(珠江三角洲为"厂",香港为"店")的模式来发展经济。依靠"外资推动",珠江三角洲地区乡镇企业逐渐兴起并发展起来进而推动城镇化的发展。二是体制机制创新。珠江三角洲在发展中逐渐完善了市场体系,并通过珠江三角洲特殊的区位优势,使生产要素在城乡之间的流动性大大加快。

4. 按照城镇化空间结构划分的典型模式

按照城镇化的空间结构划分城镇化模式,大致可以划分为以下五种模式。

(1) 城市扩展模式。

这一模式是最为传统的城镇化方式,是指伴随着城市人口的不断增长,逐步向外扩大城市用地范围的发展方式。世界上很多国家的城镇化都采取城市扩展模式,这一现象最先出现在西方,后来又连续出现了市郊化和超市郊化现象,城市不断向周边扩展。西方的土地为私有制,中国的土地为公有制,所以,中国的城市扩展非常具有特色。中国土地公有的性质使城镇化的发展速度更快,目前中国的城市规划项目总量在全世界规模最大,在人类历史上也是极为罕见的。

(2) 新区和新城建设模式。

在我国,建市建镇要经过国务院和民政部的严格审批,标准程序非常复杂。新区和新城的建设是在新建区域根据区域发展定位,对入住人口、土地性质、产业布局、道路交通以及其他水电气等基础设施进行规划,从而使人口和资源逐渐集中在一定的范围内的城镇化过程。新区、新城一般是原有的城市基础设施和产业能够辐射的区域,一般在产业基础和特色、功能布局等方面具有一些优势,在城镇体系建设中非常重要,是原有城市的不可或缺的组成部分,在一定程度上起着分担中心城区的商业、商务、工业、居民居住、文化娱乐等城市功能。

(3) 开发区城镇建设模式。

该模式主要通过政府对开发区给予一些土地、税收、人员安置等方面的政策,进而形成当地产业结构调整和经济快速发展的一个区域增长极。以政策汇集要素,以要素带动产业,以产业促进就业,以就业带动人口集聚,进而带动当地的城镇化进程。开发区城镇建设模式显示了我国当前的政府行政主导和行政资源对于经济社会和城镇化发展的巨大推动力。一些开发区在短短的几年里,厂房林立,道路和基础设施逐步完善,人口和产业在较短的时间内完成集中和集聚,从而实现人口规模的跳跃性增长、城市地域空间的迅速扩大以及产业结构转型升级。开发区经济建设是我国城市空间拓展的主要方式之一。

(4) 建设产业集聚区、中央商务区或特色商业区模式。

产业集聚区主要以发展工业为主,中央商务区和特色商业区主要以发展服务业为主。政府为了推动工业和服务业的发展，分别划定一块区域或者通过旧城更新改造作为产业发展的载体。一般在发展产业的同时，当地政府提出产城融合，打造宜居宜业之城，通过创造优美的环境、公平竞争的机会促进各种要素进行集聚。比如，河南省全省都在推进服务业的集聚区建设，商务中心区和特色商业区的建设很多都依托新区、老城区改造，通过"两区"建设进而推动当地的城镇化发展。

（5）农村就地城镇化模式。

城镇化推进还可以采用分散的形式，比如农村就地城镇化就是这种形式。农村就地城镇化是指在农村地域中出现了城市形态，由于区别于农村生活，在农村一定区域的环境中，一些区域拥有良好的生活环境和社会服务，以及大量的工商业就业机会，大量的非农人口逐渐向农村的这些地区集聚，从而引发产业、人口密度、基础设施、建筑形态等方面变革，走城市发展之路。农村就地城镇化发展可以利用来自外部的技术、资本，或迎接产业转移进入，还可以利用农村经济自然发展。我国农村就地城镇化的方式按照空间层次的不同，可以分为村庄产业化和乡镇产业化的发展方式。

5. 按照城镇化推进方式划分的典型模式

按照城镇化推进方式划分城镇化模式，大致可以划分为以下四种模式。

（1）统筹城乡模式。

我国城乡经济社会发展呈现出二元结构。2007 年，四川省成都市被确定为全国统筹城乡综合配套改革试验区之后，成都市提出"三个集中"城镇化模式，即以推进工业向集中发展区集中、农民向城镇和新型社区集中、土地向适度规模经营集中为抓手，带动新型工业化、新型城镇化和农业现代化的城乡发展一体化模式。工业项目要向工业区集中，农民要向中心村、集镇和城市集中，耕地要向种田能手集中。其主要做法是以城乡总体全域式规划为基础，加快土地确权颁证的形成，尽快建立农村土地产权交易市场，加快建设用地增减指标挂钩机制等制度。把发展较好的区域作为起步点，从而确立优势产业，并进一步形成以市场为导向的产业集群。另外以农民的公共服务和社会保障作为配套设施，不断提高农民的生活水平。成都统筹城乡模式，如图 3-2 所示。

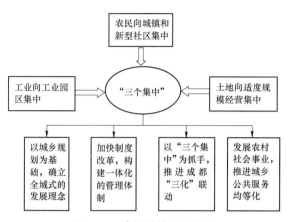

图 3-2　成都统筹城乡模式

(2) 整体推进模式。

整体推进型城乡一体化模式以天津"以宅基地换房"和嘉兴"两分两换"为代表。天津的主要做法是从整体上把搬迁农民的安置问题解决掉,然后再通过土地集约增值获得收益来发展地区产业,解决农村居民的重大就业问题。从而将农民的集中居住与产业化、城镇化有机结合起来。嘉兴的主要做法是"两分两换",指宅基地和承包地分开、搬迁与土地流转分开。一方面,农民在经过"两分两换"后,将农房换成了商品房,并且获得了养老保障,还可以通过打工或者创业增加收入途径。另一方面,被置换出来的宅基地也将重新利用,一部分会被复耕为农田,还有一些被转给投资开发公司。投资开发公司利用置换进来的宅基地向银行抵押贷出大量的款项,开发农家乐、旅游景点等投资项目。整体推进模式的核心在于一次性的农民身份转移,然后通过城镇化与产业化相结合,逐步实现城乡经济、社会、文化、生态的全面、协调、可持续发展。

(3) 以城促乡模式。

这是最典型的现代城市力量的扩展,它主要是利用城市的发展来带动农村的经济发展,最终使城乡共同发展达到城乡一体化的状态。该模式以城市自身的发展为主,由城市的扩展而辐射、带动农村的社会变化。我国义乌市属于该模式,由于义乌市具有较为发达的专业市场,通过专业市场带动产业集聚发展,通过产业集聚促进人口集聚,通过人口集聚进一步促进城乡一体化良性互动。

(4) 以乡促城模式。

以乡促城的城乡一体化，包括三个阶段：① 大力发展农业阶段。通过提高农业的机械化水平，着重提高农业的劳动生产率，农业生产出现剩余劳动力。② 农业工业化阶段。在农业劳动生产率不断提高的情况下，农业逐渐向农产品加工业等工业发展阶段转换，进一步释放农村剩余劳动力向农产品加工行业转移。③ 完善农村基础设施阶段。随着农业工业化的逐步推进，以及人口的集聚对其他配套产业的需求与日俱增，从而增加城市配套基础设施，拉大城市框架，增强城市功能。

另外，我国在推进新型城镇化的过程中，中西部围绕新农村建设也探索形成了一些推进模式。其主要包括四种模式。

一是城镇带动型模式。这主要是依托城市郊区和小城镇建设，采取市场化运作的模式，对城镇近郊村的村庄进行改造整合，建设社会主义新农村。如新郑市孟庄镇，利用靠近郑州土地价值较高，积极引入开发商推进新农村建设。

二是产业支撑型模式。这主要是依托产业集聚区或发展特色产业集群，调整居民点布局，建设社会主义新农村。如鹤壁市浚县王庄镇依托中鹤集团，对王庄镇小齐村、大齐村等村进行搬迁改造，集中规划建设中鹤社区，把原有村庄节约出的土地和农民的承包地集中起来经营，实现企业扩张发展、村居条件改善的双赢。修武县围绕服务云台山旅游，引进世贸天阶、河南建业等知名企业，投资建设七贤功能区。

三是搬迁安置型模式。这主要是依托国家重大工程建设、扶贫开发、地质灾害治理、采煤深陷区治理等，通过迁村并居，建设社会主义新农村。如河南省汝阳县结合异地扶贫搬迁建设社会主义新农村，居民依靠旅游资源开办家庭宾馆，开发旅游商品和土特产产品。

四是村庄合并型模式。这主要是整合距市县乡镇较远、相对分散且不具有历史文化价值的一般村向中心村集中，合理推进不同行政村搬迁合并，如驻马店市平舆县射桥镇单老村。

（二）我国城镇化典型模式的比较

由于我国地缘文化差异较大，在城镇化过程中形成多样化的城镇化模式是必然的。如何看待这些不同的城镇化模式？它们之间有什么不同，对我们今天推进新型城镇化建设有什么借鉴意义？我们还必须对这些模式进行不同视角的比较分析。

1. 城镇化区域结构划分模式比较

当前，城市群已成为发达国家城市化的主体形态，城市群对区域农村及中小城镇化的辐射带动作用愈加明显。城市化初期阶段，发达国家主要是以单个城市的空间面积扩张为主要手段，当城镇化发展到一定阶段后，在市场机制的作用下，开始出现特大城市，并且周边一些中小城市围绕龙头城市协调集群分布，整体形成组团式发展格局。大城市和中小城市之间还保留一定的林地、农田、水面等，这些城市群或城市带通过高效便捷的交通走廊相连接。这种城市化形态，由于存在现代化的交通网络来降低交易成本，城市群及大城市具有的集聚经济和规模经济效益不会被降低。并且通过这种组团式的发展格局，可以预防某一个特大城市过度扩张后出现塞车、污染、贫穷等城市病。

区域是城市的基础，中心城市是区域的核心，两者相互依存、彼此推动。区域性中心城市是指在一定的区域范围内具有引领、辐射、集散、制衡等作用的主导性城市。它超越了原始的自然地理范畴，中心城市能够在资源、产业、交通、市场、信息、文化地理、政治地理等多层面对周边农村及中小城镇具有领带效应。

交通是经济的先导。大部分城市都布局在一些交通要道附近，这是因为方便快捷的交通可以降低各类经济成本和社会成本。城市群及各城市功能组团之间的连接都需要通过建立多层次、立体化的交通网络，以降低成本，促进经济快速发展；促进企业集群发展及产业集聚，进而吸纳人口集聚，带动周边城镇化的发展。

按照区域结果划分城镇化模式比较，如表3-1所示。

表3-1 按照区域结果划分城镇化模式比较

比较特征	城市群（带）带动模式	中心城市带动模式	交通要道带动模式
区位优势	城市群周边县城	中心城市周边县城	交通优势
要素转移	城市群范围的转移	中心城市周边转移	利用交通路网
发展走向	国际型大都市	区域中心城市	大、中、小城市
重点区域	珠三角、长三角和环渤海	中西部	沿铁路、公路等干线支点

2. 城镇化资源禀赋划分模式比较

产业发展是推进城镇化的基础,产城融合是城镇化发展的关键。缺乏产业支撑的城镇化将会导致城镇化进程出现两大问题:一是没有产业支撑,吸纳农村剩余劳动力的能力很弱,进城农民没有就业机会,就会出现拉美地区城镇化过程中的贫民窟现象,最终激化社会矛盾。二是没有产业支撑,区域经济发展缓慢,财政乏力进行基础设施建设,城镇基础设施滞后,城市功能不完善,城镇缺乏对农民进城的吸引力。

专业市场型和工业型主要是依托园区坚实的产业基础带动相关产业发展,依托园区服务园区,吸引周边农村劳动力进入园区或集镇从事第二、第三产业,成为新的城镇居民。实行旅游商贸带动模式的城镇,主要是利用旅游产业的强大人气和影响力,再结合自身一些资源优势,进而发挥以旅游产业为支点,其他产业为配套的旅游复合型经济模式。同时,增加集镇的设施建设,增强综合配套服务功能,进而促进城镇化较快发展。农业型城镇化主要是针对一些传统的农业大省,积极推动农业产业结构调整和产业化经营,增加农民收入,而且带动了城镇的发展。各地具体采取什么样的城镇化模式,应该根据当地的资源禀赋条件,选择有特色的主导产业。

按照资源禀赋划分城镇化模式比较,如表 3-2 所示。

表 3-2 按照资源禀赋划分城镇化模式比较

比较特征	专业市场模式	工业型模式	农业型模式	旅游带动模式
起步方式	专业市场	工业	新型农业	旅游服务
发展基础	市场体系发达	资源富集、工业基础好	农业条件优越、工业基础薄弱	自然环境优美、生态资源丰富
推进方式	从下往上	从上往下和从下往上	从上往下	从上往下和从下往上
发展走向	依托专业市场,然后发展第二、第三产业	优先发展资源产业,然后加强基础设施建设和公共服务供给	以现代农业促进农村、农民转型,推进城乡发展一体化	依托生态文化资源,以旅促农,以城带乡
代表地区	温州、义乌	东北老工业基地	安塞、遵义	大理

3. 城镇化动力机制划分比较

城镇化动力机制是指城镇诞生和发展过程中所需动力产生的机制。根据主导力量的不同，一般可以分为政府主导型、市场主导型和政府市场主导型。我国是一个大政府社会，城镇化的推进力量在很多地方还是自上而下的政府主导模式，政府是城镇化战略的制定者，城镇化的推进速度容易受到政策的影响。改革开放以后，为适应市场经济条件下的城镇化发展要求，在各地陆续探索的基础上，形成了苏南模式、温州模式、珠三角模式和胶东模式。其中，苏南模式主要是依托政府对资源的垄断优势，通过选择合适的企业家队伍，促进农村工业的发展，农村工业的发展又反哺农业。同时，苏南模式的要素转移是在社区范围内进行，发展方向是公社走向社区集体，再由社区集体走向城乡联合。

温州模式是典型的依托市场经济自下而上的城镇化模式。在经济结构转变的过程中，市场机制的推动作用表现得十分突出。利用市场在资源配置中的基础性作用，温州的农业剩余劳动力不断向非农产业的生产领域转移，这样农村工业部门就得到快速发展，于是小城镇迅速成长起来，不断推动城镇化进程。温州农民通过打造城镇化发展的产业基础，形成了专业化生产和专业市场的特殊的产销一体化模式，从而在促进小城镇经济起飞方面具有巨大的作用。

珠三角模式的主要特征就是利用港澳资本、先进技术和侨乡优势，充分利用珠三角区域自身的劳动力资源优势，并结合外部要素和内部要素，实现资源共享、优势互补，进而推动农村经济和城镇化迅速发展。

胶东模式的特点是典型的现代农业拉动型城镇化模式。其主要是以集体经济为主体、以农业经济为依托、以乡镇企业为支柱、以发展出口商品为导向的城镇化模式。

我国主要城镇化动力模式比较，如表3-3所示。

表3-3 我国主要城镇化动力模式比较

比较特征	苏南模式	温州模式	珠三角模式	胶东模式
起步环境	准市场经济	准市场经济	准市场经济	准市场经济
起步方式	从农副产业到工商业	从商贩业到工商业	从出口加工业到新兴工业	在农副产业中发展加工业

续表

比较特征	苏南模式	温州模式	珠三角模式	胶东模式
发展主体	社区集体	个人或家庭	集体和个人	社区集体
要素转移	社区集体范围的转移	个人资本自发与自由流动	外来资本、劳动力大量流入	土地、劳动力跨地区转移
与农业的关系	互为主体，从以农补工到以工补农	农业要素流出较多，反哺型农业投入相对较少	非农化、工业化导致土地增值，农民从中受益	工农业互为一体，从以农补工到以工补农
发展走向	公社走向社区集体，再走向城乡联合	个体经济走向资源互利基础上的联合或合作	从"三来一补"到吸引外资，从进口替补到出口替代	社区内发展走向互惠型合作与重组

4. 城镇化空间模式划分比较

从世界各国城镇化的空间发展方式看，主要包括连续发展、内部重组、就地发展和跳跃发展。连续发展是以现有城市作为依托，在市场作用下土地形成级差地租，推动着城市空间向外扩展。内部重组是指在原来城镇建成区范围内，在城镇用地上进行空间整理和功能置换，进而提高城镇化发展水平。就地发展是指村庄和乡镇通过自身经济社会的不断发展，从而促进产业不断升级，促进乡村基础设施水平改善和提高，进而可以增加农民收入，改善农民生活，提高农民生活水平。即在本地实现城镇化的生产生活方式。跳跃发展是指在城镇范围以外的农村地区，以相对独立的方式进行城镇化发展，由于这些地区缺乏城镇化发展所必需的基本要素，因而需要借助外力不断推动。

当然，这四种空间模式并不是相互孤立的，而是相互联系的。内部重组常常与跳跃发展或连续发展相联系，比较常见的如旧城改造带动城郊新居住区发展，工业区外迁形成新区等。新城和新区的建设通常也会依托新设的交通要道和交通站点，以及经济发展较好的乡镇为重点，这是就地发展和跳跃发展的有机结合。不同的城镇化发展阶段，其城镇化主导空间发展模式也可能不同。例如 20 世纪 50 年代，欧美国家城市化推进以连续发展为主；20 世纪 80 年代，主要以内部重组为主导推动中心城区复兴。

尽管在世界各国城镇化发展过程中上述四种空间推进方式都普遍存在，但中国和欧美国家的推进特征还存在显著的不同。欧美国家主要以蔓延式的连续发展为主，中国主要以内部重组和跳跃发展为主。

城镇化推进模式，如图3-3所示。

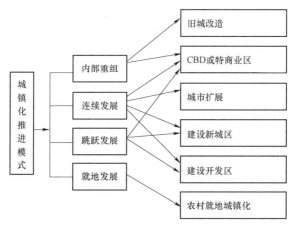

图3-3 城镇化推进模式

在我国，内部重组方式主要有旧城改造、建设商务中心区和特色商业区；连续发展主要有城市自然扩展和建设特色商业区；跳跃发展包括建设新城区和建设开发区；就地发展主要包括农村就地城镇化（具体见表3-4）。目前我国城镇化的发展主要以跳跃发展为主。对开发区、新区、新城的建设已成为中国推进城镇化的重要手段。

表3-4 按照空间结构城镇化模式比较

比较特征	建立开发区	建设新区新城	城市扩展	建设CBD	农村就地城镇化
主导力量	国务院、省、市政府	国务院、市政府	市级政府	市级政府	市、县、乡政府
运作方式	政府主导、市场运作、企业参与	政府主导、企业参与	政府引导、市场运作、企业参与	政府主导、市场运作、企业参与	政府指导、企业参与
土地供给	中央划拨、征用农村土地等	大规模征用农村土地	征用农村土地	城市用地、征用农村土地	农村集体土地
推进方式	自上而下	自上而下	自上而下与自下而上	自上而下	自下而上与自上而下

续表

比较特征	建立开发区	建设新区新城	城市扩展	建设 CBD	农村就地城镇化
发生区位	城市近、远郊	城市近郊、远郊	城市内部	城市内部、新区城市内部	乡镇、村
增长方式	跳跃发展、连续发展	跳跃发展、连续发展	连续发展	内部重组、连续发展、跳跃发展	就地发展

5. 城镇化城乡统筹模式划分比较分析

统筹城乡发展走城乡一体化道路，是城镇化过程共有的现象和趋势。不同区域由于历史文化背景有别、经济发展水平有异，在城乡统筹中表现出不同的特点。成都模式的主要特点是：在国家综合改革试验区的基础上，以城乡规划为基础，确立全域成都理念，加快推进农村产权、户籍制度、社保制度产业布局、财政制度、教育培训、医疗救助等方面的改革，逐步推进城乡基本公共服务均等化。

天津和嘉兴模式的特点在于：在当地比较发达经济的基础上，实施"十改联动"，包括就业、户籍制度、新居民管理、社会保障、村镇建设、涉农体制、公共服务、金融体系、规划统筹等改革，整体推进城乡服务一体化。以城带乡模式主要是先发展城市经济，增强城市经济的辐射力，然后通过城市经济的辐射及产业链带动，增加城市与乡镇的产业联系、就业联系、交通联系等，最终形成区域经济的一个整体。以城促乡模式主要通过乡镇经济的快速发展，加快完善乡镇基础设施，加快乡镇居民公共服务均等化，进而实现城乡统筹。

按照城乡统筹城镇化模式比较，如表3-5所示。

表3-5 按照城乡统筹城镇化模式比较

比较特征	城乡统筹规划	整体推进	以城带乡	以城促乡
起步方式	梯次推进	整体推进	梯次推进	梯次推进
发展基础	全域式规划先行	户籍改革先行	先发展城市经济	先发展农村经济
推进方式	政府主导	政府主导	政府主导+市场推动	市场推动
主要特点	"三个集中"，全域程度	"两分两换"	大力发展城市经济	公共服务均等化
代表地区	四川成都	浙江嘉兴	浙江义乌	珠三角

四、国内城镇化发展建设的主要经验——以长白山保护开发区特色城镇化为例

（一）池北区二道白河镇——省级城镇化建设示范镇

长白山管委会具有三个城镇化的发展方向，也将按照这三个方向进行全面的整治和发展。

池北区二道白河镇是一个具有特色的小城镇，它属于生态环保小城镇，适宜人们居住和生活。而这个城镇的发展定位为长白山文化生活小镇、长白山下秀美第一镇。主导产业项目是演艺娱乐业、文化会展业、旅游业和现代服务业。"宝马城"项目、"十八方"工业园区项目等不仅带动了池北区二道白河镇的发展，还带动了池西区、池南区的经济发展。

根据城镇化拥有的职能进行相关政策的扶持。池北区二道白河镇具有和平主体功能区（温泉养生）、参花主体功能区（林上天堂）、前川主体功能区（林场木屋）等。总之，要牢牢把握好城镇化的总体思路和机遇，能够对长白山保护开发区的特色宗旨，进行有特色文化的开发和利用，推动城镇化最原始的状态，文化和旅游业并存，不断提升城镇综合实力。集中力量重点突破，发挥龙头辐射和引领带动作用，全力开创"大长白山"区域特色城镇化发展的崭新局面。

（二）具体发展特色

1. 生态特色

在坚持具体方针的情况下，进一步对环境进行整治，要提供一个良好的生态环境。这也符合长白山特色的生态环境。目前，城镇区污染物主要是城市污水及城市供暖所排放的烟尘，为此对进入城市的工业项目要加以控制，工业上要做到无污染，对水污染和固体污染物的处理要有一定的对策，提供达到一定面积的绿地等，对交通设施也要设置噪声隔离带。栽种多种植物，以此来优化环境。

树立可持续发展观，有利于各方面建设有机结合，其中对生态环境建设必须加强规划。建设生态城市（旅游服务基地），建设生态化交通网络，旅游景区、景点、主体功能区实行游客容量控制，加强区域资源的保护与生态化利用。要建设生态城镇，就要对其进行相关规划，还要对大环境下的一些事物进行再一次的整合，需要建设一个良好的环境，同时还要进行创新。生态城镇建设重点：① 旅游服务基地。池北区：美人松林生态保护，二道白河河段治理，湿地保护与恢复，城区噪声、废气、废水、废渣及垃圾排放处理与综合治理。池西区：南黄泥河河段治理，城区中部植被恢复，城区噪声、废气、废水、废渣及垃圾排放处理与综合治理。池南区：城区两侧植被恢复，江心岛生态环境保护，城区噪声、废气、废水、废渣及垃圾排放处理与综合治理。② 旅游景区、景点、主体功能区。规范旅游区域人类生产生活活动，拆除对生态环境有影响的建筑，加快对受损生态环境的修复，规范引导景区、景点、主体功能区的建设。③ 自然保护区。长白山具有相当大的优势，那就是具有独特的环境、独特的地理位置以及一个能够与未来相互关联的产业。这就需要进行品牌提升，加快发展长白山的特色文化，建立良好的信誉保障，树立起自己的品牌。

2. 文化特色

长白山的历史文化非常悠久，长白山火山地质地貌文化、植物垂直景观分布带、森林生态系统、气象奇观以及冰雪文化等，让人流连忘返、思绪万千。长白山的文化非常精彩，这从长白山的历史文化记载中可以看出，正是以这样悠久的历史文化为依托，才具有了独特的条件创造出长白山品牌文化。长白山将通过举办博览会、旅游节等形式，大力弘扬长白山文化，以特色旅游文化建设提升长白山品牌。

长白山的文化特色还将与其城镇化的建设相互关联起来，要对文化产业进行精心的规划和管理。充分利用长白山这得天独厚的资源，为发展和壮大文化产业带来一个欣欣向荣的局面。让更多的人知道并了解长白山的文化特点，为长白山带来更多的效益。

3. 旅游特色

旅游本身就是一种特色。要是提及长白山的旅游特色，那么只能用"奇"来形容。奇特的地理位置、神奇的自然景观、奇形怪状的自然生物等，这些奇特的事物都无法改变，同样也是吸引游客的一点。地域分异的尺度越大，差异就会更大，这就能够满足广大游客们的期望。感受美的事物，要从最原始的自然中去感受，感受大自然所带来的奇特和独特，而长白山则当之无愧。

长白山是自然综合体最有代表性的一个景观。长白山具有很大面积的自然保护区，在那里造就了长白山奇特的自然景观，神奇并且十分壮观的自然风貌是吸引游客的最重要的因素。那里还有丰富的植物、动物资源，这些奇特的冰雪景观、瀑布景观等都具有悠久的历史和文化，让游客能够在观赏奇观的同时，继续感受长白山悠久的历史和文化，领略不一样的长白山。

创设具有特点的城镇化的整体要求，依靠长白山天时地利人和的旅游资源，充分发挥"中华名山"效应，借助长吉图规划上升为国家战略的重要机会，形成统一管理、统一规划的局面，科学规划旅游路线，完善基础设施，全面提高接待服务能力，加大对外宣传力度，积极开拓海内外客源市场，为了长白山旅游业能够更好地发展，要努力为其打造一个休闲娱乐的天堂。

围绕打造长白山旅游核心目的地这个目标，深度挖掘资源潜力，建设点、线、面相结合的旅游网络，形成知名旅游品牌。最大限度地开发温泉、药水泉、矿泉水等"三泉"资源；充分发挥"三江源"（鸭绿江、松花江、图们江）的组合优势，创造条件积极开展"三游"（自驾游、边境游、探险游）等旅游产品，搞好"三河"（二道白河、黄泥河、漫江）的综合治理，开发"三河"生态旅游休闲走廊，打造民族风情游氛围；充分利用长白山所拥有的这些资源，从而打造长白山生态旅游。围绕长白山生态旅游承载力和旅游产业发展需要，加快景区内服务设施建设。提供高质量的旅游服务人员，加强宣传和营销力度，提升"长白山"品牌的知名度。

4. 资源特色

（1）长白山的水文资源。

长白山的水文资源中，最具特色的是温泉。长白山地下水的构造条件十分好，丰富的水文资源造就了气势宏伟、观赏价值比较高的水文景观。具体情况如表3-6所示。

表3-6 长白山的水文资源

景点名称	介绍	地点
天池	由火山喷发自然形成，是一种自然现象。在经历了时间的不断积淀，由于水面的上升形成了天池	北、西、南三景区可欣赏到不同角度的天池

续表

景点名称	介绍	地点
王池	是由岩浆的喷发而形成的,池的周边还有许多植被	长白山西景区
小天池	在长白山瀑布附近,位于岳桦林中,是火山地貌形成的最为原始的水域	北景区
长白瀑布	这是世界上落差最大的火山湖瀑布。瀑布下有水潭,潭水流出,形成松花江的正源	北景区
温泉群	温泉群属于高热温泉,温泉多数超过60摄氏度	

（2）长白山的生物资源。

提到长白山的生物资源,可以说是很丰富的。长白山有极其丰富的资源,矿藏有80多种,还有很多名贵的药材。长白山以生物资源为依托,经过多年的探索和积淀,目前长白山已经形成多个生物资源景观带。具体情况如表3-7所示。

表3-7　长白山的生物资源

景点名称	介绍	地点
长白山丛林生态景观	长白山阔叶林带、针叶阔叶混交林带、针叶林景观带、亚高山岳桦林带和高山苔原带5个笔直植被森林带	北景区相对明显
野生动物栖息地	长白山具有独特的系统,有野生植物2 277种和野生动物1 225种	旅游公路两侧
百万亩山花园	花在长白山是非常丰富的,常见的有牛皮杜鹃、高山罂粟等特有野生花卉,被称为"百万亩山花园",极具观赏和保护价值	长白山西景区
地下森林	也被称为火山口原始森林,火山口的内壁岩石经过长期风化剥蚀,与火山灰等物质一起变成肥沃的土壤,而衔着各种植物种子飞越火山口的鸟,则成了天然播种者,天长日久,火山口的内壁上便形成了森林	长白山北景区

（3）长白山的地质资源。

地质资源是生态旅游很重要的组成部分,它常常给人的是视觉冲击,地质构造具有很强的排他性,短期内具有不可再生、无法复制的特点,一些知名的山地生态旅游景区,都是以独特的地质资源为前提的。

长白山地质资源丰富。它是由玄武岩台地、玄武岩高原和火山锥三部分构成。长白山属于休眠火山，海拔达到了 2 500 米，十分陡峭险峻。具体情况如表 3-8 所示。

表 3-8 长白山的地质资源

景点名称	概况
长白山北坡	具有明显的植被垂直带分布。该景区内有松树、地下森林、小天池、瀑布、黑风口、U 形峡谷景观
长白山西坡	长白山原生态保持良好的西坡，是火山地貌最壮观、最典型的地区。长白山西坡开发较晚，依然保留着原始秀美的自然风貌
锦江大峡谷	位于长白山西坡，是国内规模最大的火山岩地貌
长白山南坡	长白山南坡地面植被完好，人们可以观赏到主要由针阔叶混交林和针叶林区、岳桦林、高山苔原、沙漠区组成的植被带
鸭绿江大峡谷	位于长白山南坡，与锦江大峡谷一南一西，隔山对峙
望天鹅火山	望天鹅火山在长白山北坡的南方，有两个巨大的中心式火山，以它们为中心，周边还有规模很大的玄武岩熔岩台地
炭化木生成带	位于南坡的道路边缘，火山喷发形成森林植被炭化，具有较高的科研价值和观赏价值

综上所述，长白山保护区特色城镇化建设发展趋势具有一定的发展特色，而在旅游中也有属于长白山保护区独有的大自然旅游特色,我们通过调研可以发现，集中资金建设长白山文化主题公园、国际会议中心、直升机停机坪、酒吧一条街等项目，这些项目建设步伐的加快，都从另一个层面提高了长白山文化的品位。提高了长白山旅游业的发展水平，则能够提升文化产业，进行多个区域的合作和发展。

长白山的旅游资源很丰富，并且都具有古朴和神奇的特点，给人们壮丽的印象。广大游客来到这里，都希望能够看到这些奇观。要充分利用这些具有独特特点的旅游资源，从而展现出长白山的生态环境及其对游客的感染力。

（三）城镇化建设与旅游开发相结合

长白山被誉为"关东第一山"，被评价为纯净之域、神奇之境、养生之源、雪域之巅。长白山管委会需要对长白山的旅游产业大力弘扬，对其进行精心的策划和规划,并依此来推动城镇化的建设。

长白山城镇化的建设,离不了旅游业的成长,因此要搞好城镇化和旅游业的关系。其中,长白山的旅游业本身就具有一定的特点,发展起来更容易,更具有代表性,也更能够凸显长白山的特色文化。长白山突出发展旅游产业,建设特色城镇化需要和其他产业相互关联起来,才能够在这样一个平台上更好地发展。按照整体要求,依靠长白山的旅游资源,充分体现"中华名山"效应,借助长吉图规划上升为国家战略的重大机会,围绕打造长吉图旅游经济带主要目的地,合理开发,科学规划旅游路线,完善基础设施,全面提高接待服务能力,加大对外宣传力度,积极开拓海内外客源市场,努力将长白山打造成一个休闲、生态、旅游乐园,实现长白山旅游业又好又快发展。

成功的经验给长白山发展提供特色的建议,建立文化旅游发展的合作机制,加强品牌文化,创建特色服务,将特色经济和旅游业结合在一起。长白山特色城镇化的发展,需要四大产业的支撑,这四大产业分别是旅游产业、文化产业、生态产业、矿泉产业。其中,最重要的是旅游业的发展。城镇化的依托是产业,产业的载体是项目,是关联度高、带动力强、结构性优的大项目。目前,长白山以"十八坊"和"宝马区"两大项目为导向,结合匹配,实现城乡公共服务和商业服务设施的功能整合,积极推进产业园区类型的旅游综合体和民俗文化类型的新农村社区建设,大力发展旅游产品深加工、家庭旅馆业等灵活的旅游经济业态,形成消费集聚、人群集聚、产业集聚,并对相邻村落实施整体改造,打造"林水相宜"的城市生态系统。同时,引进大型旅游院校机构,加强职业教育培训,为推进城镇良性运营和持续发展、实现"就地城镇化"提供智力支持和有效保障。

五、国内外城镇化发展建设对吉林省的启示

目前,中国正经历着世界上规模最大、也许是速度最快的城镇化进程,中国城镇化的成就令人瞩目,发展过程中遇到的问题极具挑战性,诸如自然资源短缺、能源需求增长、空气污染与交通拥堵严重、生态环境恶化、人居环境脆弱、形象工程盛行、公共安全危机、社会阶层分化(城市化进程中农民利益未得到根本保障)、公共财政不足、城市政策失衡、"土地城市化"大于"人口城市化"等。吴

良镛院士认为,全世界都将面对难以解决的城市问题,"城市可能是主要问题之源,但也可能是解决世界上某些最复杂最紧迫问题的关键"。研究、汲取和借鉴所有先行国家的成功经验和惨痛教训,对探索中国新型城镇化道路,促进我国城镇化的健康、有序发展具有重要意义。

(一)城市发展不能以牺牲乡村为代价

改革开放以来,我国的城市发展取得了很大成就,城市化水平从1979年的18%提高到2009年的46.6%左右,拥有6.22亿城镇人口,形成建制城市661座,其中百万人口以上特大城市118座,超大城市39座。加快推进城市化,是21世纪我国面临的一个重大课题。城市化是未来支撑中国经济最重要的支柱力量。

但是,在推进城市化的同时,千万不能忽视农村和农村经济的发展。由于历史的原因,用人为的制度因素或行政手段(如户籍制度、社会福利保障制度、基本生活品供应制度、教育制度、差别就业制度等)将城乡分开,导致中国的城乡二元结构由来已久,需要引起特别重视。

到访过美国的人对其城乡一体化的景象印象会较深,如在洛杉矶、休斯敦等大都市周围100多公里内,很难分清城市和乡村的界限,最新研究报告认为,不少美国大都市外围产业链上村镇居民"幸福指数"甚至高于市内居民。为什么美国的城乡差别比较小?最主要的一点是促使经济和社会发展的机会沿交通干线向城郊和农村扩散,联邦和地方立法机构立法"为乡村提供发展机会"。美国缩小城乡发展机遇差别的主要途径在于,城乡居民接受教育,特别是高等教育的机会平等。比如1968年实施的《平权法案》给黑人等少数族裔更多的教育和工作机会;得克萨斯州1997年实施的《前百分之十法案》规定:高中毕业生只要其综合成绩进入本校排名前百分之十,得州境内的名牌大学就必须录取,这使非重点高中的毕业生也有机会进入名牌大学。这样确保黑人等少数族裔,特别是中低收入家庭的子女、有机会享受优质高等教育。再如,各州在消费税上向城郊和农村地区倾斜,促使消费机会向内陆扩散,把消费和发展的机会送给远郊和农村。

国际经验表明,凡是城市化水平高的国家,其农业也相应地较为发达。美国是在城镇化、工业化的同时实现农业现代化的,农业生产率的迅速提高解决了粮食和原料问题,并为工业发展提供了广阔的国内市场。同时,农产品的出口为工业化和城镇化提供了大量积累资金。

日本在处理城市与农村发展关系方面较为成功，政府在关注三大都市圈发展的同时，制定了大量法律促进农村的健康发展。如自20世纪60年代以来制定了《农业基本法》《新全国综合开发计划》《农村地区引进工业促进法》《工业重新配制促进法》等，促使工业由大都市向地方城市和农村转移，农村地区涌现出许多大企业的卫星工厂或分厂；为扶持山区农村及人口稀疏地区的经济发展，制定了《过疏地区活跃法特别措施法》《山区振兴法》等。同时，日本政府也比较重视对农村、农业的投资，注重投资方式的多样化。中央政府主要对建设项目进行财政拨款及贷款，地方政府除财政拨款外还可发行地方债券进行农村公共设施建设。农村基础设施的改善，加强了城乡间的联系，也为实现城乡统筹发展、城乡一体化提供了可能，农业不再是农村的支柱产业。到1980年，农民从事第三产业的比率高达42%，使小城镇获得较快发展。

巴西的情况正好相反，在城市化过程中，片面强调城市的扩张而忽略了农村的发展，导致城乡之间存在着巨大的差距，强化了城乡二元经济结构。

正反两方面的例子告诉我们，要实现城乡一体化，必须纠正传统的偏重城市发展的政策倾向，在城镇发展与农村发展之间形成一种良性的互动关系。城乡统筹发展将是我国经济持续发展的极为重要的动力。2009年年末的中央经济工作会议提出，把统筹城乡区域协调发展与推进城镇化结合起来，大力拓展发展空间。有数据显示，我国城镇化水平每提高一个百分点，就有1 000多万农民转化为城里人。城市流动人口和农民工问题，是目前我国城市发展与社会建设中面临的一个重大问题。

目前，2亿多进城务工农民，是世界上最大的"钟摆式移民"（两栖人口），形成独特的"春运潮"，造成国家和社会资源的巨大消耗与浪费。例如，全国铁路春运数据：2000年为1.28亿人次，2009年为1.92亿人次，年均增长4.6%；全国公路春运数据：2000年为14.5亿人次，2009年为21.1亿人次，年均增长4.2%。"钟摆式移民"不能长远融入城市成为市民，是城镇化质量不高的主要原因[13]。农民工进城创造了大量财富，富了城市和国家，做出了巨大贡献，解决了一定时期的矛盾，但他们在城市没有得到应有的权利和回报，有失社会公平。长此以往，这将成为社会不稳定因素。虽然近年来推进城乡二元户籍制度改革取得了明显进展，但大多数城市仅把户籍制度改革停顿在"投资移民""技术移民"上，阻碍农民工转化为稳定的城市产业工人和市民。一些地区虽然取消了农业户口和非农业户口的名称，但并未改变附加在户口上的不平等制度。有专家因此指出，"中国走上了一条给未来积累巨大社会风险的城市化道路"。

单靠城市化本身的自然发展并不能真正减少农民、自动解决农民问题。城市化应考虑到进城农民的权利，防止出现农民工进城后的边缘性贫困。关键是为农民进城就业创造更多的机会。必须调整城市建设的思路，在城镇规划、住房建设、公共服务、社区管理等方面考虑到进城就业农民工长远发展的需要，使农民工有能力进入城镇，有条件居住在城镇，有机会在城镇发展，真正融入城镇生活。也就是说，必须在快速城市化进程中统筹城乡发展。一方面要放开户籍限制，促进农村移民更好地融入城市社会；另一方面要加大城市公共产品的供给，特别是住房保障，避免城市贫民窟蔓延。2009年的中央经济工作会议提出，要把解决符合条件的农业转移人口逐步在城镇就业和落户作为推进城镇化的主要任务，放宽中小城市和城镇户籍限制。2010年3月29日，国家发展改革委发展规划司司长李守信说，在中国6.22亿城镇人口中，有1.67亿人为农民工，其中3 000万人为农民工家属。这些农民工生活、工作在城市，却没有享受到城市居民同等的权益，也没有享受到他们创造的经济成果。应该采取一定的政府措施，使在城市居住半年以上、未取得城市户籍的农民工，有序地转移到城市。2010年5月27日，国务院转发了国家发展改革委《关于2010年深化经济体制改革重点工作的意见》。该《意见》在"推进城乡改革"部分提到，深化户籍制度改革将加快落实放宽中小城市、小城镇特别是县城和中心镇落户条件的政策。进一步完善暂住人口登记制度，逐步在全国范围内实行居住证制度。这是首次在国务院文件中提出在全国范围内实行居住证制度。

中国建设新型城镇化的过程，是消除二元经济结构的过程，也是构建城乡一体化发展格局、推进农民工市民化的过程。要让人民生活得更加幸福、更有尊严，让社会更加公正、更加和谐，起码农民工的经济和生活要有保障，能够享受到的公共服务要有保障，基本权利要有保障，这样他们才能有尊严。

同时，巴西的经验教训提醒我们，城镇化能够健康发展，与农村的土地制度关系很大。保持农民土地承包经营权的稳定，使农民在城市站稳脚跟之前，在城乡之间能够"双向"流动，对城市化的健康发展至关重要。让农民既进得了城，又回得了乡，就不会既失业又失地，变成没有回旋余地的社会问题。

（二）走多元化城镇发展道路，形成多极多层次的城镇体系

从城市的空间分布和规模来看，存在两种城镇化模式：集中型城市化和分散型城市化。二者各有利弊，必须有机结合，走多元化的城镇发展道路。从世界城镇化的发展趋势看，随着经济全球化、信息和交通技术的进一步发展和运用，城市的发展潜力与其现有规模间的关系逐步减弱，反而更加取决于该城市与全球其他城市的相互作用强度和协同作用的强度，从而有可能使若干全球信息节点城市发展成为世界城市或国际性大都市，最终促成多极多层次的世界城市体系的形成，出现世界级城市、跨国级城市、国家级城市、区域级城市和地方级城市的分工协作。

而且从过去的发展历程看，一个国家的首位城市将在形成世界城市体系的过程中发挥很大的作用。例如，自从20世纪80年代电信业务被广泛应用之后，纽约、伦敦、东京、法兰克福、圣保罗、中国香港、悉尼等城市的中心商务区或国际商务中心得到极快的发展，对所在国经济乃至全球经济发挥了积极的作用。

2009年年末的中央经济工作会议、2010年的"中央一号文件"提出，要积极稳妥推进城镇化，提升城镇发展质量和水平。我国实现城市化将是一个比较长的历史过程，要延续到2020年以后，不能急于求成。推进城镇化，关键是逐步形成合理的城镇体系，提高城镇综合承载能力，促使大中小城市和小城镇协调发展，不能将城镇化片面理解为发展大城市，也不能简单化为遍地开花发展小城镇。结合各国城市化和小城镇发展的经验，加快我国城市化进程，必须从国情出发，积极培育区域中心城市，形成"发展极"和等级次序相对合理的大中小城市序列，带动城乡协调发展。近年来，大城市人口增长高于中小城市和小城镇。大城市、城市群（城市带）是国家核心竞争力的主要载体，理应重视和发展，而小城镇是国家城镇体系的"基层"。只有大中城市发达，而小城镇萎缩衰退的城镇体系，将

会是一种畸形的、不可持续的体系。

因此，应坚持两条腿走路的方针。

1. 加快发展中小城市（镇）

在以大城市圈为核心的城市化进程中，中小城市的作用至关重要。我国有7亿农村人口，不可能全部进入大城市，否则会引发大城市人口过度膨胀所带来的城市病。这方面巴西的教训值得借鉴。目前，我国的大城市和小城市（镇）在发展方面存在严重失衡。前任法国大使离开中国前曾说，中国的大城市像欧洲，小城镇和农村像非洲。可见，中小城市和小城镇属于当前我国城镇化过程的薄弱环节。因此，应把中小城市和小城镇的发展作为城市化的重点。

2. 培育具有全球竞争力的城市群（城市带）

经济全球化正在深刻地影响当代世界的城市化发展。培育具有全球竞争力的大都市区已经成为城镇体系发展的一个战略目标。发达国家的主要大都市及其所在区域在全球经济中的主导地位日益显著，成为所在国家参与全球竞争的战略性节点。中国目前已有三大都市圈（或称城市群）：珠三角、长三角、环渤海地区。它们在推动国民经济发展和吸纳农村人口方面具有举足轻重的作用。《2009年中国城市竞争力蓝皮书》提出，竞争力最强的城市前10名依次是香港、深圳、上海、北京、台北、广州、青岛、天津、苏州和高雄，实际由四个地区构成，珠三角3个，长三角2个，环渤海3个，台湾2个。而且，大城市、工业化后期的城市的竞争力最强劲。

因此，应适当选择城市群和都市圈的空间布局和发展道路，着力实施中心城市和城市群带动的城市化发展战略，提高城市化质量和水平，这是培育和发挥区域增长极的重要途径。对东部沿海、西部地区、东北老工业基地（如沈阳经济区）以及中部负担较重的地区实行分类指导。2010年2月5日，李克强在中央党校举办的"省部级主要领导干部贯彻落实科学发展观、加快经济发展方式转变专题研讨班"上强调，要以推进城镇化带动区域协调发展，重点加强中小城市和小城镇建设，把培育形成中西部地区城市群与优化提升东部地区城市带结合起来，开拓经济增长和市场需求的新空间。

城镇化的进程是不平衡的，各地区不可能齐头并进。城镇化率不宜作为各地发展指标互相攀比。目前一些地方片面追求城市化率,全国有 182 座城市提出要建成"国际化大都市",这是不现实的。

(三)积极培育城市主导产业

城市发展与产业发展有直接的关系。著名经济学家缪尔达尔的城市发展积累因果理论认为,当城市发展到一定的水平时,决定城市增长的不再是本地的资源禀赋,而是城市本身集聚资本、劳动力等生产要素的能力。这种能力取决于城市能否形成一种繁荣的主导产业,这一产业将会派生出新的产业,而新的产业又能形成一种繁荣的主导产业及其派生出的新产业。这种累积和循环的产业发展过程,推动城市不断向前发展。因此,城市发展首先要解决的就是产业发展问题。

美国和巴西城市化的经验也说明,因地制宜地培育具有竞争优势的主导产业,是保持城市活力、推动城市发展的重要条件[14]。以美国旧金山附近的小城镇帕洛阿尔托为例,该镇是一个只有 5 万多人的小城镇,在发展过程中,依托毗邻斯坦福大学的优势,发展包括电子、软件和生物技术在内的高新技术产业,成为世界上最充满活力的小城镇之一。可以这么说,离开了产业的支撑,小城镇将失去发展的基础。

我国的小城镇建设,普遍存在产业结构雷同、特色产业不明显、主导产业不突出等现象。因此,各地要结合经济结构的战略性调整,合理定位城镇功能,着力培育本地区的主导产业,增强城镇可持续发展的能力。通过主导产业的崛起和形成,带动新产业的发展和配套设施建设,进一步促进城市发展。

东京都市圈的经验:东京的工业进程经历了初级工业化、重化工业化、高加工化和知识技术高度密集化阶段,走过了一个逐步高度化和产业结构不断优化的发展道路。首先,在工业结构高级化过程中,经济结构呈现出高技术化趋势。其次,都市型工业是能够广泛吸收就业、为满足现代城市功能服务的行业,一般具有劳动密集、花色品种变化快、耗水少、污染低、占地少的特点,从东京工业结构演化来看,都市型工业在整个过程中都发挥着重要的作用,一直位于主导行业之列。再次,制定合理产业政策,推动产业链形成,有助于促进产业结构调整和经济发展。最后,充分重视与构筑合理产业链,以优化的城市职能分工促进区域共同发展。

就中国情况而言，我们看到两个互相矛盾的城市政策：一方面，推进城镇化是中国城市政策的核心，更多农民工将会进城；另一方面，每个城市都把高科技制造业、现代服务业作为发展方向，使就业基础较差的农民工在进城后难以找到收入较高的工作。因此，在城市总体规划中，应支持多元化的经济结构，为低就业门槛的就业留有余地。也就是说，在积极培育城市主导产业的同时，还要注重城市发展的多样性，保持大城市经济的多元化。日本著名经济学家青木昌彦提出："只有一种经济组织形式的城市，是难以创造可持续发展能力的。"

（四）制定系统、稳定、可持续的城市发展政策

城镇化是中国现代化进程和经济持续增长中的核心命题，而公共政策又是中国城镇化进程中举足轻重的推动变量。中国城镇化发展的基本目标是实现集约化经济社会、流动性社会（人口流动、交通体系）、市民社会和追求可持续发展的社会。

城市化指的不是城市扩大、市容更新、基础设施建设的过程，这种过程叫作城市发展。城市化的本意是农村变城市或农民变市民，其本质是农村人口转移到城市，在城市定居和工作。简单地说，城市化就是农民进城的过程。在进城之前，农民是低收入阶层。因此，城市化的过程又是如何处理好贫富差距问题的过程。显然，这是一项复杂的经济、社会与生态的系统工程，涉及一系列的公共政策及其相互协调问题。

1. 城市化是工业与服务业发展的过程

一个国家要城市化，要使农民真正进城，需要创造越来越多稳定的、长期的非农就业岗位，使农民不仅能够进城，而且能够在城市定居，非农产业化才能最后实现。从这个意义上来说，城市化是为了更好更快地实现非农产业化。因此，要使城市化深入展开，当前的重要任务是发展适合我国国情、适合于一个地区和城市的具体条件的产业结构，创造更多的就业岗位。有了好的经济政策和产业政策，一个地区的就业人数才能增长，人口才能集聚起来，从而收入提高，税收增长，用于城市基础设施建设的资金才会较为充足，这样城市才能发展起来。

2. 城市化是农民进城的过程

农民工进城，凸显了社会收入差距拉大的现象。而农民工作为一个弱势群体，在很多方面没有保障，包括养老、医疗、住房、子女的教育等。在这个意义上，城市化是一个社会问题，需要方方面面的社会公共政策加以保障，需要重新思考和构建社会保障体制，这样城市化进程才能平稳进行。从长期看，不可能所有的农村都变成城市，必须坚持城市反哺农村，走城乡一体化的道路。

中国在各种体制包括土地制度的保障下，成功避免了大量城市贫民窟现象。但是，在城市化进程中，低收入阶层在城市中的存在，仍然对我们各方面的经济政策提出了严峻的挑战。如何使新进城的低收入阶层和原来的"城市贵族"能够安居乐业、各得其所、相得益彰、和谐发展，是城市化进程中公共政策研究方面的一个重要课题。过去我们有些城市为了使城市更美好，为了环保，为了社会治安，为了管理上的种种方便，拆除"城中村""城边村"，驱赶外来农民工，这实际上是一种反城市化的行为。当前我国社会群体性事件频发，可以说是社会管理机制滞后于城市化发展的突出反映，本质上反映了城市化带来的利益变动与冲突。

3. 城市化是土地用途转移的过程

从空间的角度来说，城市化又是土地用途转移的过程。城市化进程并不意味对农产品需求的减少，同时，城市化进程又要求城市用地、商业用地的增加，导致城市用地与农业用地发生冲突，而这又涉及土地等一系列制度与政策的改变。例如，如何更有效地利用有限的土地进行城市化发展，如何使城市用地更加集约，在有限的土地上提供更多的住房、各种工业和商业的空间，如何使转移出来的农民所拥有的宅基地充分利用起来，与农民进城的进程相结合，满足城市用地的基本需求。

4. 城市化进程是一个复杂的系统工程

城市化意味着大批的农民结束了散居的农业社会生活方式，转移到城市当中、而城市人口大规模增长，大城市越来越多。人们的许多生活必需品的供给，从原来的一家一户各自解决的方式转变为公用品、公用事业的供给方式，这时候一系列有关城市公用事业发展的公共政策就变得越来越重要，如何利用有限的资源，提供价格低廉、质量有保证的各种公用品，如电力、自来水、煤气、公共交通、公共设施、垃圾处理等，就成为城市化过程中非常重要的一系列需要研究的制度与政策问题。

同时，城市化进程造成大量的环境污染和破坏，说明人与自然的关系还没有得到充分研究。人口大规模集聚所产生的各种环境问题、生态问题，是下一阶段城市化进程中公共政策问题的一个焦点。此外，城市进一步向低碳生态型发展，建设低碳城市，减少城市的一氧化碳排放量，保护城市环境，是当今世界各国的城市发展方向，正在成为世界城市化发展过程中的新亮点，影响城市在全球范围内的竞争。在目前全世界都关注全球变暖、应对气候变化的潮流中，中国作为一个发展中国家，也不可避免地要在城市化进程中把降低能耗、减少二氧化碳排放这样的问题纳入公共政策议程。

因此，城市化进程是一个复杂的经济、社会、环境、文化等方方面面的系统工程，其中还涉及各方面政策的相互协调问题，针对以上问题，必须进行深入、系统的研究，制定系统、稳定、可持续的城市政策，强化制度创新，使经济政策、产业政策、能源交通政策等与社会政策有机组合，形成一个和谐而统一的公共政策体系，来保证城市化进程的健康、有序进行。

综合起来，在讨论、制定城市发展政策时，不应该也无法局限于具体的"城市问题"。城市发展政策具有全局作用，带有历史影响，城市发展政策的成败并不完全取决于政策本身，而取决于更加高层、宏观的国家发展政策，国家发展政策的正确与否，决定城市发展政策是否出现偏差。反之，在高度城市化的时代，城市发展政策对于一个国家经济社会的长期发展也会产生重大、经久的反作用。制定国家经济发展政策时，必须特别重视这些政策的空间影响、城市影响。至于"城镇化率虚高"的问题，这个问题确实存在。如果减掉 1.67 亿农民工，则中国城镇居民为 4.55 亿，城镇化率接近 34.5%。如果以这个基数来作为制定一系列经济社会发展政策与城市发展政策的依据，那么肯定与当前的政策存在较大差异。

制定正确的政策需要时间，因为对问题的认识需要相当长时间的检验证明。实践和时间都是检验真理的标准。决策者在制定城市发展政策时，要特别注意防止急功近利和好大喜功。

以城市贫困为例。我国自改革开放以来，出现了前所未有的城市化高潮。2.11亿（2009 年数据，《中国流动人口发展报告 2010》）农民工进城，却没有出现贫民窟，创造了举世瞩目的"奇迹"。可是这些人没有住在贫民窟，那住在哪里呢？中国其实也有贫民窟（称为"城中村"），但更多的进城农民无疑还是住在工棚里。中国和印度工业化进程都导致大量农民进城，但不同的是印度农民往往卖掉土地，举家进城后占地搭建简易住房，形成为人诟病的贫民窟。但是这些新移民相对易于在城市建立家庭生活，同时形成社会保障压力。而中国农民没有地权，不可能卖地，但可能被"征地"而赤手空拳进入城市。他们不能在城市占地，政府不许建立简易住房，又租不起更买不起常规住房，造成大量成家的新移民只能在城内过集体生活，形成表面上比贫民窟好看的集体宿舍（工棚），并把家庭留在农村，而且自己也不可能扎根于城市，通常在"出卖青春"之后便回乡度过余生。中国因此表面上避免了贫民窟问题。

对于数以亿计的进城农民工，我们现在不能给他们提供廉租房，同时也不允许他们在城市里自己盖起类似棚户区的住房，而且我们还要整顿城中村。现在整顿城中村，大家讨论的都是如何给城中村原来的户籍人口以更多的补偿，拆迁补偿往往都是给房主的补偿，而基本上不考虑租户的利益。其实城中村的改造，最大的问题是这些租户都去了哪里？这些租住城中村的农民工去了哪里？无论是农民工管理问题，还是农民工子女教育问题，都将伴随并困扰着中国城镇化进程，其深层次原因在于户籍制度之诟病，坚冰一日未破，新隔离尚未解除。

（五）政府的适度引导必不可少

城市化是一场深刻的社会大变革，涉及经济结构调整、社会结构变迁、城镇合理布局、区域协调发展等一系列重大问题。如同市场经济需要适度的宏观调控一样，城镇化也必须有适度的宏观调控和引导。基于适度的市场化，政府引导对城镇化的健康、有序发展十分必要和重要。

无论在发达国家还是发展中国家，各种城市病或城市危机的出现，与缺乏公共政策的及时有效干预直接相关。西方发达国家曾经对这些城市病、城市问题感到十分棘手，但它们能够通过及时调整公共政策，进行各种政策干预，包括采用各种财政手段介入城市事务，合法限制私人对城市土地的某些不良开发利用，以及政府直接实施城市发展和改造计划等，有效缓解了各种城市问题。要实现城市化的可持续发展，政府可在城市规划编制、城市发展方向、城市区域统筹协调等方面发挥重要作用。

1. 城市规划至关重要

城市规划说到底是一种社会契约，是为了保证社会的公众利益从而对人们的行为特别是对建设行为的一种约束与限制。从各国的情况看，在城市化发展的各个阶段，凡是缺乏科学权威的城市规划体系以及相关的公共政策，城镇发展就会呈现无序状态。所以，城市化发展较为成功的国家，如英国、日本和韩国，它们的政府都坚持以城市规划为主体的公共干预政策，编制了各个层面的空间发展规划，如英国的城乡发展规划、日韩两国的大都市圈规划和国土综合开发规划等。

法国致力于城市"扁平化"。巴黎的城市规划传统由来已久，除少数大厦之外，大多数楼房都不超过10层。巴黎城建法规规定，市内建筑物高度必须与邻近街道的宽度构成一定比例，这样一方面从客观上降低了人口密度，缓解了交通压力，也减轻了城市医疗、教育和社区等配套服务设施的压力。另一方面，巴黎市有意识地把城市分区，将商业区、大学区、公务区和居住区分开，将一些密集办公的商务区和工业区迁到周边郊区，较好地缓解了巴黎市中心的交通和配套设施压力。

日本也比较重视城市化过程的总体布局，东京的城市规划以放射状大容量轨道交通为依托，沿轨道交通站点（多为过去的小城镇）建设生活服务、文化娱乐和治安配套完善的居民区，带动了周边大片区域的发展。

墨尔本则十分注重可持续发展与大都市规划。和许多发达国家的城市一样，20世纪80年代的墨尔本成了一个功能集中、近乎单调的大城市。个人利益的考虑、规划策略的不足、郊区发展的牵制、机动车的影响、零售商业等活动从城市中心的移出，几乎使城市患上了"摊大饼综合征"。30年后，墨尔本改变了20世纪80年代城市中心的单调和半荒芜状态，2030年规划是关于可持续发展的一个全面计划。10年内墨尔本三次入围《经济学人》杂志评选的"全球最适合居住城市"，最近一次是在2003年。

美国的"波士顿大开挖计划"：1959年建成的波士顿中央干道原本被寄予缓解拥堵的希望，但结果却适得其反。于是，20世纪70年代总投资146亿美元的"大开挖计划"应运而生，在长约13公里的范围内，将这条高架中央干道全部拆除，把交通引入地下隧道。

因此，必须提早开展城市规划，加强对城市的改造与管理。目前，低碳、生态、绿色等构成了中国城市发展的新语境。低碳、生态、宜居，成为21世纪的理想城市的目标，基本目标是可持续发展和生活质量。使人居环境更美好，是我们的共同目标。要吸取英、美等国家的教训，在城市定位、公共设施建设、公共卫生、人居环境等方面提早规划。

2. 紧凑集约发展取代无序蔓延

城市无序蔓延在资源和环境方面付出了巨大代价，美国的郊区是最为极端的例子。自20世纪80年代以来，西方国家开始检讨城市蔓延带来的经济、社会和环境后果，美国政府提出了"精明增长"的理念。近年来，西方国家的理论和实践主张，未来的城市发展应该采取公共交通主导的紧凑空间形态和混合土地用途，以实现人类居住区的可持续发展。

在我国，随着城镇化进程的不断推进，城镇人口的比例已突破50%（截至2011年年底达到51.27%）。目前我国每年有约1500万人进入城镇，这一趋势将在一定时期内持续。这就进一步要求我们在城市甚至区域的范围内倡导土地使用功能的混合，大力推广紧凑节地的发展模式，构建紧凑型的城市空间格局。转变经济发展方式、抑制刚性碳排放、建设低碳生态城市、提高城市的宜居度将成为我国新型城镇化建设中的重要课题。

3. 区域统筹协调不可或缺

城镇化的本质是区域发展。无论是迈向可持续发展的目标还是应对经济全球化的挑战，城市化发展越来越需要在区域层面进行统筹协调。各国的城市化发展中都出现了由城市走向区域的趋势。1999年，欧盟制定了《欧洲空间发展战略》，为统筹和协调各成员国的空间发展提供指导框架。美国城市理论家芒福德曾指出，"真正有效的城市规划必定是区域规划"。以大都市为核心的区域层面上的空间发展管理，能够有效地促进城乡之间的协调和地方之间的合作，由此实现区域之间经济、社会和环境的均衡发展。

就目前中国新型城镇化而言，不仅要加强城乡统筹，还要注意区域层面的统筹协调。要加强各省之间、城市之间发展意图的相互衔接与配合，而不是各自为政、低水平重复、形成地方性恶性竞争。区域发展规划有助于提升地区差异化的核心竞争力。加拿大城市地理学家雅各布斯提出，多样性是城市的天性，也是城市增长、创新的根源。

对于严格管制户口和以行政区划为单位进行规划的中国城市而言，行政区划调整无疑将改变一个地区居民的生态环境，因此每每引起较大关注。国外的城市和中国的城市很大的一点不同就是，它们不需要通过发展土地拉动经济的发展，而是通过资产的增值、技术的进步来带动城市变革的，所以不会像中国一样，希望区域越大越好。国外的城市更强调的是功能架构和空间架构，而不是我们所强调的行政架构，它们的城市是松散的行政关系，却有十分紧密的市场关系，一切按照市场规律办事。也就是说，国外的行政边界一般轻易不动，保持延续性。但是行政区划不动，并不影响协作，可以通过协作的方式来发展。比如荷兰的阿姆斯特丹机场，它在另外一个城市的边界处，加一条跑道就到人家的行政区了。由两个市政府来进行协调，行政边界感觉不到严格意义上的差别。此外，国外的区划很难懂，也存在老百姓的意见。例如，东京成田机场因7户农民不肯搬迁，机场40年未能完工，最后不得不改道。加拿大、美国也有类似案例。

有专家提出，重要的并不在于划几个区或者合并几个区，针对目前我国所处的发展阶段，迫切需要的是城市或区域管理的观念要真正转变。例如，日本现在的47个都道府县行政区域体制，早在100多年前就已形成框架，至今没有大的改变。一些学者和专家，甚至管理部门的人员也曾提出过各种行政区合并或调整的方案，但由于大的区域范围调整或改变的成本很高，也会由此引发许多不便，因而几乎没有动过。事实上，日本在20世纪60—70年代的区域行政心理问题也不容乐观，经过其后数十年的不断改革调整，并结合当时所面临的国内外环境采取了许多有利于都市间、区域间交流和要素畅通的措施，使得各个行政区之间的交流逐渐趋向便利和一体化。日本的新干线是全球评价和运营效率较高的高速铁路系统。东京至大阪新干线尽管1964年东京奥运会开幕之前才正式建成通车，但是，建设这条新干线的规划设想早在明治维新时期就已形成，在其后的近100年时间里，该项工程的空间部署及其建设所需土地都一直得以保留，并未因发展阶段转换及其行政管理等的调整而变化，给人印象深刻。

在中国城镇化进程中，旧城的保护与更新是一个充满挑战性的话题。目前，不少城市规划缺乏特色，"千城一面"，"南方北方一个样，大城小城一个样"，甚至造成所谓"建设性破坏",城市的历史、文化底蕴丧失殆尽。例如,江苏镇江大运河畔 13 座宋元粮仓遗址被毁建商住楼盘;曾入围"2009 年全国十大考古新发现"评选名单,被美国《时代周刊》评为"全世界在消失前最值得去的地方"的北京钟鼓楼街区面临拆迁,胡同格局即将改变(胡同、四合院、钟鼓楼、居民、传统生活方式,使钟鼓楼街区成为北京老城文化的代表)……特色的文化是特定城市的灵魂!所以,城镇化发展中城市文化的保护需要城市决策、规划、建设者们慎之又慎地考虑。

联合国助理秘书长沃特·恩道曾论述:"城市化极有可能是无可比拟的未来光明前景之所在,也可能是前所未有的灾难之凶兆。所以,未来会怎样就取决于我们当今的所作所为。"究竟城市能否让生活变得更美好,也取决于我们今天的所作所为。

参考文献

[1] 张准. 中美"逆城市化"现象之比较 [J]. 生产力研究,2012(1):8-10.

[2] 新玉言. 国外城镇化比较研究与经验启示 [M]. 北京:国家行政学院出版社,2014(10):33-36.

[3] 李强,等. 多元城镇化与中国发展:战略及推进模式研究 [M]. 北京:社会科学文献出版社,2013.

[4] 王金胜. 发展城市群破解"城市病" [J]. 理论学习,2013(9).

[5] 谈佳洁. 国外小城镇建设模式对我国的启示 [J]. 中国国情国力,2017(4):72-74.

[6] 邓文钱. 韩国"新村运动"的成功经验 [N]. 学习时报,2013-12-16(2).

[7] 库兹涅茨. 现代经济增长:发现与思考 [M]. 戴睿,易诚,译. 北京:北京经济学院出版社,1989.

[8] 毕琳. 我国城市化发展研究 [D]. 哈尔滨:哈尔滨工程大学,2005:36.

[9] 谢文蕙,邓卫. 城市经济学 [M]. 北京:清华大学出版社,2008:47.

[10] Weinred B, Hibbert C, Keay J, et al. The London Encyclopaedia [M]. 3rd

ed. London: Macmillan Reference, 2010.

[11] 克拉潘. 现代英国经济史（上卷第二分册）[M]. 姚曾廙, 译. 北京: 商务印书馆, 1986: 657-658.

[12] 马克思, 恩格斯. 马克思恩格斯全集（第 23 卷）[M]. 中共中央马克思恩格斯列宁斯大林著作编译局, 译. 北京: 人民出版社, 1972: 829.

[13] 阮煜琳. 农民工群体已成世界上最大的"钟摆式移民"[J]. 科技致富向导, 2010 (16): 10.

[14] 国家发展和改革委员会产业发展研究所美国, 巴西城镇化考察团. 美国、巴西城市化和小城镇发展的经验及启示 [J]. 中国农村经济, 2004 (1): 70-75.

第四章 吉林省农业产业化和特色城镇化发展现状与特征研究

第一节 吉林省农业产业化和特色城镇化发展现状

一、吉林省农业产业化发展现状

近年来,在吉林省委、省政府的高度重视和正确指导下,全省上下坚持用工业化思维谋划农业,立足农产品资源加工转化,有力地推进了农业产业化和农产品加工业的跨越式发展,农业产业化经常成为解决"三农"问题的主要途径。2015年地区生产总值中产业增加值占比,其中第一产业为11.2%,成为实现"四化"统筹的主推模式,成为实现特色城镇化的重要手段,有力地推动了全省经济的快速发展。

(一)经营体制完善,组织模式多样

吉林省农业产业化是农村经济改革与发展的必然产物。改革开放以来,吉林省一方面较大规模地调整了农业产业结构,建立了一批不同类型的商品生产基地和不同层次的农产品批发市场,在农村还出现了大量的从事商品生产的专业户,或者农民以各种形式结成的经济联合体,为农业产业化经营奠定了一定的经济和组织基础;另一方面,通过完善统分结合的双层经营体制,以市场为导向调整农业结构,合理安排农业生产,为实施农业产业化经营做了体制上和制度上的准备。

在不断推进农业产业化的进程中,吉林省在实践中总结出了多种农业产业化经营的基本组织模式。譬如:以优质产业和特色产品为依据,利用当地资源形成"主导产业启动型";以实力雄厚的企业或企业集团为龙头,连带散户实行生产、

加工、销售一体化经营的"龙头企业带动型";以先进的科学技术为依托,改变原来落后的农业生产方式,提高生产效率形成集约化专业生产经营体制的"科技进步推动型";此外,还有"中介组织带动型""政府行为策动型"等。

(二)主要农副产品快速发展

农业产业化经营是创新农业经营体制的重要内容,是转变农业发展方式、建设现代农业的重要途径。经过近20年的探索实践,吉林省农业产业化快速发展,组织实力不断增强,带农惠农能力不断提高,有力地推动了现代农业建设和农民就业增收。"十三五"时期是全面建成小康社会的关键时期,是同步推动新型工业化、新型特色城镇化、信息化和农业现代化深入发展的重要事情,也是农业产业化转型升级、质量提升和效益增长的良好态势。根据吉林省统计局的统计结果显示,2015年农业方面的概况如下:

粮食大丰收。吉林省是全国商品粮大省。中部为松辽平原,地势平坦,土壤肥沃,连片集中,素有"黄金玉米带"和"大豆之乡"的美誉,是全国商品粮集中产区;西部为草原、湿地生态区,是牧业、杂粮杂豆、糖料、油料生产基地。多年来,粮食人均占有量、粮食商品率、粮食调出量和玉米出口量均居全国第一位。目前,全省粮食年总产量已经达到550亿斤,最高年份达到568亿斤,是全国唯一人均占有吨粮的省份。在全国粮食生产百强县中,吉林省有13个县入选,其中排名在前10位的有6个县。2015年粮食再获丰收。全年粮食作物播种面积7 617万亩,比上年增加116万亩,增长1.5%。全年粮食总产量3 647.0万吨,增产3.2%。其中,玉米产量2 805.7万吨,增产2.6%,单产7 383.6公斤/公顷,下降0.1%;水稻产量630.1万吨,增产7.2%,单产8 272.2公斤/公顷,增长5.2%。

全年实现农林牧渔业增加值1 644.6亿元,比上年增长4.7%。其中,实现农业增加值926.3亿元,林业增加值66.8亿元,牧业增加值578.5亿元,渔业增加值24.6亿元,农林牧渔服务业增加值48.3亿元。

吉林省是新兴的牧业大省。2015年猪、牛、羊、禽肉类总产量255.8万吨,比上年下降0.4%。其中,猪肉产量136.0万吨,下降3.1%;牛肉产量46.6万吨,增长1.3%;羊肉产量4.8万吨,增长6.4%;禽肉产量68.4万吨,增长3.8%。禽蛋产量107.3万吨,增长8.9%。生牛奶产量52.3万吨,增长6.1%。年末生猪存栏 972.4 万头，下降 2.8%；全年生猪出栏 1 664.3 万头，下降 3.3%。

2015 年主要农副产品产量及其增长速度，如表 4-1 所示。

表 4-1 2015 年主要农副产品产量及其增长速度

指标	产量	比上年增长/%
粮食总产量/万吨	3 647.0	3.2
蔬菜及食用菌总产量/万吨	860.0	-1.8
猪、牛、羊、禽肉类总产量/万吨	255.8	-0.4
禽蛋总产量/万吨	107.3	8.9
生牛奶总产量/万吨	52.3	6.1
水产品总产量/万吨	19.5	2.7
猪存栏/万头	972.4	-2.8
牛存栏/万头	450.7	4.6
羊存栏/万只	452.9	10.2
家禽存栏/亿只	1.7	10.0
猪出栏/万头	1 664.3	-3.3
牛出栏/万头	303.2	1.2
羊出栏/万只	388.5	7.9
家禽出栏/亿只	3.9	3.8

截至 2015 年年末，吉林省农机总动力达到 3 152.5 万千瓦，比上年增长 8.0%。主要农业机械与设备数量比上年年末均有增加，其中拥有大中型拖拉机 52.14 万台、节水灌溉机械 4.01 万套，分别增长 6.5%、1.8%。农田水利建设进一步加强，农田有效灌溉面积和旱涝保收面积分别达到 179.09 万公顷和 103.11 万公顷。全年农村用电量达到 49.60 亿千瓦时，增长 1.7%。

（三）带动型龙头企业达到一定数量规模，带动作用明显

吉林省一直把推进农业产业化、发展壮大龙头企业摆在新农村建设工作的突出位置。新时期更是以科学发展观为指导，坚持城乡统筹，加大农业企业的投入扶持力度，搞好引导服务，使农业产业化及农业龙头企业实现了快速发展。总量规模不断扩大。到 2016 年年末，全省农产品加工企业发展到 6 500 多家，其中培育国家级龙头企业 47 家，省级龙头企业 521 家，销售收入亿元以上的企业达到 229 家，10 亿元以上的 18 家，100 亿元以上的 4 家。农产品加工企业的快速发展，向农业领域输入了资本、技术、人才、市场等现代要素，推动农业规模化、标准化、集约化发展，成为发展现代农业的重要支撑力量。

带动型龙头企业是带动农户增收致富、解决就业和发展地方经济的主要力量。近十年吉林省农产品加工业销售收入的增幅都在 10% 以上，农业产业化经营蓬勃发展，取得了前所未有的成就。例如，近年来，长岭县积极培育和壮大农业龙头企业，充分发挥龙头企业"公司+基地+农户"农户利益联结机制，使农民从产业化经营中得到更多实惠。截至目前，市级以上龙头企业达到 48 家，通过主要农产品原料采购、农产品订单采购、其他方式采购等方式带动农户 8 万多户，增收 12.2 亿元。带动全县形成了八十八杂粮、三青山马铃薯等"一村一品"专业村 21 个，其中三青山镇三青山村为国家级示范村。

（四）龙头型企业集群集聚发展

龙头企业立足我省资源优势，确定发展方向，吉林省围绕优势农产品基地已形成了粮食加工业、畜禽加工业和特产加工业三大主导产业。

（五）科技支撑作用明显

科技创新是提升企业核心竞争力的主要手段，如要在激烈竞争的市场大潮中占有一席之地，必须走科技兴企之路。

（六）品牌建设成效显著

据不完全统计，截至 2015 年年底，仅农业产业化省级重点龙头企业获得的中国驰名商标、中国名牌和中国名牌农产品等国家级品牌就达上百个。

（七）制约发展的突出问题

1. 原料基地建设相对滞后，成为制约企业发展的主要瓶颈

近年来，在吉林省委、省政府的正确领导下，吉林省农业产业化经营和农产品加工业持续快速发展，加工转化能力和水平逐年提升。但是，与企业加工配套、衔接紧密的基地建设相对滞后，一定程度上制约了企业发展壮大，已成为制约龙头企业进一步做大做强做精的主要瓶颈。

2. 融资能力较弱，成为制约企业发展的主要障碍

资金是企业赖以生存发展的命脉，而在 2015 年，吉林省金融业发展速度下降，总的投资额为 36.73 亿元，比上年下降 35.2%。同时，吉林省部分龙头企业尚处于资本原始积累过程，规模相对较小，资产总量相对较少，可抵押物品少，加上企业实力相对较弱，融资渠道单一。企业为在激烈的市场竞争中占有一席之地，积极扩大规模，谋划项目，但融资难问题一定程度上成为制约企业发展壮大的主要障碍。

3. 科技研发能力较弱，成为制约企业发展的重要因素

科技创新是提高竞争力的核心，是企业扩大市场份额，在激烈的市场竞争中立于不败之地的必然选择。2015 年，吉林省科学研究和技术服务业的投资额为 119.03 亿元，比上年下降 3.9 个百分点。而吉林省龙头企业中民营企业居多，松散管理比较普遍，高科技人才短缺，科技研发投入有限，研发能力不足，致使加工的产品科技含量较小、附加值较低、产业链条较短和市场占有率较低。

4. 品牌创建意识不够，成为制约企业发展的重要原因

品牌是企业开拓市场的利器，是企业占领市场的关键，品牌代表着企业的信誉和产品的质量。而吉林省多数龙头企业仍然属于粗放型和人员密集型加工企业，产品也只是简单的粗加工。品牌培育和创新意识不强、品牌建设投入不足、品牌经营战略不深和品牌保护意识不强等问题普遍存在。

二、吉林省特色城镇化发展现状

（一）城镇体系布局趋于合理

吉林省城镇数量众多，城镇结构比较合理，这是吉林省特色城镇化发展的基本特征。改革开放后，吉林省经济发展迅速，城镇规模、城镇结构发生了显著变化，城镇数量迅速增加，城镇规模不断扩大。尤其是近年来，吉林省坚持实施中心城市带动战略，注重大中小城市协调发展，制定一系列政策措施，加快城市产业发展和基础设施建设，加强城市规划和管理，全面推进特色城镇化进程。截至 2015 年年底，从城市规模级别来看，特大城市和大、中、小城市呈典型的金字塔形，结构合理。

2015 年吉林省按非农业人口规模的城镇构成，如表 4-2 所示。

表4-2　2015年吉林省按非农业人口规模的城镇构成

城镇类别/人口	数量	城镇名称
特大城市（100万人）	2	长春市、吉林市
大城市（50万~100万人）	1	四平市
中等城市（20万~50万人）	6	辽源市、通化市、白山市、松原市、白城市、延边朝鲜族自治州

（二）城镇发展速度大大加快，城镇规模不断扩大，特色城镇化水平显著提高

2006年，吉林省的城镇化率为52.97%，比全国的44.34%高出了8.63个百分点；吉林省的特色城镇化率2014年比2006年高出1.84个百分点；2015年吉林省特色城镇化率为55.31%，略低于全国平均水平56.10%。总体来看，吉林省的特色城镇化发展速度较快，城镇规模不断扩大，特色城镇化水平显著提高，高于全国平均水平。整体处于中间水平，但与东北地区的辽宁和黑龙江相比，城镇人口比重略低，与北京、天津、上海和江苏等省份相比，差距较大。分地区年末城镇人口比重，如表4-3所示。

表4-3　分地区年末城镇人口比重（部分比吉林城镇人口比重高的省份）

地区	2006年	2007年	2008年	2009年	2010年	2011年	2012年	2013年	2014年	2015年
全国	44.34	45.89	46.99	48.34	49.95	51.27	52.57	53.73	54.77	56.10
吉林	52.97	53.16	52.21	53.32	53.35	53.40	53.70	54.20	54.81	55.31
辽宁	58.99	59.20	60.05	60.35	62.10	64.05	65.65	66.45	67.05	67.35
黑龙江	53.50	53.90	55.40	55.50	55.66	56.50	56.90	57.40	58.01	58.80
北京	84.33	84.50	84.90	85.00	85.96	86.20	86.20	86.30	86.35	86.50
天津	75.73	76.31	77.23	78.01	79.55	80.50	81.55	82.01	82.27	82.64
上海	88.70	88.70	88.60	88.60	89.30	89.30	89.30	89.60	89.60	87.60
江苏	51.90	53.20	54.30	55.60	60.58	61.90	63.00	64.11	65.21	66.52
浙江	56.50	77.20	57.40	61.62	62.30	62.30	63.20	64.00	64.87	65.80
广东	63.00	63.14	63.37	63.40	66.18	66.50	67.40	67.76	68.00	68.71

按经营地分城镇和乡村，2015 年社会消费品零售总额及其增长速度，其中城镇的社会消费品零售总额是 5 870.17 亿元，比上年增长 9.0%，乡村的是 776.29 亿元，比上年增长 11.6%。这从某种层面说明城镇的社会消费能力较乡村是比较强的，进而意味着加速城镇化进程的必要性和重要性。

第二节　吉林省农业产业化和特色城镇化发展存在的问题

一、吉林省农业产业化发展存在的问题

吉林省农业产业化取得了一定的成就，但与发达国家和全国先进地区相比还有一定的差距，从整体发展状况来看，还存在以下一些不容忽视的问题。

（一）利益联结机制和制度建设不够完善

在推进农业产业化经营中，为寻求更为合理的利益联结机制和分配机制，全省各地不断创新组织模式，积累了许多典型经验，探索出一些新的经营模式。在这些经营模式中，还存在着农户与龙头企业之间利益联结不够紧密，利益联结机制和制度建设不够完善等问题，农户与龙头企业之间没有形成利益均沾、风险共担的利益共同体，产业链条脱节、断裂，合同违约现象时有发生。在"公司+农户"的农业产业化经营组织形式中，由于公司与农户的财产各自独立，双方的利益不可能真正联结成为一体，有些"公司"或者"企业"虽然与农户签订了生产销售合同，订单的数量和质量虽有提高，但当遇到市场波动时，违约现象时常发生。企业与农户联结的目的是稳定自己的原料市场，降低采购成本。原料成本越低，企业就能获得越大的效益。农户与企业签订合同的目的是获得企业提供的价格保障，降低生产风险。对农户来讲，收入增加的幅度不大，他们得不到加工、流通领域的利润，只是获得生产价格的稳定。有些企业和农户没有签订正式的书面合同，只是一种口头协议，缺乏有效约束，导致有些企业在农产品滞销时，忽视农民的利益而不愿意购买农户的产品，造成产品外销无路而积压，价格暴跌。

而在农产品紧俏时，农民却不愿按合同约定把农产品卖给企业，纷纷抬高价格。农业产业化经营主体之间的利益分配机制不完善、不规范，阻碍了农业产业化经营的有序发展。

（二）产品科技含量不高

吉林省具有得天独厚的农业资源，从事农产品生产加工的农业产业化龙头企业占绝大部分，龙头企业的投入集聚在生产加工环节上。由于吉林省大部分加工企业技术水平有限，很难改变传统原料型生产加工方式，从事农产品初级加工者较多，从事精深加工者较少，加上产品加工链条短、附加值低，降低了农产品的竞争力。有些龙头企业由于加工技术设备落后，生产的产品档次较低、品种单一；有些企业由于缺乏核心生产技术，造成区域间产业结构趋同化，产品品质雷同，形成了在相同水平线上的互相重复，致使企业争原料、争市场，造成企业经济效益下滑。以玉米加工企业为例，目前，除大成集团的设备、技术、产品是自己研发的，其中自主开发的玉米基多元化工醇生产技术为国际首创外，省内的其他玉米加工企业的技术和装备总体上落后于国际先进水平。目前，发达国家玉米加工已广泛应用生物技术、电子智能技术等高新技术，而这些技术在吉林省应用还不普遍。加上吉林省科技工作缺乏有效的协调机制，科研单位与生产单位难以有效地结合，致使吉林省玉米加工产业整体科研开发工作落后于产业发展，极大地限制了吉林省玉米加工业的发展。目前我国农产品加工业的总体科研水平比发达国家落后10~20年，产品科技含量不高直接影响了企业综合实力的提升和农业产业化经营发展的进程。

（三）农民组织化程度还有待提高

农民专业合作经济组织是发展农业产业化的重要方面，它不仅可以有效地解决好农产品产供销衔接问题，也有利于农民和龙头企业的相互合作。目前，一家一户的农业生产经营方式在吉林省还占主体地位，分散经营导致农户在农业产业化过程中处于弱势地位。现有的专业合作组织大多数规模较小、经营能力弱、服务内容单一、带动农户的作用不大，主要限于技术、信息咨询和市场销售服务，而真正进行深加工、精加工，提高农产品附加值的则很少，缺乏适应和开拓市场的能力；部分专业合作组织自身运行还不够规范，利益联结机制不紧密，缺乏凝聚力和吸引力；在专业合作经济组织中，大多农民文化水平不高，综合素质偏低，无法形成农民合作组织的人力资源基础；农民专业合作经济组织获取资金的主要途径基本上是社员自筹、外部股金和自我资本积累，经费来源没有可靠保障。以上问题严重制约了农民专业合作经济组织的快速发展，导致在激烈的市场竞争中，大部分合作组织生存比较困难，很难有效地带动广大农户。

（四）社会化服务体系建设滞后

家庭联产承包责任制是我们党在农村长期不变的基本政策，随着农业产业化经营发展，这种生产组织方式的不足也逐渐显现出来，土地分散经营，限制了农村土地的使用和发展。农业产业化发展要求土地向种养能手集中，但由于目前土地流转机制尚未健全，部分土地难以集中起来发展规模经营，导致农业劳动生产率和土地产出率低下。从服务体系的建设上看，农产品批发市场建设相对滞后，缺乏统一规划、布局不合理、管理不到位。农业信息服务设施不健全，不能为农户和企业在生产、流通等方面提供全面、准确、快捷的信息。从服务内容上看，无论是产前或产中的信息，还是产后的储运、销售等服务跟不上发展的实际需要，影响了决策的时效性。特别是市场信息不灵、金融贷款难和农业技术服务不到位等问题，已成为农民生产和经营的主要难点，也制约了产业化的发展。

（五）缺乏有力的政策与资金支持

农业产业的产出水平很大一部分取决于投入的资本。近几年，政府加大了对农业支持保护的力度，制定了一系列扶持农业产业化发展的政策，但与农业产业化发展的需要相比，存在很大差距。目前财政支持农业产业化发展的资金主要来自财政的支农资金，这部分资金大多用于支持大中型龙头企业的发展，小型龙头企业得到的扶持却很少，况且财政支农支出的比重很低；税收政策在有些地方没有完全落实到位，农产品精深加工增值税进销项税率不统一，存在"高征低扣"的问题。税种上的优惠主要集中在所得税上，对农产品流转方面的税收优惠不多，且优惠政策的措施单一；金融信贷服务滞后，信贷环境欠佳，企业诚信意识淡薄等，导致吉林省农业产业化金融支持的力度降低。

二、吉林省特色城镇化发展存在的问题

"十二五"时期,吉林省特色城镇化发展取得了新成就,城镇人口逐年增加、城镇基础设施不断完善、城镇的集聚辐射带动作用增强,随着城镇化的快速发展,吉林省特色城镇化的发展也暴露出很多问题。本书以吉林省九个地级市(自治州)特色城镇化发展水平为样本,建立特色城镇化评价指标体系,采用因素分析方法和层次分析方法对吉林省地级市(自治州)特色城镇化发展水平进行综合评价,找到吉林省特色城镇化发展存在的问题。

(一)吉林省特色城镇化发展的评价指标体系

构建的特色城镇化指标体系从两大方面着手:传统因素和特色因素。特色城镇化的发展是经济、社会、环境、文化、资源、产业综合发展的结果。本书在借鉴前人对于中国城镇化、地区城镇化、新型城镇化的理论研究成果,参考了大量特色城镇化的相关文件的基础上,对于特色城镇化的阐释着重从文化、资源、产业三个方面入手,同时加入中国城镇化的传统因素。该指标体系既反映了城镇化发展的一般规律,又体现了城镇化发展的特色因素,是城镇化发展的普遍性和特殊性的辩证统一。通过所建立的指标体系,既可以衡量比较全国各个省份城镇化发展的状况及进一步提升的空间,又可以衡量各个省份不同城市之间的发展水平、存在的问题以及可以改进的地方。特色城镇化评价指标体系结构如图4-1所示。

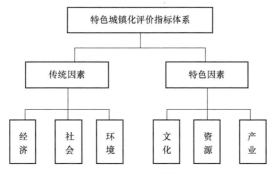

图4-1 特色城镇化评价指标体系结构

特色城镇化评价指标体系如表4-4所示。

表4-4 特色城镇化评价指标体系

一级指标	二级指标	三级指标	变量	单位
传统因素	经济	地区生产总值	X_1	亿元
		人均生产总值	X_2	元
		地区生产总值增长率	X_3	%
		货物进出口额	X_4	亿美元
		当年实际使用外资金额	X_5	亿美元
	社会	人口城镇化率	X_6	%
		城镇居民人均可支配收入	X_7	元
		城镇居民人均住房面积	X_8	平方米
		互联网宽带接入户数	X_9	万户
		卫生技术人员人数	X_{10}	人
		燃气普及率	X_{11}	%
		城乡居民消费比	X_{12}	%
		城乡消费品零售额比例	X_{13}	%
	环境	建成区绿化覆盖率	X_{14}	%
		污水处理率	X_{15}	%
特色因素	文化	剧场、影剧院数	X_{16}	个
		体育场馆数	X_{17}	个
		公共图书馆图书藏书量	X_{18}	万册
		文化体育娱乐业产值	X_{19}	亿元
		城镇居民消费支出中教育文化娱乐服务所占比例	X_{20}	万元
	资源	人口密度	X_{21}	人/平方公里
		人均耕地面积	X_{22}	平方米
		地均生产总值	X_{23}	亿元/平方公里
	产业	第一产业贡献率	X_{24}	%
		第二产业贡献率	X_{25}	%
		第三产业贡献率	X_{26}	%
		专利申请数	X_{27}	件

（二）吉林省特色城镇化发展的综合评价方法

目前学者对城镇化发展水平的综合评价方法主要采用层次分析方法和因素分析方法。层次分析方法在确定权重的时候有着明显的主观色彩，评价结果固然也带有主观性，不能客观地反映城镇化发展的真实水平。而因素分析方法则按照各个因素的方差贡献率来确定权重，可避免层次分析方法在确定权重时的主观性。同时因素分析方法能够客观地评价各地区城镇化发展的强弱，明确目标对象在整个区域中的排名情况，且可以通过 SPSS 软件直接进行计算，结果更为科学。但因素分析对于原始数据的依赖性过强，有时会严重偏离实际情况，且因素分析所提取出的因素命名存在一定的难度，这时层次分析方法也是一种不错的选择。

本书采用了因素分析方法和层次分析方法两种方法，其中选取因素分析方法主要考虑了其用 SPSS 软件实现较为简便，且通过实证分析，该方法所得的结果与现实较为贴近；而选取层次分析方法则主要考虑了指标体系各层指标之间的递进关系，在分析时不想破坏原有指标体系的层次。

1. 因素分析方法

因素分析通过研究众多变量之间的内部依赖关系，探求观测数据中的基本结构，并用少数几个抽象的变量来表示其基本结构。这几个抽象的变量称为因素，它能反映原来众多变量的主要信息。因素分析方法的降维公式如下：

$$x_i = a_{i1}F_1 + a_{i2}F_2 + \cdots + a_{im}F_m + \varepsilon_i \ (i=1,2,\cdots,p)$$

具体的计算步骤如下：

步骤 1：对原始数据作标准化处理。

令原始数据为 $X=(X_1,X_2,\cdots,X_p)$，标准化后的数据为 $X^*=(X_1^*,X_2^*,\cdots,X_p^*)$。其中，$X_i^*$ 是 X_i 标准化后的数据。标准化公式如下：

$$X_{ij}^* = \frac{X_{ij}-\bar{X}_j}{S_j}$$

其中，$\bar{X}_j = \dfrac{\sum\limits_{i=1}^{n} X_{ij}}{n}$。

步骤 2：确定待分析变量是否适合做因素分析（巴特利特球度检验或 KMO

检验）。

步骤 3：计算标准化后各指标之间的相关系数矩阵。

步骤 4：计算相关矩阵的特征值（>1）及各因素的累积贡献率。

步骤 5：确定因素个数（各因素的累积贡献率结合碎石图）。

步骤 6：求因素载荷量。

$$R = \sum = AA^{\mathrm{T}} + D_{\varepsilon}$$
$$= (\sqrt{\lambda_1}U_1, \sqrt{\lambda_2}U_2, \cdots, \sqrt{\lambda_m}U_m)(\sqrt{\lambda_1}U_1, \sqrt{\lambda_2}U_2, \cdots, \sqrt{\lambda_m}U_m)^{\mathrm{T}} + \mathrm{diag}(\sigma_1^2, \sigma_2^2, \cdots, \sigma_p^2)$$

其中，$U_1, U_2, \cdots, U_m$ 为相关系数矩阵 R 对应于特征值 $\lambda_1, \lambda_2, \cdots, \lambda_m$ 的单位正交特征向量。由上面公式可知，因素载荷矩阵 $A = (\sqrt{\lambda_1}U_1 + \sqrt{\lambda_2}U_2, \cdots, \sqrt{\lambda_m}U_m)$。

步骤 7：因素旋转。

步骤 8：因素命名。

步骤 9：因素得分及排名。

因素得分函数的模型如下：

$$F_i = b_{i1}X_1 + b_{i2}X_2 + \cdots + b_{ip}X_p = BX \quad (i = 1, 2, \cdots, m)$$

因素得分系数为 $b_{i1}, b_{i2}, \cdots, b_{ip}$，回归系数矩阵 B 的估计值可通过因素载荷矩阵 A 和相关系数矩阵 R 之间的关系求得，具体计算过程如下：

因为 $\qquad RB = A$

所以 $\qquad B = R^{-1}A$

将式子 $B = R^{-1}A$ 代入 $F_i = b_{i1}X_1 + b_{i2}X_2 + \cdots + b_{ip}X_p = BX \quad (i = 1, 2, \cdots, m)$ 可得因素得分 $\hat{F} = R^{-1}AX = (AA^{\mathrm{T}} + D)^{-1}AX$。

2. 层次分析方法

层次分析方法是结合主观判断和客观量化的一种权重计算方法。具体而言，首先建立层次结构模型，根据问题的性质和要达到的目标，将问题分解为不同的组成因素；然后建立对比判断矩阵，计算权重并对权重进行一致性检验，只有通过一致性检验的判断矩阵才能称作有效的判断矩阵，若未通过一致性检验，则需要重新调整判断矩阵并进行再次检验，直到判断矩阵通过一致性检验。

层次分析方法的具体计算步骤如下：

步骤 1：分析系统中各因素间的关系，对同一层次各元素关于上一层次中某一准则的重要性进行两两比较，构造两两比较的判断矩阵。

设某目标对应 n 个因素，两两比较的判断矩阵 $A=(a_{ij})_{n\times n}$ 应满足以下性质：

（1）a_{ij} 由 1~9 或者它们的倒数组成，含义见表 4-5。

（2）$A=(a_{ij})_{n\times n}$ 是正互反矩阵，即 $a_{ij}>0$，且 $a_{ji}=\dfrac{1}{a_{ij}}, a_{ii}=1$。

表 4-5 判断矩阵标度及含义

标度	含义
1	表示两个因素相比，具有同样的重要性
3	表示两个因素相比，一个因素比另一个因素稍微重要
5	表示两个因素相比，一个因素比另一个因素明显重要
7	表示两个因素相比，一个因素比另一个因素强烈重要
9	表示两个因素相比，一个因素比另一个因素极端重要
2、4、6、8	上述两相邻判断的中值
倒数	相应两因素交换次序比较的重要性

步骤 2：由判断矩阵计算被比较元素对于该准则的相对权重，并进行判断矩阵的一致性检验：

$$CR=\dfrac{(\lambda_{\max}-n)/(n-1)}{RI}$$

当 $CR<0.1$ 时，才认为结果是满意的，此时我们可以用 A 的最大特征值对应的特征向量作为比较矩阵的权重向量；而当 $CR\geqslant 0.1$ 时，必须重新调整判断矩阵 A，直到其通过一致性检验。

步骤 3：计算各层次对于系统的总排序权重，并进行排序。

步骤 4：计算各方案对于总目标的总排序。

（三）吉林省特色城镇化发展的综合评价

1. 数据来源及样本的选取

本书选取的数据来源于《吉林省统计年鉴 2013》以及吉林省各地级市 2012 年统计年报，选取了 9 个地级市（自治州）与特色城镇发展相关的 27 个指标数据进行分析。

2. 数据的预处理

在进行数据分析时，需对原始数据进行预处理，主要包括数据的同趋势化和标准化。

（1）数据的同趋势化。

数据的同趋势化，是指所选取的评价指标必须都是具有相同趋势的指标，对数据进行分析时，原始变量对于所研究对象的作用有正负之分，即有些指标数值越大越好，而有些指标数值则越小越好，只有对趋势相同的指标数据进行综合分析才有意义。那么怎么将逆指标转为正指标呢？学者们较为常用的办法就是对逆指标的原始数据求倒数，本书也采用此方法进行数据的同趋势化处理。设表4-4给出的指标体系中各个指标从上到下依次为 X_1，X_2，$\cdots$，X_{27}，就本书选取的 27 个指标而言，城乡居民消费比（X_{12}）、城乡消费品零售额比例（X_{13}）以及人口密度（X_{21}）三个指标属于逆指标，需要对其数据进行同趋势化处理。

（2）数据的标准化。

数据的标准化是为了消除不同数据间的量纲不同和数量级的影响。具体方法是：指标数据构成 p 维随机数据 $X = (X_1, X_2, \cdots, X_p)$，对样本数据进行变化，进而得到标准化数据 $X^* = (X_1^*, X_2^*, \cdots, X_p^*)$。

3. 因素分析过程

因素分析的计算过程依赖于 SPSS 软件，计算结果较为直观，下面就因素分析的具体实现过程进行展示和说明。

（1）提取因素个数。

最常用的公共因素提取方法是主成分法，根据各变量相关系数矩阵的特征值及其累计贡献率，选取特征值大于 1 的前几个公共因素，软件计算因素提取结果如表4-6所示。

表 4-6　因素提取结果

因素	旋转前提取的因素			旋转后提取的因素		
	特征值	方差贡献率/%	累积贡献率/%	特征值	方差贡献率/%	累积贡献率/%
1	18.255	48.039	48.039	16.956	44.622	44.622
2	6.087	16.018	64.058	5.999	15.787	60.409
3	5.176	13.622	77.679	4.666	12.279	72.688
4	3.864	10.168	87.847	4.329	11.393	84.081
5	1.538	4.047	91.894	2.876	7.570	91.650
6	1.484	3.906	95.800	1.577	4.150	95.800

由表 4-6 可知，在进行正交旋转之前利用主成分分析法提取的前 6 个公共因素的累计方差贡献率已高达 95.8%，能够代表原数据的大部分信息，故可提取这 6 个因素加以分析。

（2）计算因素载荷矩阵。

因素载荷矩阵一方面表示第 i 个变量 X_i 与第 j 个因素 F_j 的相关性；另一方面也反映了 X_i 在 F_j 上的相对重要性。因素分析中因素载荷矩阵的每一列数值等于因素分析中标准化数据的相关系数矩阵特征值 λ_i 的平方根乘以特征值 λ_i 对应的特征向量 U_i。

利用 SPSS 软件可以求得吉林省九个地级市（自治州）未经旋转的因素载荷矩阵。未经旋转的因素载荷矩阵中第五个因素和第六个因素与各个变量之间的载荷量均较小，无法辨识其真正内涵，亦不易对其进行命名，需要对其进行因素旋转。

（3）计算正交旋转后的因素载荷矩阵。

所谓正交旋转，是在对上述求得的因素载荷矩阵又乘以一个正交矩阵组成一个新的矩阵，根据数学公式推导可以得到，该新的矩阵仍符合前面因素载荷矩阵的要求，即新矩阵也是原相关系数矩阵的因素载荷矩阵。因此，因素载荷矩阵不唯一，我们可以选择因素载荷矩阵，对因素变量的正交变换称为因素旋转，通过旋转可以不断求出因素载荷矩阵，使因素载荷矩阵的结构不断简化，便于对公共因素进行解释。

在实际应用中，我们常常采用方差最大正交旋转方法对前面用主成分分析法求出来的因素 F 和因素载荷矩阵 A 进行正交变换，选取方差最大的正交变换矩阵 T。为了使提取的因素更具命名性，本书采取方差最大法进行因素旋转，简化因素载荷矩阵的结构，利用软件可以直接求得方差最大化对应的正交矩阵，结果如表 4-7 所示。

表 4-7　正交矩阵

	1	2	3	4	5	6
1	0.954	0.079	0.028	0.201	0.195	0.057
2	0.005	0.960	-0.006	-0.202	-0.193	-0.037
3	0.127	-0.135	0.848	-0.336	-0.359	0.072
4	-0.238	0.210	0.463	0.809	0.177	0.004
5	0.068	-0.065	-0.248	0.343	-0.763	0.479
6	0.109	-0.081	-0.062	0.186	-0.427	-0.872

（4）因素命名。

由因素载荷矩阵和因素分析模型可以很明显地看出每个公共因素只有少数几个指标的因素载荷较大，因此可以进行分类，将 27 个指标按照高载荷分为六类，具体见表 4-8。

第一个公共因素 F_1 在 X_1、X_4、X_5、X_7、X_9、X_{10}、X_{16}、X_{17}、X_{18}、X_{19}、X_{23}、X_{26}、X_{27} 指标上有较大的载荷，包括地区生产总值、专利申请数、货物进出口额等 13 个指标，这些指标均体现了地区城镇化发展的规模，可将其命名为规模因素；第二个公共因素 F_2 在 X_6、X_{22}、X_{24}、X_{25} 指标上有较大的载荷，包括第一产业贡献率、第二产业贡献率、人口城镇化率、人均耕地面积，这些指标均是城镇化发展最主要的衡量指标，直接反映了城镇化发展水平的高低，可将其命名为产业因素；第三个公共因素 F_3 在 X_8、X_{12}、X_{13}、X_{21} 指标上有较大的载荷，包括城镇居民人均住房面积、人口密度等四个指标，主要反映了城镇化发展的公平性，可将其命名为公平因素；第四公共因素 F_4 在 X_{11}、X_{14}、X_{15} 指标上有较大的载荷，这三个指标主要反映了人居环境的舒适绿色程度，可将其命名为绿色因素；第五个

公共因素 F_5 在 X_2、X_3 指标上有较大的载荷，即人均生产总值和地区生产总值增长率，这两个指标反映了地区城镇化发展的经济增长情况，可将其命名为增长因素。第六个公共因素 F_6 在 X_{20} 指标上有较大的载荷，即城镇居民消费支出中教育文化娱乐服务所占比例，该指标反映了地区城镇化发展的文化氛围，可将其命名为文化因素。

综上，可从吉林省9个地级市的27个四级指标数据中提取出6个公共因素来描述吉林省各地区特色城镇化发展水平，提取出的6个公共因素命名如表4-8所示。

表4-8　因素命名

因素	高载荷指标	因素命名
因素1	地区生产总值 地均生产总值 专利申请数 货物进出口额 当年实际使用外资金额 城镇居民人均可支配收入 互联网宽带接入户数 卫生技术人员人数 剧场、影剧院数 体育场馆数 公共图书馆图书藏书量 文化体育娱乐业产值 第三产业贡献率	规模因素
因素2	第一产业贡献率 第二产业贡献率 人口城镇化率 人均耕地面积	产业因素
因素3	城镇居民人均住房面积 城乡居民消费比 城乡消费品零售额比例 人口密度	公平因素

续表

因素	高载荷指标	因素命名
因素4	燃气普及率 建成区绿化覆盖率 污水处理率	绿色因素
因素5	人均生产总值 地区生产总值增长率	增长因素
因素6	城镇居民消费支出中教育文化娱乐服务所占比例	文化因素

（5）因素得分及排名。

利用 SPSS 软件可以直接求得因素得分系数矩阵。

由因素得分系数矩阵，可得到各因素得分，以方差贡献率为权重计算因素综合得分并排序，计算公式如下：

$$F = 0.47F_1 + 0.16F_2 + 0.13F_3 + 0.12F_4 + 0.08F_5 + 0.04F_6$$

因素得分如表 4-9 所示。

表 4-9　因素得分

地区	规模因素	产业因素	公平因素	绿色因素	增长因素	文化因素	综合得分
长春	2.62	0.07	-0.18	-0.18	0.20	0.07	2.62
吉林	-0.06	0.00	0.21	1.38	1.18	0.13	-0.06
四平	-0.22	0.94	-1.12	0.15	-1.69	-0.84	-0.22
辽源	-0.57	-0.76	-1.16	-0.12	0.20	1.99	-0.57
通化	-0.31	-0.38	-0.88	0.26	-0.39	-0.30	-0.31
白山	-0.33	-1.79	0.24	-1.18	0.39	-1.36	-0.33
松原	-0.64	1.14	0.06	0.53	1.30	-0.84	-0.64
白城	-0.37	1.28	0.92	-1.82	0.10	0.71	-0.37
延边	-0.12	-0.51	1.91	0.98	-1.29	0.43	-0.12

特色城镇化发展水平排名如表4-10所示。

表4-10 特色城镇化发展水平排名

地区	规模因素	产业因素	公平因素	绿色因素	增长因素	文化因素	综合得分
长春	1	4	6	7	5	5	1
吉林	2	5	4	1	2	4	2
四平	4	3	8	5	9	7	4
辽源	8	8	9	6	4	1	8
通化	5	6	7	4	7	6	5
白山	6	9	3	8	3	9	6
松原	9	2	5	3	1	8	9
白城	7	1	2	9	6	2	7
延边	3	7	1	2	8	3	3

4. 综合分析

（1）综合因素分析。

通过前面的因素分析，我们可以看出吉林省各地区特色城镇化发展参差不齐，就综合得分来看，长春市的特色城镇化发展遥遥领先，这点毋庸置疑，长春市作为吉林省的省会，必然拥有众多的资源和发展潜力，但长春市作为省会，对于其他城市的辐射作用较差，不能很好地带动周边城市的发展。而吉林市作为吉林省的第二大城市，其特色城镇化的发展却没有达到其该有的水平，且相对于其他城市的特色城镇化发展水平而言，优势并未突出。就整体而言，吉林省只有长春市一个城市独占鳌头，可以说已经形成了垄断的态势，而其他城市只能望其项背，就其他八个地级市（自治州）而言，综合得分均为负值，且均在-1和0之间，差异不是很明显。依据综合得分排名可知，吉林省特色城镇化发展最差的是松原市。松原市地处吉林省中西部、松嫩平原南端，位于美丽的第二松花江畔，是重要的商品粮基地，盛产玉米、大豆等作物，因此其农业发展较为繁荣，但特色城镇化的发展水平却依旧较低，该地区需要加快农业现代化的进程，推动产业结构的调整，加快第三产业的发展。排名倒数第二的是辽源市。辽源市位于吉林省中南部，地处长白山余脉与松辽平原的过渡带。辽源市自然基础丰富，农业基础较好，该地区需着力转变经济发展方式，重点推进产业升级。排名居中的地级市（自治州）分别是延边、四平、通化、白山、白城，这些地级市的特色城镇化发展虽然较辽源、松原排名靠前，但数据相差非常小。由此可知，"十二五"时期是吉林省可以大有发展的时期，因为吉林省除长春之外的八个地级市（自治州）城镇化发展水平均较低，有很大的发展空间，只要抓住机遇，着重经济增长方式的转型，扬长避短，释放生产力，突出特色，抓大放小，齐头并进，协调发展，就能在不久的将来看到一个不一样的吉林省，城镇化的推进也会越来越顺利。

（2）规模因素分析。

规模因素是因素分析实证中选取出的第一个因素，其涵盖了指标体系中较多的因素，即该指标已较好地阐释了各地区的城镇化发展水平。毋庸置疑，经济、资源、基础设施、文化投入和产出、公共服务等规模越大，该地区特色城镇化的发展就更具吸引力、更具优势。该因素的得分占综合得分的比重较大，即其得分排名对综合排名的影响较大，其排名情况与综合评价的排名情况完全一致。

从规模因素得分和排名可知，长春作为吉林省的省会，其特色城镇化的发展得天独厚，资源丰富、经济基础雄厚、科技水平较高、高等人才云集、公共服务和基础设施较为完善、文化事业的投入较大、服务业发展较快，这些都为长春市特色城镇化的发展奠定了不可撼动的坚实基础。

规模因素得分排第二的是吉林市，这与实际也较为相符，吉林市是吉林省的第二大城市，有其他城市所不具有的优势和吸引力。

位列第三位的是延边朝鲜族自治州，延边地处吉林省东部的中朝边境，是中国最大的朝鲜族人集聚地，货物进出口额较大，社会管理较为有效，公共服务较为完善，由于其地处长白山山区，水资源丰富，旅客周转量相对较多，第三产业发展较快，旅游业对经济的带动作用较为显著。

四平、通化、白山、白城、辽源、松原特色城镇化发展的规模基础相对较弱，需要着重提高这些地区的经济基础和社会基础，扩大规模，使其从总量上得到提高。

（3）产业因素分析。

产业因素计算得出的结果引人注目，长春作为省会，被排在了第四位，而白城却名列前茅。为了分析造成该结果的原因,还需要从产业因素所涵盖的指标着手,产业因素包括第一产业贡献率、第二产业贡献率、人口城镇化率和人均耕地面积。白城市位于吉林省西北部,嫩江平原西部,科尔沁草原东部。该地区农业发展较为发达,第一产业对地区经济的贡献率较大,地区承载能力较强。白城市人均耕地、草原、宜林地、水面、芦苇面积都居吉林省首位,是国家级大型商品粮基地。

其次是松原和四平,这两个地区农业现代化水平较高,第一产业对地区的经济发展贡献较大,即第一产业的带动作用较强。

（4）公平因素分析。

从数据角度出发,延边朝鲜族自治州在公平因素排名中遥遥领先。延边人均城镇住房面积较大,在推进特色城镇化的进程中城乡统筹做得较好,人们的生活幸福感较强。而长春市在公平因素中排名靠后,是因为长春作为省会,人口密度较大,城镇居民的人均住房面积较小,城乡差距较大综合造成的。

（5）绿色因素分析。

吉林市在绿化环保方面做得较为出色,在打造魅力吉林的过程中,对绿化的重视程度较高,执行力较强,建成区绿化覆盖率较大,污水处理率较高。这是特色城镇化可持续发展不可或缺的指标,也是衡量一个城市美丽与否的重要指标。

延边的城市绿化也做得相当不错,其次是松原、通化、四平,这些城市的绿色因素得分为正数,说明其在绿化方面做得不错,已有效果。而辽源、长春、白山、白城则做得不太好,绿色因素得分为负数,说明这些地区在未来一段时间需要加强对城市绿化的投入,绿色生态是人类生存的基础。

（6）增长因素分析。

增长因素主要反映地区人均生产总值和地区生产总值的增长速度。排在前两位的是松原和吉林,该地区人均生产总值较高,经济发展具有较大的增长潜力。其次是白山、长春、辽源、白城,前六位的增长因素得分均为正数,说明其经济发展具有增长潜力,而通化、延边、四平的经济增长则较为缓慢,不具有竞争优势,需要进行经济结构的调整,促进产业升级,为未来地区经济的发展创造新的增长极。

(7) 文化因素分析。

文化因素是对一个地区文化氛围的量化。辽源在文化因素的得分上异常高,通过对辽源的简单了解就可知道,辽源是一个非常有历史底蕴的地方,在青铜时代就有人类活动,是清朝重要发祥地之一,以其浓郁的关东黑土地文化,享有"中国琵琶之乡""中国二人转之乡""中国农民画之乡""中国剪纸之乡"等美誉。这些都说明辽源的文化氛围十分浓厚,其当第一,无人敢驳。

第二位是白城,白城是一个多民族地区,共有汉、蒙、满、朝、回等30个民族。除汉族以外的少数民族人口为13.8万人。占少数民族人口比重较大的民族主要有蒙、满、朝、回等民族。少数民族地区对于历史文化、民族风俗等的重视程度相对较高,其文化氛围较为浓厚。

第三位是延边,延边地处吉林省东部的中朝边境,是中国最大的朝鲜族集聚地,其全部人口当中,汉族占比超过半数以上,达59%;朝鲜族约占39%。就朝鲜族而言,其有自己的歌曲、舞蹈、服饰和礼节,文化艺术氛围较好。

5. 层次分析过程

应用层次分析方法分析问题时,首先要把所研究的问题进行条理化和层次化,如本书所构建的评价指标体系总共有三层,最高层即系统层是特色城镇化评价指标体系,中间层又分为六个子层,最底层是具体指标数据层。这样递进的层次关系将特色城镇化的发展水平评价体系分为了若干小块,更有利于数据的收集和目标的实现。本书借助yaahp层次分析方法对吉林省的省际特色城镇化水平进行对比分析,来突出吉林省特色城镇化发展存在的问题。

(1) 构造判断矩阵。

作者通过查阅文献、内涵解读、关系剖析等方法,依据判断矩阵标尺,根据两两因素相互关系的重要程度,尽量客观地选取标度,最终构造的经济、社会、环境、文化、资源、产业二级指标间的比较判断矩阵如表4-11所示。

表4-11 二级指标间的比较判断矩阵

指标	经济	社会	环境	文化	资源	产业
经济	1	2	4	1/4	1/2	1/4
社会	1/2	1	2	1/4	1/5	1/4

续表

指标	经济	社会	环境	文化	资源	产业
环境	1/4	1/2	1	1/4	2	1/2
文化	4	4	4	1	2	2
资源	2	5	1/2	1/2	1	3
产业	4	4	2	1/2	1/3	1

同理，可依次构造经济模块、社会模块、环境模块、文化模块、资源模块、产业模块所涵盖的三级指标间的比较判断矩阵，该过程均借助层次分析软件 yaahp 来实现。

（2）判断矩阵的一致性检验。

在检验判断矩阵是否具有满意的一致性时，需将 CI 和平均随机一致性指标 RI 进行比较得出检验系数 CR。如果 $CR<0.1$，则认为该判断矩阵通过一致性检验，否则就不具有满意一致性。其中，随机一致性指标 RI 和判断矩阵的阶数有关，在一般情况下，矩阵阶数越大，则出现一致性随机偏离的可能性也越大。表 4–12 是 1~9 阶所对应的 RI 的数值。

表 4–12　RI 对应阶数的数值

阶数	1	2	3	4	5	6	7	8	9
RI	0	0	0.58	0.90	1.12	1.24	1.32	1.41	1.45

根据表 4–11 赋予的重要性判断矩阵，运用 yaahp 软件可直接计算求得权重向量 $W^T=(0.11,0.06,0.05,0.32,0.27,0.18)$，最大特征值 $\lambda_{max}=6.5316$，一致性比例

$$CR=\frac{(\lambda_{max}-n)/(n-1)}{RI}=\frac{(6.5316-6)/(6-1)}{1.24}=0.09<0.1$$

同理，可计算出经济模块、社会模块、环境模块、文化模块、资源模块、产业模块所涵盖的三级指标间的比较判断矩阵的一致性检验结果，通过计算得到所有模块的判断矩阵均通过了一致性检验。

由此可知，判断矩阵通过了一致性检验，权重向量 W^T 可以作为经济、社会、

环境、文化、资源、产业的权重。

（3）目标得分及排名。

其一，二级指标得分及排名。

运用层次分析方法，确定了各级指标的权重，通过加权可得其得分，如表4-13所示。

表4-13　二级指标得分及排名

指标	辽宁		吉林		黑龙江	
	得分	排名	得分	排名	得分	排名
经济	0.06	1	-0.08	2	-0.47	3
社会	0.02	2	-0.22	3	0.28	1
环境	0.70	1	-1.33	3	-0.09	2
文化	0.49	1	-0.30	3	-0.26	2
资源	-0.05	2	-0.51	3	0.17	1
产业	-0.37	3	-0.33	2	-0.18	1

由表4-13可知，吉林省特色城镇化发展的各个模块形势并不乐观，除经济和产业因素位列第二位外，社会、文化、资源、环境的发展均排在最后。这说明吉林省特色城镇化总体发展水平低于其他两个省份，其矛盾和问题更为突出。

就经济而言，吉林省的综合得分为-0.08，低于辽宁省，高于黑龙江省。辽宁省、吉林省、黑龙江省同属于东北地区，都是老工业基地，但经济水平却存在着较大的差异，辽宁省经济发展较好，吉林省和黑龙江省被远远地抛在后面，究其原因，主要是在东北老工业基地重新振兴的过程中，辽宁省很好地做到了经济的转型与衔接，且辽宁紧邻渤海，大连作为沿海地区，经济发达，为辽宁省整体的经济发展做出了巨大的贡献。而吉林省和黑龙江省均不属于沿海地区，外资使用额较低，开放程度低，其经济的发展必然不如辽宁。因此，吉林省应尽快实现经济转型，加大开放力度。

就社会而言，吉林省排在末位，而黑龙江省排在了第一位，说明黑龙江省人民生活较为舒适，社会发展水平较高。随着生活水平的提高，人们的生活目标不再只是一味地追求高收入，更重要的是提升自身的幸福感、生活舒适度。黑龙江省人民的社会因素得分最高，其生活节奏慢，社会更加和谐和稳定，在黑龙江生活的人们的整体生活质量高。

就环境而言，吉林省仍显得很逊色，和其他两省相比，也只能望其项背，需要更多的投入。本书用建成区绿化覆盖率和污水处理率两个指标来衡量一个地区的环境因素。

从原始数据来看，吉林省的建成区绿化覆盖率仅为34%，远低于辽宁省的建成区绿化覆盖率40%，而吉林省的污水处理率仅为60%，与辽宁省和黑龙江省的污水处理率相比，低了20%。这些数据都说明吉林省在城镇化建设方面，对环境的保护力度不够，在城镇化进程中，环境遭到了严重的破坏，因此，在吉林省城镇化的未来发展规划中，必须把保护和治理环境作为首要任务，加大投入力度。

就文化而言，辽宁省的文化发展水平要高于其他两个省份，这得益于赵本山等一大批演员带动了二人转事业的兴盛，辽宁省的文化发展水平和发展模式值得吉林省和黑龙江省借鉴。吉林省的文化发展水平在东北三省中仍排在最后，这是因为吉林省的文化娱乐产值仅为83.4亿元，而黑龙江的文化娱乐产值为135.7亿元，辽宁省的文化娱乐产值为282.6亿元，足以说明吉林省未来的文化娱乐产值亟待提高。

就资源而言，吉林省仍然没显示出其优势。黑龙江省得分最高，辽宁省的资源水平则排在第二位。东北三省拥有其他省份所没有的独特自然资源，最著名的莫过于东北三宝人参、鹿茸、貂皮，但其资源优势并未得到充分的发挥，对吉林省经济推动力还不足。因此，在特色城镇化发展中，要立足特色资源，做好包装和宣传。

就产业而言，吉林省的产业发展优于辽宁省的产业发展水平但落后于黑龙江省，其三大支柱产业汽车制造业、食品工业、石化工业在吉林省工业产值中所占的比重合计为67.9%，其中食品工业充分发挥了吉林省粮食大省的优势，充分利用其得天独厚的长白山资源，其未来发展潜力巨大。

其二，综合得分及排名。

依据表4–13的各因素得分以及表4–11计算出的权重，可运用综合指数法对特色城镇化的发展水平计算出综合得分,如表 4-14 所示。

表 4-14 综合得分及排名

辽宁		吉林		黑龙江	
得分	排名	得分	排名	得分	排名
0.18	1	-0.41	3	-0.05	2

(四)吉林省特色城镇化发展的存在的问题

综上可知,吉林省特色城镇化的综合发展水平与东北其他两个省份相比,位列末尾,说明吉林省特色城镇化的发展水平落后于辽宁省和黑龙江省的发展水平。其主要表现在以下三个方面。

1. 城镇化率先高后低,增速先减后增

2005 年,吉林省城镇化水平高于全国。2005—2013 年,吉林省的城镇化率水平在 50%~55%之间缓慢增加,而全国的城镇化率水平则实现了跨越式增长,吉林省的城镇化发展与全国平均水平相比,其优势在逐渐削弱。2014 年,吉林省的城镇化率为 54.75%,低于全国平均水平 0.02 个百分点。2006 年以来,吉林省城镇化率的增速变动趋势近似呈 U 形。2006—2010 年,吉林省城镇化率的增速呈直线下降的趋势,且 2010 年增速最低,低于全国平均水平 0.01 个百分点。吉林省政府及时对形势进行分析,转变城镇化发展模式和目标,2011 年城镇化率的增速出现了少许回升,而 2012 年和 2013 年政策的效果凸显,吉林省城镇化率的增速呈直线上升趋势。

2. 经济规模缓慢扩张,增长潜力大

一个地区城镇化发展的好坏,最明显的迹象就是经济规模的扩张和增速强劲,衡量经济规模的最主要指标是地方生产总值及其增速。东北三省地区的经济发展水平存在差异,2004—2014 年,吉林省的地区生产总值在总量上不及其他两个省份,但其增速大部分年份均超过其他两省,这说明吉林省的经济增长潜力是巨大的。

3. 城镇综合承载能力偏低

衡量城镇综合承载能力的指标包括供水普及率、城市燃气普及率、人均城市道路面积、人均居住面积、人均公共绿地面积、每万人拥有公交车数量、每十万人口在校学生数等指标。吉林省的城市设施建设中城市用水普及率、城市燃气普及率、每万人拥有公交车数量、人均城市道路面积、人均公共绿地面积均低于全国平均水平,说明吉林省的城市综合承载能力不足,在未来一段时间应着力提高城市设施建设,加大投入力度。

东北三省的地理位置、自然资源、气候条件、历史背景、产业基础、文化习俗等方面均类似,但吉林省特色城镇化的发展水平远落后于其他两个省份,究其原因,最重要的是没能很好地立足自身,充分发挥自身优势,将特色转变为优势,进而获得长远的发展。

第三节 吉林省农业产业化和特色城镇化发展趋势

一、吉林省农业产业化经营发展趋势

农产品加工业已经成为与汽车、石化三足鼎立的支柱产业,农产品加工业的发展,有力地推动了吉林省现代农业的快速发展,农业产业化为现代农业提供了强有力的支撑。"十二五"时期,吉林省农产品加工业步入又快又好、持续发展阶段,农业产业化经营也进入重要的创新提升期。

(一)强化政策扶持力度,营造良好发展氛围

农业产业化的发展是对农村社会生产力进行重新组合和优化的过程,它要求打破行业、地域、所有制界限,是一个大的系统工程,急需政府的引导、协调与扶持。应增强政府的指导服务、宏观调控职能,及时研究和解决产业化过程中出现的新情况、新问题,引导和规范农业产业化的健康、有序发展。积极为企业破解资金难题,培育融资机构,加快发展龙头企业资本市场,采取划转国有股产权、注入财政资金、引入社会资本等方式,组建农业投资公司,为加快农业产业化发展提供资金保障。不断强化政策扶持力度,发挥农业、财政、税务、工商、金融等相关部门的积极性,营造良好的发展氛围,形成合力,共同推进农业产业化的发展。通过制定相应的法律、法规和政策,对产业化系统的运作机制及利益分配

关系等经济行为进行协调和规范，以确保产业化的发展符合国家的宏观导向和整体目标。

（二）加大龙头企业培育力度，提升产业竞争力

龙头企业内连农户，外连市场，是推进农业产业化经营发展的关键。要按照"扶优、扶强、扶大"的原则，集中资源和财力，重点培育、扶持一批自主创新能力强、加工水平高、处于行业领先地位的大型龙头企业，坚持多部门培育、多渠道发展、多形式推进。对这些重点龙头企业应在资金、信贷、用地、税收等方面给予支持，并引导龙头企业向优势产区集中，形成紧密联系的龙头企业集群。在现有基础上，各级财政应加大农业产业化资金扶持力度，特别是龙头企业的支持力度，中小企业发展专项资金要将中小型龙头企业纳入重点支持范围。加大对龙头企业固定资产投资、农产品收购的支持力度，金融机构应根据龙头企业生产经营的特点合理确定贷款期限、利率和偿还方式，完善担保体系，扩大有效担保物范围，取消银行贷款抵押资产的区域限制，满足龙头企业的资金需求。鼓励龙头企业增资扩股，或以产权、品牌为纽带，开展跨区域、跨行业、跨所有制的联合与合作，形成一批跨地区、跨行业的龙头企业集团，提升产业市场竞争力，推进优势产品向优势企业集中，优势企业向优势产业和优势区域集聚。

（三）大力发展农民专业合作组织，提高产业组织化程度

随着农业产业化经营的发展，龙头企业所带动的基地规模不断扩大，农户日益增多，但由于缺少中介组织，企农之间的利益关系难以协调，利益分配机制也难以实现，为此，应大力培育各种类型的合作经济组织。发展农民专业合作组织，要以农民自愿为前提，以促进农村经济发展和农民增收为主要目的，围绕吉林省各地特色产业和主导产品，引导龙头企业、专业大户、各种经济组织和能人，积极兴办各种类型的产加销一体化和股份合作制的专业合作组织。鼓励农民在生产、运输、销售、加工、服务等环节自愿创办专业协会、合作社等组织，广泛开展合作，提高农民组织化程度。这些专业合作经济组织既可以从事生产、加工或销售，也可以从事产加销一体化生产；既可以从事农产品生产经营，也可以从事生产资料经营或科技服务。通过农民专业合作组织利益和契约的联结，把生产、加工、销售、服务等环节相互衔接，把分散的农户与大市场有机地联系起来，形成一个完整的产业和组织体系，进而提高产业化发展的组织化程度。

（四）完善利益联结机制，增强产业辐射带动能力

龙头企业与农户是一种利益联合的关系，以追求双方共赢为目的，实现共同利益的最大化和分配的合理化。通过产业化发展的实践，要不断丰富农业产业化经营的实现形式，健全利益联结机制，提高农业组织化程度，实现农业产业链条的纵向分工协作。引导龙头企业发展订单农业，龙头企业要在平等互利的基础上，与农户、农民专业合作社协商合理的收购价格，确定合同收购底价，签订农产品购销合同，使龙头企业与农户形成稳定的产购销关系。通过与农民签订产销合同，规范各自的行为，强化约束内容，明确双方的权利责任。同时，要加强对订单农业的监管与服务，强化企业与农户的诚信意识，切实履行合同约定，实现合同可追溯管理。支持龙头企业与农户建立风险保障机制，通过设立风险资金、最低收购保护价、利润返还等方式，与农户建立更为紧密的利益关系，形成利益共享、风险共担的利益共同体。引导龙头企业创办或领办各类专业合作组织，引导农民以土地承包经营权和使用权、资金、劳动力等生产要素入股龙头企业，实现龙头企业与农民专业合作社深度联合，形成利益共同体。鼓励龙头企业为农户开展定向投入、定向收购、定向服务，提供种养技术、生产资料、市场信息和产品销售信息，鼓励龙头企业采取股份分红、利润返还等形式，将加工、销售环节的部分收益让利给农户，共享农业产业化发展成果。支持龙头企业带动农户发展设施农业和规模养殖，开展多种形式的适度规模经营，发挥龙头企业的辐射带动作用，推动农业龙头企业横向联合、合作与集群集聚，充分发掘农业产业化经营助农增收的潜力。

（五）积极培育品牌，提高产业层次

市场竞争就是产品竞争，产品竞争就是质量竞争，而质量竞争往往是通过科技创新和争创名牌实现的。要想使吉林省的企业在市场竞争中立于不败之地，必须树立农产品品牌意识和名牌意识，把实施品牌战略作为提高农产品质量的首要任务来抓，鼓励和支持企业开发、培育具有吉林地方特色的优秀品牌，做大做强，支持中小企业培育自己的拳头产品，逐渐形成特色品牌。以产品品牌为基础，培育和创建知名农产品加工企业品牌，提升企业规模和产业层次。积极宣传和推介

具有浓郁吉林地方特色和文化底蕴的区域品牌，提高区域产品的市场竞争力，实现产品优势向品牌优势、市场优势的转变。利用展会、推介会和网络媒介集中宣传等形式，对吉林省优质农产品进行广泛的宣传，提高知名度和影响力，为吉林省农产品走出去创造有利的条件。狠抓农产品质量，严格按照国际质量管理体系的要求进行标准化生产，继续实施吉林省农业标准化示范项目，扶持龙头企业、农业合作社组织、种养大户率先实行标准化生产，大力发展绿色有机食品，培育名牌农产品，加强产品质量的监督和管理，从各个环节严把农产品质量关，为创造产品品牌，提高吉林省农产品的市场竞争力和占有率奠定基础。

（六）提高产品科技含量，延"深"产业链条

现代科技是农业产业化发展的重要支撑，是推动产业发展的不竭动力，农业产业化经营的发展水平，最终取决于农业技术的进步。延"深"产业链条，必须提升企业自主创新能力，走科技兴企之路，才能确保企业在激烈的市场竞争中保持优势。因此，要不断增强龙头企业的科技创新能力，根据市场消费结构升级的需要，以提高产品科技含量和附加值为切入点，开发科技含量高、加工程度深、产业链条长、增值水平高、出口能力强的产品，在新品种选育、加工保鲜技术等方面力求实现突破。组织开展多种形式的科研合作，全面提升农产品加工层次和水平，积极创造条件支持企业引进国外先进技术和人才，积极引导鼓励加工企业与科研院所、大专院校开展多种形式的技术合作，组建农产品研发中心或技术创新机构，加快产业对接，构建产学研密切结合的农业产业化科技创新与成果转化体系，提高集成创新能力。鼓励有条件的企业组建自己的研发机构，开发拥有自主知识产权的产品。鼓励科研人员进入龙头企业和农产品基地，推广应用科技成果。加快完善农业科技服务体系，健全农技推广中心和农业技术服务站，以农业技术推广中心为主导，以农业技术服务站为纽带，以科技示范户为网点，开展多渠道、多手段、多形式的农业科技普及工作，加强科技在各环节上的渗透，逐步缩小我国与发达国家在农业科技上的差距。

（七）完善农产品市场体系，拓宽市场销售渠道

农产品流通是农业产业化经营的关键环节，要大力发展农产品现代流通业，改善流通服务体系设施，建立农产品批发市场，重点培育农村产地农产品批发市场，支持在农产品产地建设农产品物流配送中心，增强农产品就地销售能力。引导和鼓励农产品批发市场、龙头企业和大型农产品经销企业，建立以批发市场为中心，以集贸市场、联合组织和个体专营为渠道，形成四通八达、相互联动的农产品流通体系。逐步建立农产品市场准入制度，重点以果菜等鲜活农产品批发市场为窗口，促进无公害绿色农产品发展。完善农村信息综合服务体系，整合信息资源，通过报纸、广播、电视、互联网等途径，及时、准确地向农民和企业提供政策、技术、价格、销售等方面的信息。加快发展现代流通业态，大力推行农超对接、市场与产地挂钩等现代营销模式，支持龙头企业、农民专业合作社进驻超市开设专卖点、直销点，发展农产品网上交易，加快形成成本低、运行效率高的农产品营销网络，降低交易成本。加强市场开拓，以市场为中介，可以通过举办农产品展销会，与大中城市市场建立业务关系，扩大当地农产品对外宣传，提高市场知名度，使省内更多的农产品走向国内外市场。

二、吉林省特色城镇化发展趋势

（一）增强大中城市辐射力，带动周边联动发展

如果将吉林省的特色城镇化发展比作一个整体，那么每一个城镇的发展都是联动的，一个地区发展良好会造福周边地区，一个地区发展不好，不仅会拉低吉林省在全国的比重，还会给周边地区带去负面影响，如环境污染。因此，我们要充分发挥吉林省各个城镇的联动作用，将各个城镇之间相互推动、相互联系的齿轮做好，将各个城镇的自身基础打牢，这样才能形成良好的特色城镇化发展形态。

（二）提高特色产业竞争力，促进经济结构转变

吉林省要立足地方实际，从自有产业基础出发，将传统产业与新兴产业结合起来，逐步淘汰衰落的产业和缺乏竞争力的产业。但对于那些有着悠久历史的特色产业，政府要给予一定的扶持和帮助，实现特色产业发展的绝对优势。

（三）挖掘特色资源潜在力，提高投入产出比率

在特色城镇化进程中，挖掘特色资源的潜力，将资源投入转化为可观的经济产出，同时还要注意节约资源，实现人与资源的和谐相处。资源的再生力是打造特色城镇化进程中必须关注的一个问题，不断寻找资源和经济发展的平衡点，促

进资源的良性循环。

（四）弘扬城市文化，打造品质活力城市

文化是城市发展的灵魂，现在大多数城市不断趋同最主要的原因就是没有了灵魂。吉林省是一个少数民族集聚的地方，在少数民族聚居的地区，文化底蕴深厚，人们能歌善舞，其乐融融。大力弘扬城市文化，着力打造高品质、活力四射的城市是未来特色城镇化发展的重点。

第五章　新型城镇化与农业产业化协同发展机理

新型城镇化与农业产业化各是一个系统，二者结合就成为一个复杂的系统。在本章的研究中，首先从新型城镇化与农业产业化发展的基本现状为研究起点，分析吉林省新型城镇化与农业产业化的发展特点，提出新型城镇化与农业产业化发展的道路选择是协同发展，在此基础上构建新型城镇化与农业产业化系统，为深入剖析新型城镇化与农业产业化协同发展机理打下坚实的理论基础；然后对新型城镇化与农业产业化协同发展机理进行剖析；最后分析两者的相互作用：新型城镇化的发展离不开农业产业化的有力支撑，农业产业化的发展缺不了新型城镇化的助推，只有两者相互结合共同发展，方可实现协同效应，实现共赢。

纵观吉林省新型城镇化与农业产业化的发展现状，值得肯定的是新型城镇化水平一直在持续增长，除2015年和2016年略低于全国城镇化水平之外，其他年份均高于全国城镇化水平，但从前面的数据及分析可以看出，吉林省的城镇化水平的增幅很低，均低于全国城镇化水平的增幅且有一定差距，在全国各省的城镇化水平中处于中等水平，城镇化的发展态势不够显著。而吉林省又是农业大省，农业产业化的发展将是新型城镇化发展的最重要的动力源泉。同样，近年来吉林省农业产业化快速发展，但是相对滞后的原料基地建设急需得到发展，融资能力迫切得到提高，科技研发能力仍需继续提升，品牌创建意识有待增强等限制性问题需要得到尽快解决，而城镇化的发展是这些问题得到良好解决的直接且有效的重要渠道。因此，城镇化与农业产业化需要二者相互支持、相互促进，发展必然要走两者协同发展的道路。

第一节 新型城镇化与农业产业化协同发展机理

一、新型城镇化与农业产业化协同发展系统的结构分析

研究新型城镇化与农业产业化协同发展的关键切入点是两者的相关关系。新型城镇化与农业产业化本是两个不同的主体,也是不同的系统,两者可以构成一个新的系统,这一新的系统并非新型城镇化与农业产业化两个子系统的简单相加或融合,与两者原来的系统并不相悖,而是重构为一个全新的经济运行系统。多方面的因素共同参与到新型城镇化与农业产业化发展过程中,它们分工明确又相互协作,共同组建为统一有序的整体。一方面,新型城镇化与农业产业化协同发展影响到农业产业化的产前、产中、产后所有相关联的参与主体与相关环节,此外,农业产业化的外在影响因素也被包括在内,例如,对其发展框架具有重要影响的政策的制定的政府部门及机构。另一方面,城镇化发展所处的外界环境会受到新型城镇化与农业产业化协同发展的影响,此外界环境也就是新型城镇化与农业产业化产生相互作用的影响因素,如城镇所在区域的政治、经济、社会、自然、信息技术环境等,这些因素的综合作用将会对农业产业化的产生及发展起到直接或间接的影响。综上,新型城镇化与农业产业化协同发展系统会受到其周围环境的影响,同时也影响着周围的环境,两者协同发展是环境影响和自演变共同作用的结果。城镇化发展的外界影响因素,即与对农业产业化的发展产生直接与间接作用的因素,一般包括城镇化所在区域的宏观环境,如政治环境、经济环境、社会环境、自然环境和信息技术环境。

新型城镇化与农业产业化共同构建成一个新的复杂系统,其协同目标不仅要促进新型城镇化的良好发展,且要利于农业产业化的快速增长,根据协同思想,还要使整体功能高于组成部分的系统特性,新型城镇化与农业产业化形成的新系统可以衍生出协同前所不具有的新功能,从宏观目标、中层目标与直接目标的视角来看,协同系统的目标主要反映的内容如下所述。

宏观目标:实现城镇化与农业产业化协同发展,最终促进工业化、信息化、

城镇化与农业现代化的协同发展。

中层目标：实现城乡一体化，达到富农强省的双赢目标。

直接目标：提高农业产业化的综合效益，促进新型城镇化的发展。

具体而言，如图5-1所示，新型城镇化与农业产业化协同发展的目标有实现要素的集聚；实现开拓农村市场；实现区域现代化发展；实现优化资源配置，提高供给质量和效率；实现优化产业结构。

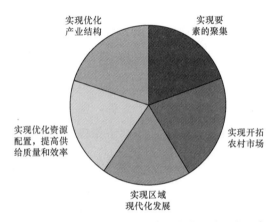

图5-1 新型城镇化与农业产业化协同发展的目标

一是两者协同发展，实现要素的集聚。经济要素的集聚是新型城镇化建设和农业产业化发展的重要出发点和归宿点。新型城镇化与农业产业化协同发展可以推动经济要素的集聚。农村城镇化是农村剩余劳动力的集聚过程，是乡村人口向城镇人口转变的过程；农业产业化则是农业生产要素的集聚过程，其本质是用管理现代工业的办法来组织现代农业的生产和经营活动[1]。城镇化的重要表现是非农产业与离农人口的集聚，是第二、第三产业的集聚与演变的过程，以及由此决定的人口转移并集中过程和城市生活方式不断扩大过程的统一。人口和产业的集聚与发展，是城镇化建设的依托。各经济要素集聚的过程影响着城镇化发展的质量。一方面要将最初的分布较为散乱的乡村企业有规划地逐步向中小城镇集中，以达到乡村工业化向城镇工业化转变的目标。另一方面要围绕建立农字号大集团、大企业，积极组织并引导小微企业向核心企业靠拢，龙头企业向工业园区集聚，工业园区向城镇集中，这样层层推进，以最大限度地发挥联动效应、集聚效应和规模效应。

二是两者协同发展，实现开拓农村市场。拓宽农村市场空间，推进农业产业运营市场化，既是城镇化发展的条件，也是农业产业化发展的前提。在市场经济体制下，加快农村城镇化和农业产业化协同发展的步伐，必然要求农业资产的运营机制加速市场化，即农业资产必须遵循市场经济的规律进行流动组合和运营，并以此实现保值增值[2]。农村人口向城镇集聚，人口的增加必然会增加他们对农产品的需求，这样使农村市场得到了拓宽。

三是两者协同发展，实现区域现代化发展。将多种形式的民营经济、乡镇企业与农业产业化密切相结合，同时通过促进农村城镇的发展，使小型企业，尤其是乡镇企业占主导的小微企业向农村城镇靠拢、集聚，形成农业工业小区，整片开发，并有规划地形成产业集群。如此，一方面可使规模效应增大，工业配套的能力得到提升，产业链和社会化分工得到增强。另一方面有助于设施、市场、土地、环境等资源的优化和充分利用，促进企业创新、开发的能力，进一步推动了农村工业化的发展，加速区域现代化进程。小城镇对周边农村的连带效应将使之成为带动区域经济发展的又一增长点。

四是两者协同发展，实现优化资源配置，提高供给质量和效率。一个生产单位可以利用的资源是特定的也是有限的，同样一个区域的资源也是如此，但是资源的挖掘和利用可以采用多种方式进行。新型城镇化与农业产业化协同要能促进资源科学合理的配置，不能只顾眼前利益，还要实现可持续发展。通过多级加工、提升资源的流通速度、扩展资源的流通空间、各生产部门相互协作和加快城镇化等方式，促进资源科学合理的配置，提升配置效果，进而提高供给质量和效率。

五是两者协同发展，实现优化产业结构。以产业结构的变化为视角，新型城镇化与农业产业化协同发展的过程，也是农村产业结构与城镇产业结构调整和优化的过程。以传统农业占主导地位的第一产业，由于农业产业化和城镇化的协同发展，剥离出越来越多的剩余劳动力，这就促使第一产业向以现代工业、服务业和高新技术产业为主导的第二、第三产业进行转移。

二、新型城镇化与农业产业化协同演化机理分析

机理是指为实现某一特定功能，一定的系统结构中各要素在一定环境条件下

相互联系、相互作用的运行规则和原理。本书在前述的基础上，对新型城镇化与农业产业化协同演化机理进行分析，使之具有一定的理论参考价值。

协同演化理论以个体与其所处环境为研究对象，目标是分析其协同进化关系。与其他组织与环境之间关系的理论相比，协同演化理论更具有先进性。广义的协同演化，主要是指在进化过程中生物之间、生物与环境之间存在着某种密切程度不等的、互相依赖的关系。每当其中的任一个体的变化达到一个阈值时，相互依存的整个系统就会顺势对之做出适应性的反应，生态系统就是这样的系统，与环境的协同进化是生物进化过程中的重要展现。因而，本书在协同演化理论的基础上，同时借鉴学者 Porter 提出的研究框架，将新型城镇化与农业产业化协同系统的演化机理细分为微观、中观与宏观三个层面。具体来说，协同演化是在微观层面的农业产业化企业个体间、在中观层面的农业产业化企业种群间、在宏观层面的新型城镇化与农业产业化间的进化过程。

新型城镇化与农业产业化协同演化内在机理，如图 5-2 所示。

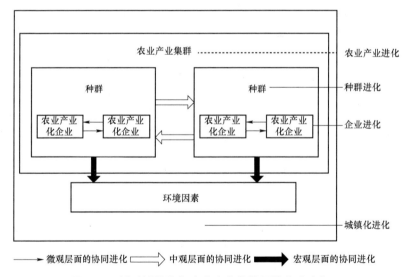

图 5-2 新型城镇化与农业产业化协同演化内在机理

从微观层面讲，协同演化认为农业产业化企业个体的演化因其作用重要而需要得到更多重视，个体的生存必然依附一定的外部环境，而环境也会对其产生影响，在这种状况下，个体为保障其生存与发展会长期改变自身遗传组成。与此同时，农业产业化企业个体间，企业个体自身的演化会影响其他个体的演化，其他个体自身的演化路径会随着个体演化的进行而发生改变，进而协同演化得以实现。

从中观层面讲，企业种群间是通过同种农业产业化的企业个体构成的，这些个体存在于竞争与互利并存的环境中。具体来讲，同类企业种群间由于产品相似、需求的资源相同，故其间竞争激烈，企业种群会尽力追求差异化，创新逐渐得到加强，进而提供给系统新的价值，在竞争中寻求共赢；企业种群的类型不同，其产品也不同，种群间会相互促进，进而实现优势互补、互利共生。

从宏观层面讲，农业产业化集群是由不同种群组成的，该集群会与新型城镇化环境相互促进、彼此适应，最后促使整个系统进化为一个互利共生、有序、和谐的统一体。农业产业吸纳了城镇化系统向其提供的政治、社会、自然资源、经济资本、农业科学技术、劳动力及相关制度等要素。总的来说，新型城镇化与农业产业化相互关联的经济、社会与自然三个因素共同构成了农业产业的环境因素。这些环境因素在协同进化的过程中对农业产业化集群发挥着主导作用，为适应复杂多变的环境，农业产业集群通过改变自身来实现，同时反过来也会在一定程度上对环境产生影响，进而使新型城镇化在进化的过程中也会发生某种程度的改变。

自然因素。自然资源包括农业产业化的生产，尤其是农作物生产所需的土地、水、大气与生物等因素。总的耕地面积、粮食总产量得到了保证，在满足当地人最基本的生产生活的基础上，才能为农业的生产提供基本的原材料，后续的加工与销售才有实现的前提。同时，这也影响着新型城镇化的发展。自然中的土地、水、大气与生物等各种自然资源是人类生产活动的最基本的保障和环境，它们将会对人类的所有生产活动产生直接影响。

经济因素。新型城镇化的经济因素是整个系统中最具活跃性的，其主要因素是资金因素、市场因素。具体来讲，其一是资金因素，企业从创建到发展，每项活动都离不开资金的支持，它是必要条件，但因为其稀缺性就会使企业在从资金市场获取时面临一定的困难，因此，越完善的资金市场对农业产业化的发展越有利。高效畅通的融资渠道对农业产业化的增速及规模的扩张将会起到决定性的作用。其二，市场因素。资源的配置受到经济市场的规范性、需求及结构的颇为重要的影响。良好的经济发展将对农业产业化的健康发展产生非常大的推动力。

社会因素。新型城镇化的社会因素是范围很宽大的一个因素，包括人类的方方面面，比如文化、政治、宗教、种族与风俗等，它们会相互"碰撞"、叠合与交织，最终转变为一个有序和谐的覆盖各个层面的社会网。政治、制度、科技、人文等因素共同构建了社会因素，它们是城镇化社会环境对农业产业化发展的因素总和。虽然新型城镇化与农业产业化协同发展系统会受到各种环境因素的直接或间接的影响，但技术因素与制度因素是具有决定性的主要影响因素。

系统协同进化的一个关键性的因素是技术因素，在系统协同进化中会产生一定的现实性问题，技术因素不仅利于使其得到解决，而且还能够实现系统向更高水平发展的目标。技术因素是新型城镇化环境中的一个"成员"，其创新性活动是传统农业向现代农业转变的关键（因农业产业化是借助信息技术对传统农业进行改造，推动农业科学技术向前进步的过程），在农业产业化发展的过程中起到了重要的支撑作用，农业产业通过运用信息技术又能反作用于城镇化而提升新型城镇化环境中的技术创新进步的速度。

制度因素对新型城镇化与农业产业化协同演化的方式有很大的影响，主要表现为该因素的提出与实施。制度因素为社会进步与经济发展提供了很重要的保证。新型城镇化以多快的速度、怎样的方式与特征发展，抑或是农业产业化以怎样的方式运行均取决于制度。在实践中，新型城镇化也产生了各种各样的问题，农业产业化的发展受到阻碍，在本质上会受制度影响。

新型城镇化与农业产业化系统的整个演化过程可以发生在不同层次上，同时又可以彼此交织且具有多层嵌套而发生协同演化。而历史因素与时间变化对协同演化的结果有着重要影响，该过程即系统内每个影响因素相互作用的、非静止的复杂多变的过程。

第二节 新型城镇化与农业产业化协同发展的相互作用

新型城镇化与农业产业化协同发展强调的是两个系统和这两个系统内各个子系统之间彼此相互促进，并且有机地整合为有序的运转状态，呈现出连续不断的协同和差异这一辩证统一的关系，究其本质是要素资源及产业间的协同。城镇化与农业产业化两者相互联系，互为条件，互相协作，城镇化提供给农业产业化多方面有利的条件，农业产业化有力地支撑了城镇化的进程，两者协同发展的相互作用如图 5-3 所示。

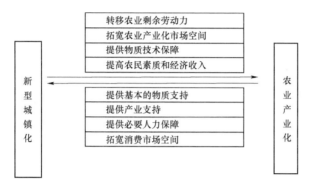

图 5-3　新型城镇化与农业产业化协同发展的相互作用

一、新型城镇化助推农业产业化的发展

新型城镇化助推农业产业化的发展的影响体现在以下四个方面。

1. 新型城镇化的发展在较大程度上转移了农业剩余劳动力，有利于农业规模化生产

农业产业化发展的关键是其经营效益的提高，而提高效益必须使农业进行规模化生产；由于实现农业产业化在客观层面上需要在空间上向城镇不断转移农村人口，在产业层面上向城镇第二、第三产业不断转移农业剩余劳动力，促使有限的土地相对集中到少数"种植能手"那里，为土地适度规模化、专业化生产创造必要的生产条件，因此，在一定程度上农业产业化依赖于城镇化的发展。城镇化的发展过程是一个农村人口向城镇人口聚合并转变的过程，是城镇第二、第三产业生产过程中不断吸纳来自第一产业剩余劳动力的过程，也是城镇人口不断增加、产业结构发生改变的过程。相关研究表明，每提高常住人口城镇化率 1%，从事第一产业生产的人员比重就下降 1.021 9%[3]。从该研究结果来看，城镇化的加速，能够为农村人口脱离农业而进入城镇非农业就业提供必要的条件——越来越多的农村人口落户到城镇,就会让他们将其原来的农村土地家庭联产承包经营权进行流转或者彻底放弃,如此使得拥有土地的人口大幅减少,释放出更多的土地,这样有限、分布零散的土地就可以相对集中到少数农户那里,有利于农村土地的规划和整治,为农业规模化生产创造了必要的前提条件。

2. 新型城镇化拓宽了农业产业化的市场空间

城镇化的发展加速转移了农村剩余劳动力,这些劳动力角色也相应发生了变化——从原来单一的农副产品生产者转变为农产品消费者。消费者的增加必然导致对农产品基本需求的加大。一方面随着城镇化的发展,越来越多的城镇人口对整个城镇与农产品的需求也在增多,拓宽了农业产业化发展的道路;另一方面与时俱进的思维观念也会影响他们,使其追求更有质量的生活方式,随之而来的消费观也就发生转变,如对产品的质量,营养和食品的安全性、多样性等需求更加关注,这些变化使城镇对生产生活的需求进一步加大。相关文献表明:城镇居民(个体)消费水平相当于农民(个体)的 3 倍,城镇化率每提高 1%,消费便会增长 0.8%[4]。在市场经济运行机制下,需求的变化和增多拓宽了农产品市场,使农户更加重视生产效率、土地生产力的提高,更加关注和掌握市场需求的动态,按照市场需求对农业结构进行相应的调整,如对农业进行绿色化、专业化、规模化、集约化生产,对农产品进行深加工,农产品供给的质量与效率就会得到很大提高,不仅促使农业生产匹配于新的市场需求,而且有助于实现供给侧改革。总之,这提升了农业产业化的综合效益,增加了农民收入。同时,农民收入的增加和经济的增长反过来会增加对农业科技的投入,科技的进步从各环节都会进一步加快农业产业化的可持续发展。

3. 新型城镇化为农业产业化的发展提供物质技术保障

一方面城镇化为农业产业化发展提供所需的物质基础,如基础设施、先进的机械用具和优质的化肥农药等农用物资;另一方面城镇化可以为农业产业化发展提供专业化人才、先进的农业技术和充裕的资金等各种要素。农产品产加销一体化经营与管理所需完善的服务支持体系是农业产业化发展的关键。缺乏与之相应的物质和技术基础,其发展势必将会受到严重的阻碍。城镇化集聚效应和溢出效应能为农业产业化的发展提供相应的物质技术保障。具体而言,城镇化的发展能够进一步完善教育体制，培养出更多的人才，教育和人才的溢出效应为农村教育水平的提高奠定了坚实的物质和人才基础；城镇化的发展会相应地带动工业生产方式的升级、技术的进步和管理水平的提高，由于城镇化的溢出效应，这些资源和能量会向农业部门转移和扩散，进而促进农业科技水平的提升；城镇化的发展能进一步提升该区域的经济实力，产生巨大的资金集聚效应，使该区域的资本积累率和投资回报率得到提高，加上互联网金融的发展，均有利于引导城市部门充沛的资金向回报率较高的农业技术部门流动。首先，由城镇化提供的这些资源有利于农产品加工企业、批发市场和龙头企业的建立和完善；其次，城镇化带来的发达、便捷的交通环境以及多样化的市场需求，使物流、人流、资金流和信息流更加集聚、畅通和高效，这将为农业产业化的生产、加工、销售和市场的连接提供有力的环境和外部支持；最后，相对完善和健全的社会化服务体系能为农民获取农产品的需求和市场动态提供较为便捷有效的渠道，从而降低农业生产自主化、盲目化和农产品销售带来的风险。

4. 新型城镇化有利于提高农民素质和经济收入

拥有一定数量土地的农民，如果只有土地收入这一项收入来源，则很难有效地实现增加收入的目的，其主要原因是农产品商品化程度低使得投入产出比较低，而城镇化进程带动了产业升级，可以提供大量的就业岗位，进而能够吸纳日益增多的农村剩余劳动力。同时，转移到城镇务工或经商的传统农民会感受到城市工业文明，在其原有文化和城镇文化相互冲突、竞争和磨合以后，他们会接受城镇中较为先进的文化和经济，个体素质得到提升，他们相互影响和传播，进而有助于提高整体农民群体的素质水平，为他们寻求更好的生产、生活和增加收入创造了机会，为更加集约化、规模化的农业生产提供条件。

二、农业产业化为新型城镇化的发展提供必要支撑

农业产业化为新型城镇化的发展提供必要支撑体现在以下四个方面。

1. 农业产业化为新型城镇化提供基本的物质支持

通过发挥龙头企业的带动作用，为散户与市场之间架起桥梁，实现产、供、销一体化，通过专业化、规模化和集约化生产，使农业的综合效益得到不断提高，

同时也将必需的工业原材料和农产品源源不断地输入城镇。一方面，逐渐增多的农产品富余能够为城镇人口提供优质且丰富的商品粮。此外，通过农产品深加工进一步满足城镇人口对农产品消费多元化的需求。这些物质既为日益增多的城镇人口提供必需的生活需求，又进一步促进了城镇工业的进程。另一方面，农业产业化为城镇化尤其是城镇工业提供了丰富的原材料，如在城镇发展初期，由农业为其提供原始积累，另外许多工业是在以农业原料为加工起点的基础上的，当城镇化发展到一定程度时便反哺农业，两者相互促进共同发展。

2. 农村产业结构优化为新型城镇化发展提供产业支持

吴武超、黎恒认为农业、农村工业及农村服务业共同构建了农村产业结构[5]。合理科学的农村产业结构，既能够充分利用自然和经济资源，又可以使各个生产单位和项目之间对农业物质生产资料达到相对平衡稳定的状态。商品生产基地是农业产业化的条件之一，它在保证农产品的基本供给方面发挥着重要作用，如此更便于农产品企业进行规模化生产，进而提升规模效益和综合效益。农业产业结构调整使原来较为单一的农业经济向综合性经济（农产品加工、农业服务体系、农村商业化和农村第三产业等）转变。农民收入渠道也从原来单一的农业收入转向以农为本、以工带农，生产方式的多样化加快了农民致富。龙头企业、商品生产基地、市场群落和主导产业等要素作为农业产业化发展的重要支柱，使农村三大产业结构得到有效调整与合理优化，从而在城镇化发展的过程中起到不可或缺的支撑作用。

3. 加快农业剩余劳动力转移，为新型城镇化发展提供必要人力保障

20世纪90年代以后，我国农业领域的剩余劳动力逐渐增多，而农村所能容纳劳动力的绝对量却在以平均每年0.83%的速度降低[6]。据此可基本了解到该时期我国需要转移农业剩余劳动力的状况，这些大量的剩余劳动力开始离开农村向非农产业和城市迁移。与此同时，城镇化也在快速发展，由此推动了产业结构与就业结构的巨大变化，不断发展的第二、第三产业对劳动力的需求量越来越大，而城镇劳动力的自然增长速度已无法与对劳动力的需求状况相匹配。在科技快速发展的时代，农业产业化的兴起与发展又促进其向规模化、专业化和集约化发展，因此大大提高了生产效率，从农业中释放的剩余劳动力解决城镇对人力的需求问题，因此城镇化发展获得了来自农业产业化提供的重要人力资源，进而加快了城镇化的发展。

4. 为新型城镇化的发展拓宽了消费市场空间

农业产业化是生产、加工和销售一体化的过程，它减少了劳动力的投入，却提高了总的产出效益，从而提高了农业劳动力的生产率，农民人均可支配收入也随之增加。由凯恩斯消费理论可知，消费与收入成正比例关系，因此伴随着收入增加，消费也将按照一定的比例随之增加。在物价基本稳定的条件下，农民收入增加将会使农村消费者预算约束线向外扩张，农民先前的潜在需求能够在此情况下转变为消费行为。受到农业产业化发展的积极影响，农民的经济水平得到进一步的提高，其恩格尔系数随之降低，即食物消费在总消费支出的比重降低，从而使农民对工业制品和服务的消费增加，这就拓宽了工业品（包括城市工业品、农村工业品）和服务市场的市场空间，进而促进第二产业、第三产业的发展，增强了城镇化发展动力，用升级的产业体系支撑了城镇化发展。

综上所述，新型城镇化和农业现代化是相互影响、相互促进的。农业产业化为城镇化提供了人力保障、物质保障、产业支撑和广阔的消费空间；城镇化的发展促进了农村剩余劳动力的转移，满足农业产业化的市场需求，增加了农民收入；实现两者的协同发展，才能在协同中相互促进、相互融合，最终实现共同发展。新型城镇化与农业现代化的协同推进，有利于缩小城乡差距，促进城乡共同发展，实现乡村振兴，推动社会和谐稳定向前发展。

参考文献

[1] 江学青. 皖北地区城镇化与农业现代化的协同发展研究 [D]. 淮南：安徽理工大学，2012.

[2] 匡小明. 农业产业化与农村城镇化联动 [J]. 求实，1999（9）：37-38.

[3] 李丽莎. 论城镇化对产业结构与就业结构的影响 [J]. 商业时代，2011（18）：15-16.

[4] 李志兰，路云. "十二五"时期我国城镇化面临的问题与挑战 [J]. 广西城镇

建设，2011（2）：42-44.

[5] 吴武超，黎恒. 论农村产业结构调整与农业产业化经营 [J]. 中国集体经济，2011（1）：5-6.

[6] 陈柳钦. 农村剩余劳动力转移与农村城镇化 [J]. 重庆工商大学学报（社会科学版），2004（1）：1-8.

第六章 国内外新型城镇化与农业现代化协同发展经验借鉴

第一节 国外城镇化与农业现代化协同发展经验借鉴

德国、日本等发达国家经历了几十年的新型城镇化推进,城镇化率达到90%以上,这些国家在新型城镇化与农业现代化协同发展的过程中更注重中小城镇与乡村的协调平衡发展、"人"的全面发展、农业现代化建设、生态环境保护等。但由于历史传承、地理环境、政治制度、经济发展等多方面的差异,在统筹新型城镇化与农业现代化协同发展的进程中分别形成自己独特的模式,取得了较好的发展成效,可以为吉林省新型城镇化与农业现代化协同发展提供经验借鉴。

一、德国以人为本与区域均衡的发展模式

德国是目前城乡发展最为均衡的国家之一。德国在城镇化进程中,重视对文化遗产的保护,敢于对管理体制进行改革创新,善于引进先进理念,注重城乡均衡发展。德国在处理新型城镇化与农业现代化协同发展的进程中主要采取了以下三个措施。

(一)重视区域的协同发展

德国把区域协同发展的要求写入联邦宪法,体现了对区域协同发展要求的强制性和制度设计的必然性。在推进城乡协同发展的进程中,德国更注重文化遗产的保护、生态环境的保护和大城市与小城镇的协同发展[1]。

(二)注重规划先试先行

在城市规划和建设过程中,重视科学规划,强调功能完整、前瞻设计、布局

合理、节约高效，避免短期重建和扩建造成资源浪费。同时，鼓励公民建言献策，积极参与城市建设。

（三）重视人与社会融合发展

在城市化与农业现代化协同发展的进程中，德国秉承"以人为本"的发展理念，把实现人的全面现代化贯穿到经济建设中。在此过程中，德国十分重视保护公民的基本权利，促进人与社会和谐发展。首先，建立统一的社会保障标准体系，破解城乡二元结构，使农民真正市民化，享受和城市人口相同的社会保障服务。其次，做好移民的社会融合工作，完善相关法律法规，要求各级政府、社会团体广泛参与，为移民提供社会融合的机会，促进劳动力转移，使移民融入城市生活，减少城市病的出现。

二、日本政府主导下的市场与工业化双驱模式

日本国土面积小，人口密度大。日本土地资源匮乏，但其土地单位产量却高居世界第一位。在工业化和城镇化的进程中，日本加大力度推进农业现代化，促进新型城镇化、新型工业化和农业现代化协同发展，取得了突出成就。日本成为其他亚洲国家在城镇化和农业现代化协同发展中学习的成功范例。日本采取的主要措施有以下四个。

（一）促进城镇化、农业现代化与工业化良性互动

日本政府在明治维新时期和第二次世界大战中取得的成就，得益于对发展工业的重视。日本发展工业的成功经验表明，工业化对促进城镇化与农业现代化协同发展起着重要的反哺作用[2]。

（二）促进中小城镇和农村地区的发展

以城市为核心的空间资源集聚发展模式，在一定时期内效果明显，迅速获得资源配置效益。然而，人口过多造成了许多问题。为了促进中小城镇和农村地区的发展，日本已经放慢了工业化的步伐，并在各地兴建基础设施，合理使用土地，加大各类功能区建设。在这一过程中，日本政府高度重视政策引导，引导农民向城镇转移，集中居住。

（三）加大科技投入，推进农业现代化

在城市化进程中，日本也出现了较大的问题，片面追求发展速度，导致大

量农业人口向城镇流动，耕地转为非农业用地，农业生产萎缩，粮食自给率急剧下降。为了解决这些问题，日本出台了大量的政策法规，加大农业投入，更多地关注农村，强化农业的地位，加强农业土地和农业经营组织的发展建设，加大对农业的科技投入，推进农业现代化建设，逐步推动了农村农业全面发展。

（四）促进城乡一体化发展

长期以来，在日本城市化和农业现代化的进程中，城乡差距越来越大，城乡发展极不平衡。为解决这一难题，日本政府加大农业基础设施建设，提高农村和农业发展水平，促进城乡均衡发展。

第二节 国内城镇化与农业现代化协同发展经验借鉴

一、杭州市多元融合与新型业态发展模式

杭州市 2017 年常住人口为 946.8 万人，其中居住在城镇的人口为 727.14 万人，杭州市常住人口城镇化率约为 76.8%；与 2016 年相比，城镇化率提高了 0.6 个百分点。以 2015—2016 年统计年报、小微企业统计监测和乡村旅游统计数据为基础，初步核算，2016 年杭州市现代农业增加值为 598.31 亿元，是传统第一产业的 1.97 倍，按可比价增长 6.4%，较 2015 年增长 2.2 个百分点，比传统第一产业增速高出 4.6 个百分点。

杭州在新型城镇化建设方面积极坚持推进新型城镇化的三个融合：一是坚持城市国际化与城乡一体化的融合发展，努力提升城市功能。杭州举办、筹办了 2016 年 G20 峰会、2017 年全国大学生运动会、2018 年世界游泳锦标赛、2022 年亚运会。二是坚持工业化和信息化的融合发展，提升产业质效。2017 年，杭州的经济发展速度呈 V 字形，1—9 月的经济增速达到了两位数，上半年 10.3%，第三季度 10.2%，在全国副省级城市中排名第三，全年生产总值高达 1.25 万亿元。三是坚持社会治理智慧化与公共服务均等化的融合发展，努力提升城市品质。2017 年 1—10 月杭州空气质量优良达到 204 天，比 2016 年同期增加了 15 天，PM2.5 平均

数达到 54.2%，比 2016 年同期下降了 12.6%。杭州坚持社会治理智慧化与公共服务均等化融合发展，努力提升城市品质[3]~[5]。

在农业现代化方面：2016 年，杭州市以建设"美丽杭州"和"美丽农业"为契机，以农业供给侧结构性改革为主线，全面建设产出高效、产品安全、环境友好的现代农业体系，努力推进生产设施现代化、农业生态循环化、产业布局区域化。加快三次产业联动发展，着重发展民宿经济、农家乐、乡村旅游、运动休闲、农村生态养生养老、农村电子商务、果蔬乐园等农业综合观光园七大新型业态，走出了一条符合杭州实际、具有杭州特色的优质、高效、可持续的现代农业发展道路。

二、武汉市龙头带动与智慧协同发展模式

截至 2017 年年末，武汉市常住人口 1 076.62 万人，比 2016 年增加 15.85 万人。其中，城镇人口 858.82 万人，常住人口城镇化率约为 79.77%，比 2016 年提高 0.36 个百分点。此外，仅 2014 年，武汉农林牧渔业总产值和增加值就已经分别达到 559.44 亿元和 350.06 亿元，与 2010 年相比，年均增长分别为 4.8%和 4.5%。

武汉城市圈各市均以中心城区为龙头推进市域城镇化，取得了重大进展。武汉市政府大力实施工业"倍增"计划，按照以主城区为核心、6 个新城区独立成市的武汉"1+6"城市空间全域城镇化战略，以建设"智慧农村"信息平台为技术支撑的农村信息化战略和都市农业现代化提升战略，使城市综合实力持续提升，城市经济总量每年以千亿级递增，2014 年首次跨越万亿大关，2017 年已突破 1.3 万亿元。此外，"十二五"时期以来，武汉市着力转变农业发展方式，提升特色优势农业产业化水平，大力培育新型农业经营主体，构建现代农业经营体系，有效地促进了农村第一、第二、第三产业深度融合发展，农业规模化、组织化、机械化、科技化、信息化程度持续提高，都市农业现代化水平提升，为新常态下经济社会的稳增长、调结构、惠民生做出了积极贡献[6]。

第三节 国内外新型城镇化与农业现代化协同发展实践的启示

通过对欧洲国家德国、亚洲国家日本以及我国杭州和武汉新型城镇化与农业现代化的模式进行系统分析，总结出以下经验启示。

首先，吉林省在推动新型城镇化与农业现代化协同发展的过程中，应注重顶层设计、规划优先，避免重复建设，强调功能完整、合理布局。此外，在战略布局中应立足国际化视野，以开放的胸怀借鉴国外先进模式和理念，但也应根据自身历史、资源、经济等多方面的条件建构自己多元融合、协同互动的独特发展模式[7]。

其次，强化政府在新型城镇化与农业现代化协同发展中的作用，科学合理地进行大中小城市及乡村的功能定位，统筹城乡、缩小差距、促进良性互动。强化核心城市对周边小城市及乡镇的辐射作用，注重保护文化遗产，生态环境，注重大城市和中小城镇均衡发展。制定相关政策法规加大对农业的投入，注重以城带乡、强工补农，加强农地建设和农业经营组织的育成，加强农业机械化，逐步促进农村农业的发展。

再次，注重技术创新和信息智慧化建设。加强基础设施建设，进一步完善城乡信息通信设施以及农业的机械化、自动化建设。制定以"智慧农村"信息平台为技术支撑的农村信息化战略和都市农业现代化提升战略，推动成都智慧城市建设和乡村智慧社区建设。

最后，借助政策合力，推动业态转型，构建美丽城市。提升特色优势农业产业化水平，大力培育新型农业经营主体，构建现代农业经营体系，有效地促进了农村第一、第二、第三产业深度融合发展，以农业供给侧结构性改革为主线，全面建设产出高效、产品安全、环境友好的现代农业体系，努力推进生产设施现代化、农业生态循环化、产业布局区域化，构建独具特色的美丽城市[8]。

参考文献

[1] 汪银恒. 新型城镇化与城市房地产开发规模研究——以宁波市为例 [J]. 特区经济, 2014 (11): 63-65.

[2] 张清军, 鲁俊娜. 新型城镇化协同发展下韶关市差别化土地政策研究 [J]. 特区经济, 2014 (11): 161-162.

[3] 顾兴树. 成都市新型城镇化"梯级模式"研究 [J]. 中国市场, 2014 (46): 166-167.

[4] 佚名. 新型城镇化——我们在行动 2014 国家治理高峰论坛湖北峰会暨"中国农谷·带头人"论坛第三届年会 [J]. 人民论坛, 2014 (33): 68-69.

[5] 张硕, 王驰, 宦宸. 聚焦新型城镇化的五大核心问题——2014 国家治理高峰论坛湖北峰会述要 [J]. 人民论坛, 2014 (33): 68-73.

[6] 李明艳. 农业现代化建设的全局意义 [J]. 浙江经济, 2014 (21): 60.

[7] 黄博琛. 日本农协发展经验和教训对中国农业现代化的启示 [J]. 世界农业, 2014 (11): 34-37.

[8] 谢颜, 李文明. 韩国、波兰农业现代化发展模式比较研究与借鉴 [J]. 世界农业, 2014 (11): 130-133.

第七章　吉林省新型城镇化与农业产业化的协同发展分析

第一节　研究方法与模型设计

城镇化与农业产业化协同发展水平的测度用单一指标体系不能完全反映，采用多指标的综合评价体系较合理、科学，在对新型城镇化、农业产业化及两者协同发展水平进行测度时，由于其各个指标重要性程度有高有低，量纲也不尽相同，要反映它们的发展水平，应在相关原则的支持下选择指标且能够从不同的方向进行综合考量以相对客观、全面、合理、科学地反映新型城镇化、农业产业化及两者协同的发展水平。以下几种方法是常用的综合评价方法。

德尔菲法。此法又名为专家咨询法，属于早期的综合评价方法之一，该方法的特点是收集各位专家的意见和经验，以此来确定各项指标的权重；每次得到的结果被不断的反馈、修改、完善，只有当各项指标的权重和其平均值的离差小于或等于起初设定的标准时，反馈、修改、完善才得以停止；然后把各项指标权重的平均值定为该项指标的权重；最后依据指标的权重展开综合评价。

层次分析方法，英文简写为 AHP，该方法是以专家的经验为判断依据的。首先，专家直接面对多项指标并判断分析简化为直接面对两个指标并判断分析；其次，采用数学方法对所有专家的判断结果进行处理；再次，得到各项指标的权重，再对指标进行线性加权；最后，获得综合评价模型。在采用定性与定量相结合的方法时，把决策者的经验和主观判断很恰当地加入模型，此方法优势已突显。随着研究的发展，衍生出的方法有模糊层次分析方法、灰色层次分析方法、改进层次分析方法和可拓模糊层次分析方法，这些方法均有助于解决综合评价类问题。

主成分分析方法与因素分析方法。主成分分析是将多元数据进行降维处理的一种方法，多个具有相关性的指标通过线性转换转化为各自独立的综合指标（原来多项指标的线性函数），这些综合指标被称为主成分。此方法在进行综合评价时的作用就是将这些主成分因素依据其各自的方差贡献率进行加权合成并以此作为综合评价函数。因素分析方法是将主成分分析方法进行扩展和优化的一种方法。第一步是针对各指标间的相互关系展开研究，第二步是把相关指标综合为几个综合性因素，通过因素旋转来解释公共因素，最后一步是对旋转的因素以方差贡献率加权，生成最终的综合评价模型。

综合评价模型好坏的关键在于能否根据指标对系统的重要程度来对各个指标进行准确的赋权，而以上方法在赋权过程中存在一些缺陷。

德尔菲法和层次分析方法需要专家系统的支持来给指标赋权，如果构建的评价指标体系包含数量较多的指标，那么该方法就会在权重确定方面受到更多的专家主观因素影响，进而影响评价结果的客观性和准确性。

主成分分析方法和因素分析方法作为多元统计方法在综合评价中的应用，相对层次分析方法能够更加客观地给各个指标赋权，减小评价结果的主观性，但将具体指标作为解释层，会忽略评价指标体系的层次性。更重要的是，主成分分析和因素分析都把方差贡献率和综合评价的把握程度等同看待，认为某主成分方差贡献率大，用该主成分做综合评价的正确程度就大，这其实是混淆了两个不同的概念。

除上述综合评价模型外，研究两个或者两个以上事物之间的关联性或者互动性采用的常规方法主要有多元回归分析方法、数据挖掘方法、关联分析方法、结构方程研究方法。然而，采用多元回归分析方法的一个重要前提条件是需要客观数据，同时多元回归分析方法有两个弱点：第一，管理研究难以回避诸如满意度、凝聚力、积极性等这类无法直接测量的不可观测的变量，而多元回归的因变量和自变量都要求可测，方能估计出回归系数。第二，回归分析难以处理多重共线性问题。现实系统并非完全按线性回归方程所表述的那样，只是自变量和因变量相关，实际上，自变量之间同样存在相互关系。自变量 x_i 并非全部都直接影响 y，有些是间接影响的，x_i 和 y 之间可能存在多重关联，而多元回归分析只着眼于自变量对因变量独立的、直接的作用。在涉及自变量或自变量相互关联复杂的系统时，人们需要在多元回归分析的基础上，探索新的数据分析方法。而新型城镇化与农业产业化协同发展之间有诸多因素的统计或描述并不能满足此条件，因此，若采用回归分析方法研究新型城镇化与农业产业化协同发展的相关因素，则数据获得难度较大。

在通常情况下，大样本数据是实施数据挖掘的方法的前提，而从目前新型城镇化与农业产业化两者可挖掘的数据情况来看，获取大样本数据的可能性较小，如此，会使本书的分析与事实脱节。

运用关联分析方法来研究新型城镇化与农业产业化协同发展的关联因素，应做到统计两者的口径一致，而当前统计这两者的口径并非由同一个部门完成的，因此，口径不同使得采用关联分析的方法来研究新型城镇化与农业产业化存在难以避免的局限性。

结构方程模型（Structural Equation Modeling，SEM）是由 Karlg Joreskog（瑞典统计学家、心理测量学家）最早提出的。20 世纪 70 年代结构方程模型开始兴起，是社会科学研究中一个非常好的方法。该方法与回归分析方法、数据挖掘方法、关联分析方法不同，它是一种与多元回归分析方法关系密切，却在原理和方法上有许多扩展的多变量数据分析方法。它不仅具有回归分析的应有功能，而且可以将客观数据与主观数据结合起来，同时在口径不一致的数据上可以通过设置问卷通过区间性数据的规范来达到统计的目的。结构方程模型具有以下特点（表 7-1）。

表 7-1 结构方程模型的特点

特点	具体内容
具有理论先验性	这是最重要的一个特性。从变量的确定、变量关系的假设、参数设定到模型的修正和参数估计，每个步骤都要建立在一定的理论上。因此这是一种验证性而不是探索性的统计方法
可以同时处理测量与分析问题	在传统的统计方法中，测量和分析通常是分开进行的，而结构方程模型可以将这两个步骤整合到一起。它不仅能估计指标变量的测量误差，还能评估测量的信度与效度。结构方程模型的分析优势在于它能将无法直接观测的概念，即隐变量，用显变量的模型化分析来估计

续表

特点	具体内容
以协方差的运用为核心	既可分析源数据,也可分析样本数据的协方差矩阵,其中协方差矩阵是最重要的,因为分析源数据其实也是先计算出协方差矩阵再进行下一步分析。协方差在运用中有两种功能:第一,描述性功能,即观测多个连续变量间的关联情况;第二,验证性功能,即反映理论模型与实际数据间的差异
适用于大样本的统计分析	和因素分析一样,所用的样本量越大,统计分析的稳定性与各种指标的适用性就越好。一般而言,样本数在100以上能使得分析结果较为稳定,但有些指标会随着样本的增大适用度反而降低(如卡方统计量在样本数极大时过于敏感)
包含不同统计技术,重视多重统计指标的运用	融合了因素分析和路径分析(两种统计方法,模型参考的指标是多元的,更加注重整体模型的契合度)

在通常情况下,结构方程模型属于验证性范畴的分析方法,须有相应理论或经验法则作为支撑,即要求以理论为引导,在此引导的基础上方可构建假设模型图。即便到了后期,模型需要修正,也须有相关理论作为支持。综上,结构方程模型特别突出理论的合理性。因而,利用结构方程模型研究法去检验影响协同发展的因素及其关联机制是科学合理的。

在社会科学的研究过程中,有些不可直接测量的变量(潜变量),只能找到一些可观察变量作为间接性替代性标识,然而这些潜变量的观察标识总会包含大量的测量误差,而传统的多元回归分析由于要求因变量和自变量均可测,并不存在测量误差,方能估计出回归系数,难以处理社会科学研究中存在的测量误差问题。与多元回归分析相比,结构方程模型没有严格的假定限制条件,允许自变量和因变量存在测量误差,并且可以分析潜变量之间的结构关系,特别是模型可以接受自变量之间存在相关关系,避免了在多元回归分析中难以处理的多重共线性问题。即结构方程模型可以很好地弥补上述传统的统计方法的不足。它是从一种假设的理论构架出发,通过采集数据,验证这种理论假设是否科学的分析工具;它涵盖了多种原有的多变量数据分析方法,适用于定序、定量、定距、定比尺度,在社会科学的实证研究中,特别是采用问卷法收集数据的情况下,结构方程模型是针对上述回归分析的弱点而研发出来的并已得到较广泛应用的数据分析方法。

综合上述优势，本书认为采取结构方程模型研究法探讨新型城镇化与农业产业化协同发展的关联因素是十分切当的。

结构方程模型所研究的变量，从可测性的角度可分为两类：显变量和潜变量。显变量为可直接观察并测度的变量，又称观测变量、指标变量或者可测量变量，研究者可以直接观察或者直接测量获得，获得的数据可以转化为量化数据，在因素分析中也可称为指标。潜变量又可称为无法观察的变量、构建变量，即构念因素，不可直接测量或者无法直接观测得到的变量，但是，它可以从显变量间接测度出来，这意味着它和多个显变量存在协变关系，潜变量在因素分析中与因素等术语的含义一样，通常称作构念、层面。

从变量生成的视角看，模型的变量可分为两部分：内生变量与外生变量。内生变量受模型中其他变量的影响，其值需依据其他变量而定。内生变量受模型中其他变量的影响，其值需视其他变量而定，相当于因变量的概念。但结构方程模型中的内生变量又包括两种变量：一种是像回归分析中那样的纯粹因变量，另一种是中介变量。中介变量指的是既作为其他外生变量的"果"，又是其他内生变量的"因"。外生变量不会受到其他变量的影响，它的大小由外部输入。概括来说，结构方程模型有四种变量：外生显变量、内生显变量、外生潜变量和内生潜变量。

结构方程模型分为结构方程和测量方程两部分。结构方程模型又被称作因果模型、潜变量模型、线性结构模型，它描述潜变量之间的关联，是一组类似多元回归分析中描述外生变量和内生变量之间定量关系的模型，模型中涉及潜变量和它们的指标的一部分或全部，它描述显变量和潜变量之间的关联，表明一个潜变量是由哪些观测变量来度量的。单纯的测量模型就是确认型因素分析模型。测量模型的路径图显示出各潜变量是通过哪些观测变量来间接测量的。在测量模型中，潜变量间的关系只假定是相关关系，而在结构模型中，潜变量间的关系是相关关系或有方向的关系。

结构方程模型通常以路径图的形式描绘。路径图的主要元素的变数有以下约定：

方框表示显变量,常标以 x、y。

圆圈或椭圆表示潜变量,常标以 ξ、η。

外生显变量误差 δ、内生显变量误差 ε、内生潜变量误差 ζ 均画在方框和圆圈之外;外生潜变量无误差。

模型设定:它是简洁、形式化地表现研究设计内容的过程。显现研究假设所要求证的变量之间的关系,并反映从概念性变量到操作性变量之间的变量转换过程。结构方程模型可以是路径图,也可以是数学方程形式,但一般都采用路径图表示,路径图能直观、清晰地反映出研究者的研究设计思路。

路径图由测量模型和结构模型两部分内容构成。路径选择的思路有两种:一种是找出对各个观测变量有共同影响的公共因素,这是探索性因素分析的思路;另一种是由研究者选定两个或多个观测变量,从属于某个潜变量,然后验证这种变量设计的信度和效度,这是确认型因素分析的思路。结构方程模型采用的是确认型因素分析。从实用角度看,一般先提出一个测量模型,视验证结果再换变量或改变结构关系,所以在工作流程环节中有"模型修正"一项。

测量模型中各潜变量、显变量之间的从属关系的选定,直接指导着后续数据收集工具(问卷等)的设计。所以,建立测量模型过程中,要清晰地设定观测变量和潜变量的属性、度量。

第二节 指标体系的构建

一、问卷设计

本书遵循惯用方法——问卷调查来获取相关数据,运用结构方程模型展开实证分析。而一份高质量的调查问卷是建立结构方程模型的基本前提,本节针对城镇化与农业产业化协同发展的关联因素理论的构建与变量选择情况,整合相关理论和文献,通过设计描述新型城镇化和农业产业化协同发展关联因素的语句,供相关调查者选择,并借助相关的调查问卷进行实地调研。设计问卷之初,应明确设计问卷的原则和内容这两个方面。具体而言,一方面,问卷设计须坚持科学性、可操作性和客观性的原则：科学性体现为每一个设问均遵循李克特五级量表，对每一个问题提供的回答选项切实考虑了被调查者回答的口径宽度，做到科学有效；可操作性体现为设计的问题从多个层面覆盖了新型城镇化与农业产业化协同发展的可能影响因素，且这些问题为被调查者所熟悉，为高质量的问卷提供条件；客观性主要体现为对问题的回答应尽量避开主观影响，使问题得到客观的评价。另一方面是问卷内容，问卷所设计出的内容体现出涵盖面全而广。本书充分将上述内容考虑进了问卷设计过程中，使问卷设计以城镇化和农业产业化协同发展为中心扩散开来。

二、数据和指标的选取

为了使本书研究出来的结论更具实际性、客观性和说服力，本书选择客观确定的方法。因素分析方法因其具有独特的优点，一方面可实现指标数据的降维，有效简化指标系统；另一方面，可利用因素分析所得到的公共因素权重进一步判定衡量指标的权重且系统自动运算而生成不受主观因素的影响，因而该方法深受众多学者的青睐，本书采用此方法可使结论更加符合实际情况，更能客观科学地反映研究对象。其基本原理是依据变量相关性的大小，对原始变量进行分组而达到降维效果，结果是同一组的变量相关性相对较高，而不同组的变量相关性相对较低。该分析方法的主要原理是通过比较变量之间的相关性程度的高低，对初始变量自动划分组别，"分队"的结果便是降低维度的效果；最终的结果是"同高""异低"，即同一组的变量相关性高，而不是同一组的变量相关性低。一个组的变量对应着一个结构，且可通过一个综合变量进行表示，该综合变量就是我们说的公共因素。针对研究者的具体对象，原始变量可被降维成两个部分，分别是几个公共因素的线性函数和公共因素不相关的特殊因素。初始变量可依据作者的研究内容被统计软件降维成特殊因素（公共因素非相关）与 n 个公共因素的线性函数两个部分。

在新型城镇化、农业产业化指标的已有研究成果中，总体而言，或单一，或过于细化，或只是从理论层面上提出而不具有进行实证的可操作性，本书结合可操作性、全面性、科学性等指标选取的基本原则，根据面板数据，通过因素分析先得出新型城镇化的主因素,然后是农业产业化的主因素。最后,在前述关于新型城镇化与农业产业化之间的机理中,用问卷调查而来的数据通过 SPSS 软件分析得出相应的公共因素。

(一)新型城镇化的数据和指标选取

新型城镇化受到技术、经济和环境因素的综合作用,在提出新型城镇化的概念之前,国内外都用城镇化率(城镇人口占总人口的比重)来衡量城镇化的水平。2014 年《政府工作报告》提出新型城镇化这一概念之后,国内学者们认为传统的单一衡量指标过于强调城镇人口的比重,已经不能全面地衡量新型城镇化的真实水平,纷纷寻找新的衡量指标。

简新华、黄锟(2010)针对城镇化发展快慢问题,分别用同一收入水平下的常态城镇化水平、工业化水平和非农业化水平等几个指标进行比较,比较结果认为中国的城镇化发展水平处于滞后状态。杜帼男、蔡继明(2013)将中国衡量城镇化的主要方法——单一指标法和综合指标法进行了比较,并发现单一指标法过于单一和偏颇,不能反映真实的城镇化水平;而综合指标法虽然可以从多方位、多角度测量城镇化,但是应用性较弱,不具有普适性;因此文章提出用"市民化程度"指标计算城镇人口享受包括绿化、科技、文化等市民待遇的程度,以一标多维地来衡量城镇化水平。张丽琴、陈烈(2013)以河北省为例,构建了新型城镇化衡量因素的指标体系,从经济发展、产业发展、人口转移、基础设施建设、科技创新和制度安排角度分,多层次全方位衡量新型城镇化的水平。戚晓旭、杨雅维、杨智尤(2014)具体结合中国城镇化的进程,系统整理了 1980—2010 年中国可持续发展指标体系的变化,指出其范围界定、指标选取、静态性等不足,并在此基础上提出了改进意见和一套新的城镇化评价体系。

除上述研究外,学界不仅从定性方面对新型城镇化进行了丰富的研究,而且对新型城镇化的量化评价做了大量分析,如表 7-2 所示。

表 7-2 对新型城镇化的研究

作者	时间	研究内容
胡际权	2005 年	从经济集约化、社会和谐、生态环境保护和建设等几个方面构建了新型城镇化的评价体系,对我国城镇化水平进行了预测,并针对不同层次、不同区域的城镇,提出了我国新型城镇化的推进方式

续表

作者	时间	研究内容
吴江等	2010年	从经济发展、产业发展、人口转移、科技创新、基础设施、制度环境等方面选取了12个指标构建了重庆新型城镇化路径选择影响因素与机理的指标体系
孙雪	2012年	从城市发展动力、城乡发展质量、城乡发展公平等三个方面构建了评价新型城镇化的指标体系
刘静玉等	2012年	从经济发展、社会发展与环境资源等三个准则层对新型城镇化构建了21个指标，分析了河南省新型城镇化的空间格局演变
田静	2012年	从城镇化发展动力系统、城镇化发展质量系统、城镇化发展公平系统3大系建立了8项子目标、45个指标的新型城镇化评价指标体系
张向东	2013年	结合河北省城镇化发展的实际，从基础设施、经济发展、人口城镇化、等6个维度设计了包括27个操作指标的新型城镇化水平测度指标体系
牛文元	2012年	从基础实力、经济规模指数和制度建设等8个方面构建了21个变量、50个要素的中国新型城市化评价指标体系,并依据该指标体系对我国50所城市进行评价排名
田静	2012年	从经济高效、水平提高、功能完善、环境友好、资源节约、城乡统筹、社会和谐、管理有序八个方面，对指标体系进行优化，但未进行实例验证
牛晓春	2013年	从人口城镇化、经济城镇化、居民生活质量、基础设施建设、生态环境建设、城乡统筹发展方面进行了研究
曾志伟	2012年	从社会、经济和环境保护方面建立了新型城镇化新型度的评价指标体系，并对环长株潭城市群进行评价分析
郝华勇	2012年	分别建立的新型城镇化和新型工业化的评价指标体系，采用熵值法对我国30个省（自治区、直辖市）新型城镇化和新型工业化的协同发展进行评价；从经济集约、社会和谐、环境友好、城乡统筹等方面建立新型城镇化评价指标体系
卫言	2011年	采用因素分析方法，对四川省的新型城镇化发展状况进行评价分析，从而提出相应的发展策略
袁翠仙	2010年	采用层次分析方法，对江西省的新型城镇化发展状况进行评价分析，从而提出相应的发展策略

本书在整合已有研究成果的基础上，结合指标选取的基本原则，提出关于新型城镇化的评价指标，采用《吉林省统计年鉴》2006—2015年的面板数据，通过 SPSS 软件对吉林省城镇化的评价指标（表7-3）进行因素分析。

表 7-3　指标选取的来源

代表作者	部分指标
王健等[1]、梁静溪等[2]、田静[3]	第二、第三产业增加值在全省 GDP 的比重
梁静溪等[2]	社会固定资产投资
孙雪等[4]、田静[3]、张向东等[5]	互联网宽带接入户数
田静[3]、王博宇等[6]	城镇人口增长率
王健等[1]	城镇职工参保人数
梁静溪等[2]	每万人拥有卫生机构床位数

1. 检验是否适合进行因素分析

本问卷拟采用验证性因素分析的方法对量表的内容效度进行测量。首先，在因素分析之前，要做 KMO（Kaiser-Meyer-Olkin）检验（KMO 检验统计量是用于比较变量间简单相关系数和偏相关系数的指标，主要应用于多元统计的因素分析）和巴特莱特球体检验来判断量表做因素分析是否适合，KMO 样本的判断依据，还需要巴特莱特球体检验的统计值的显著概率＜0.001 才可以做因素分析。本书运用主成分分析方法进行因素分析，按照特征值＞1 和最大方差方法对题项进行正交旋转进行因素抽取。当某测量题项的因素载荷＜0.5 时，删除该测量项目，反之，符合效度要求。将整理得出的面板数据输入 SPSS 软件，运算结果如表 7-4 所示，可知 KMO 值为 0.682，大于 0.6（KMO 统计量取值在 0 和 1 之间。当所有变量间的简单相关系数平方和远远大于偏相关系数平方和时，KMO 值接近 1。KMO 值越接近 1，意味着变量间的相关性越强，原有变量越适合做因素分析。当所有变量间的简单相关系数平方和接近 0 时，KMO 值接近 0。KMO 值越接近于 0，意味着变量间的相关性越弱，原有变量越不适合做因素分析），并且巴特莱特

表 7-4　KMO 检验和巴特莱特球体检验 1

取样足够度的 KMO 度量		0.682
巴特莱特球体检验	近似卡方	56.336
	DF	15
	Sig.	0.000

球体检验的 Sig.值为 0.000（＜0.05），根据 KMO 检验和巴特莱特球体检验的结果，可判断本书所选的变量指标采用因素分析进行降维是符合条件的。

2. 提取公共因素

通过 SPSS 软件的运算，结果显示，第一、第二成分的初始特征值分别是 4.191 和 1.439，显然均大于 1。从表 7-5 中可知：2 个公共因素可获得原始变量的 93.831% 的累计贡献率。综上，此 2 个公共因素可解释约 94%的总方差，结果颇为理想。

表 7-5　解释的总方差 1

成分	初始特征值			提取平方和载入			旋转平方和载入		
	合计	方差比率/%	累计比率/%	合计	方差比率/%	累计比率%	合计	方差比率/%	累计比率%
1	4.191	69.843	69.843	4.191	69.843	69.843	3.110	51.831	51.831
2	1.439	23.989	93.831	1.439	23.989	93.831	2.520	42.000	93.831
3	0.211	3.515	97.346						
4	0.120	1.993	99.340						
5	0.036	0.605	99.944						
6	0.003	0.056	100.000						
提取方法：主成分分析									

由表 7-6 可知，本书的 6 个变量的共性方差除每万人拥有卫生机构床位数

表 7-6　公共因素方差 1

指标	初始	提取
第二、第三产业增加值比重	1.000	0.946
社会固定资产投资	1.000	0.973
互联网络宽带接入用户	1.000	0.973
每万人拥有卫生机构床位数	1.000	0.887
城镇人口增长率	1.000	0.924
城镇职工参保人数	1.000	0.927
提取方法：主成分分析		

为 0.887 外,其余指标的共性方差值均大于 0.9,6 个变量的共性方差均大于 0.5,表明所提取的两个公共因素不仅反映了初始变量的绝大多数信息,而且效果颇佳。

3. 因素载荷分析

运用 SPSS 软件对吉林省在 2007—2015 年的相关指标进行分析,我们得出城镇化包括两个公共因素,由表 7-7 可知,指标中城镇人口增长率(0.953)、每万人拥有卫生机构床位数(0.942)和互联网宽带接入用户(0.737)在因素 1 上有较大的载荷,这 3 个指标反映了人口及基础设施情况,因此将因素 1 命名为人口-基础设施城镇化;指标中城镇职工参保人数(0.939),第二、第三产业增加值比重(0.793)和社会固定资产投资(0.752)在因素 2 上有较大的载荷,这 3 个指标反映了城镇经济水平,因此将因素 2 命名为经济城镇化。

表 7-7 旋转成分矩阵 1

指标	成分	
	1	2
城镇人口增长率	0.953	0.123
每万人拥有卫生机构床位数	0.942	
互联网宽带接入用户	0.737	0.355
城镇职工参保人数	−0.214	0.939
第二、第三产业增加值比重	0.464	0.793
社会固定资产投资	0.238	0.752
提取方法:主成分分析		
旋转法:具有 Kaiser 标准化的正交旋转法		
旋转在 3 次迭代后收敛		

(二)农业产业化指标的选取

针对农业产业化评价指标研究方向,国内已取得一定的研究成果,其中以定性研究居多,实证分析较少。实证研究的作者有李豫新、付金存,他们从生产规模(年末实有耕地总资源、有效灌溉面积、农业机械总动力)、加工水平、营运能力、销售能力与利益联结紧密度(订单农业所占的比重)对兵团农业产业化进行了实证研究[7]；李静、高继宏从生产规模化指标（农村人均农业总产值、农村人均用电量）、产业一体化指标、经营市场化指标、农业科技化指标、产出优化指标对新疆绿洲农业产业化进行了实证研究[8]；覃业玲提出了五个指标：规模指标——人均农作物播种面积、科技指标——人均农业机械总动力、结构指标——农业产值所占的比重、市场指标——农产品商品率、效益指标——人均农业产业值[9]。

在借鉴上述部分学者的研究成果的背景下，结合指标选择的原则，我们构建农业产业化的指标有：① 播种面积。② 全年粮食总产量。③ 较大规模的农业产业化经营组织。④ 互联网宽带接入用户。⑤ 全省农机总动力。⑥ 单位面积粮食产量。⑦ 消费品零售总额。

1. 检验是否适合进行因素分析

根据 2006—2015 年的吉林农村网和《吉林省统计年鉴》获取面板数据，通过 SPSS 软件进行运算，得出农业产业化的 KMO 和巴特莱特检验结果见表 7-8，其 KMO 值为 0.678（＞0.6），并且巴特莱特球体检验的 Sig. 值为 0.000（＜0.05），可知，本书选取的变量指标符合因素分析的前提条件，且效果颇佳。因此进行因素分析是适合的。

表 7-8　KMO 检验和巴特莱特球体检验 2

取样足够度的 KMO 度量		0.678
巴特莱特球体检验	近似卡方	113.062
	DF	21
	Sig.	0.000

2. 提取公共因素

原始变量通过 SPSS 软件进行因素分析后得到的解释的总方差见表 7-9，可知，原 7 个初始变量中被软件系统提取出了 2 个公共因素：第一成分初始特征值是 5.229，第二成分初始特征值是 1.358，均大于 1，同时，被提取的 2 个公共因素可得到约 94.096% 的累计贡献率，意味着被提取的 2 个公共因素可解释约 94% 的总方差。整体而言，结果颇佳。

表 7-9 解释的总方差 2

成分	初始特征值			提取平方和载入			旋转平方和载入		
	合计	方差比率/%	累积比率/%	合计	方差比率/%	累积比率/%	合计	方差比率/%	累积比率/%
1	5.229	74.701	74.701	5.229	74.701	74.701	5.223	74.615	74.615
2	1.358	19.395	94.096	1.358	19.395	94.096	1.364	19.481	94.096
3	0.372	5.319	99.416						
4	0.033	0.474	99.890						
5	0.007	0.100	99.990						
6	0.000	0.005	99.996						
7	0.000	0.004	100.000						

提取方法：主成分分析

由表 7-10 结果可知，有 2 个变量的共性方差在 0.8 以上，5 个大于 0.9，即 7 个变量的共性方差均大于 0.5，表示本书提取的 2 个公共因素在反映原始变量所有信息方面效果佳。

表 7-10 公共因素方差 2

指标	初始	提取
较大规模的农业产业化经营组织	1.000	0.990
互联网宽带接入用户	1.000	0.814
消费品零售总额	1.000	0.843
无公害农产品、绿色食品、有机农产品销售额	1.000	0.989
农产品加工业销售收入	1.000	0.986
播种面积	1.000	0.976
全省农机总动力	1.000	0.987

提取方法：主成分分析

3. 因素载荷分析

运用 SPSS 软件对吉林省 2006—2015 年的相关指标进行分析，得出旋转成分矩阵,如表7-11所示,我们可知,较大规模的农业产业化经营组织,无公害农产品、绿色食品、有机农产品销售额,全省农机总动力,农产品加工业销售收入和播种面积有较大载荷,这5个指标反映了农业产业化生产、加工、销售的各个方面,因此将因素1命名为产业一体化。因素2在互联网宽带接入用户与消费品零售总额有较大载荷,这2个指标反映了市场规模,由此将因素2命名为市场规模。

表7-11 旋转成分矩阵2

指标	成分	
	1	2
较大规模的农业产业化经营组织	0.995	
无公害农产品、绿色食品、有机农产品销售额	0.995	
全省农机总动力	0.993	
农产品加工业销售收入	0.992	
播种面积	0.976	-0.153
消费品零售总额	0.313	0.863
互联网宽带接入用户	0.473	-0.769
提取方法:主成分分析 旋转法:具有Kaiser标准化的正交旋转法		
旋转在3次迭代后收敛		

(三)协同指标的选取

1. 吉林省城镇化和农业产业化协同发展评价指标体系的建立

概念模型的构建。城镇化和农业产业化的协同发展是城镇化的各个层面的影响要素相互作用的过程。从新型城镇化与农业产业化协同发展的机理内容中,我们概括出新型城镇化与农业产业化协同发展主要体现在四个方面:剩余劳动力、物质(技术)、农产品市场的大小和农民增收。提出了具体的指标之后,这些指标又被命名:X_1为物质技术(城镇化-农业产业化,U-A),X_2为物质支撑(农业产业化-城镇化,A-U),X_3为人口城镇化,X_4为新增城镇人口,X_5为产业化富农,X_6为城镇化富农,X_7为城镇化开拓市场,X_8为产业化挖掘市场。据协同机理及这 8 个评价指标，我们设计出问卷并在 260 位相关人员的帮助下完成了调查，得到的有效问卷 197 份。

（1）检验是否适合进行因素分析。

对所选 8 个指标进行因素分析，结果 KMO 值为 0.789，大于 0.6，并且巴特莱特球体检验的近似卡方为 424.250，卡方统计值显著性 Sig.是 0.000，小于 0.05，因而主成分分析适用于此处。

由表 7-12 可知，共性方差在 0.5 判定标准之上的有 8 个变量，表示本书选取的新型城镇化指标可被提取 2 个公共因素，原始变量的多数信息也被较好地反映。

表 7-12　公共因素方差 3

指标	初始	提取
物质技术（U-A）	1.000	0.532
物质支撑（A-U）	1.000	0.667
人口城镇化	1.000	0.711
新增城镇人口	1.000	0.688
产业化富农	1.000	0.686
城镇化富农	1.000	0.845
城镇化开拓市场	1.000	0.887
产业化挖掘市场	1.000	0.605
提取方法：主成分分析		

（2）提取公共因素。

由表 7-13 可知，70.261%是前两个公共因素的累计方差贡献率，一般来讲，软件系统自动提取出的前 n 个因素，应该使前 n 个因素的累计方差贡献率大于 80%，从理论层面讲，前 4 个因素应该被提取，但可能因为第 3、第 4 个因素比前两个因素的方差贡献率小得多，软件自动提取了前两个因素。综上，本书尊重软件自动提取的结果——两个公共因素。这两个公共因素基本保留了原始指标的信息，使原来的 8 个指标变成 2 个公共因素，达到降维的效果。

表 7-13 解释的总方差 3

成分	初始特征值			提取平方和载入			旋转平方和载入		
	合计	方差比率/%	累积比率/%	合计	方差比率/%	累积比率/%	合计	方差比率/%	累积比率/%
1	4.080	51.003	51.003	4.080	51.003	51.003	3.016	37.706	37.706
2	1.541	19.258	70.261	1.541	19.258	70.261	2.604	32.555	70.261
3	0.700	8.756	79.016						
4	0.491	6.140	85.156						
5	0.457	5.714	90.870						
6	0.325	4.063	94.933						
7	0.269	3.368	98.301						
8	0.136	1.699	100.000						
提取方法：主成分分析									

通过 SPSS 软件的处理，得出主成分系数矩阵，见表 7-14。

表 7-14 主成分系数矩阵

指标	成分	
	1	2
产业化富农	0.825	
人口城镇化	0.760	−0.365
产业化挖掘市场	0.727	0.277
物质技术（U-A）	0.724	
城镇化富农	0.723	0.567
新增城镇人口	0.683	−0.471
物质支撑（A-U）	0.638	−0.511
城镇化开拓市场	0.612	0.716
提取方法：主成分分析		

（3）因素载荷分析。

表 7-15 是利用 SPSS 软件采用最大方差法旋转而得到的结果，可知成分 1

（公共因素 1）在新增城镇人口、物质支撑（A-U）、人口城镇化、产业化富农和物质技术（U-A）上有较大载荷量，这 5 个指标是新型城镇化和农业产业化在劳动力、技术、物质层面的支撑要素，因此将公共因素 1 命名为物质技术层；成分 2（公共因素 2）在城镇化开拓市场、城镇化富农和产业化挖掘市场上有较大载荷量，开拓市场就会创造一定的经济价值，因此我们把公共因素 2 命名为市场经济层。

表 7-15 旋转成分矩阵 3

指标	成分 3	
	1	2
新增城镇人口	0.825	
物质支撑（A-U）	0.817	
人口城镇化	0.815	0.214
产业化富农	0.678	0.475
物质技术（U-A）	0.608	0.403
城镇化开拓市场		0.942
城镇化富农	0.184	0.901
产业化挖掘市场	0.375	0.681
提取方法：主成分分析		
旋转法：具有 Kaiser 标准化的正交旋转法		
旋转在 3 次迭代后收敛		

三、理论模型设计及假设

（一）理论模型的构建

探讨二者内在的关联因素存在的逻辑联系是对新型城镇化与农业产业化协同发展研究展开实证分析的基础，构建新型城镇化与农业产业化的概念模型，从而为下文的新型城镇化与农业产业化协同发展的结构模型构建、模型的运算、检验及结果分析打下基础。概念模型的设计并不是凭空产生的，它需要很强的理论支撑,尤其是采用结构方程进行实证分析。关于新型城镇化与农业产业化协同发展的机理已在前文进行分析,在此,本部分以该机理为依据构建潜变量,设计出新型城镇化与农业产业化协同发展的理论模型,如图7-1所示。

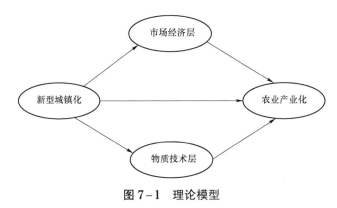

图7-1 理论模型

(二)提出假设

从前述的协同发展机理分析和指标选取中,我们共概括了4个因素(潜变量):城镇化水平(F_3)、物质技术层(F_1)、市场经济层(F_2)和农业产业化发展程度(F_4)。从前述指标的因素分析中,可知城镇化水平的影响要素主要来源于人口-基础城镇化和经济城镇化两个方面,农业产业化发展程度的主要因素来源于产业一体化和市场规模两个方面。

综上,根据前文新型城镇化与农业产业化协同发展的分析,我们设计出理论模型,结合对上述潜变量选择的一些说明,对其路径做出以下假设。

H_1:新型城镇化水平越高,农业产业化发展程度就越高。

H_2:市场经济层对农业产业化发展程度有正向影响。

H_3:物质技术层对农业产业化发展程度有正向影响。

H_4:新型城镇化对市场经济层有正向影响。

H_5:新型城镇化对物质技术层有正向影响。

四、信度与效度检验

在实证研究中,信度和效度检验是其必要内容,因为只有满足了一定的信度和效度，实证研究得出的结果才具有信服性。同样，针对本书研究，需要对收集的数据进行信度和效度的检验。

（一）信度检验

信度这个概念最早是由斯皮尔曼在 1904 年提出的，是指使用相同的研究方法来反复测量调查对象，得到相同研究结果的可能性。信度反映量表的可靠性或稳定性，一个量表的信度越高，说明量表越稳定，采用该量表测试或调查的结果就越可靠和有效。

Cronbach's Alpha 系数法是学术界较常用的检验信度的方法。大多数学者的观点是系数越大越好。本书通过问卷调查共获得 260 份有效问卷，将其数据输入 SPSS 软件进行信度检验，运算得到的总量表显示标准化下 Cronbach's Alpha 系数为 0.858，表明本书选取的衡量新型城镇化与农业产业化协同发展的数据信度比较高。

（二）效度检验

除了要检验量表的一致性信度外，还应该对量表进行效度分析，信度和效度有着密切的联系，是经常一起使用的，目的是检验测量工具是否能有效测量。

效度是指测量值与真实值的接近程度。测量值的效度越高，越说明测量的结果能够表示出与真实的结果相近。效度一般分为内容效度、效标关联效度、结构效度三类。结构效度测度法因其科学合理而成为各学者经常使用的方法，本书也采用该测度方法，即利用新型城镇化与农业产业化协同发展的理论模型与 AMOS 软件运行的数据的拟合的适配度来进行检验。主要指标 CMIN/DF（卡方自由度比）、NFI（规准适配指数）、AIC（信息效标）、CFI（比较适配指数）、GFI（适配度指数）、RMSEA（渐进残差均方和平方根，其概念为非集中化参数）、RMR（残差均方和平方根）。

从表 7-16 中我们可知，通过 AMOS 软件对收集的数据实施验证性分析，依据其运算结果，本书的模型拟合指标均在标准范围内，这说明本书所构建的概念模型有较为理想的区分效度，具有科学可靠的良好结果，所选取的 4 个潜变量达到了合理恰当的效果。

表7-16 模型拟合指标

拟合指标	CMIN/DF	NFI	AIC	CFI	GFI	RMSEA	RMR
检验参考	Wheatonetal（1987）	Bentler 和 Bonett（1980）	Akaike（1987）	Bentler（1988）	Bentler（1983）	Browne 和 Cudek（1993）	Stevens（1996）
参照标准	小于5	大于0.9	越小越好	大于0.9	大于0.9	小于0.1	小于0.5
本书指标值	1.148	0.980	61.776	0.997	0.987	0.024	0.046
适配是否合理	合理	合理	合理	合理	合理	合理	合理

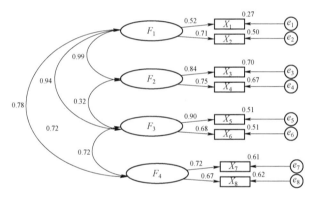

图7-2 验证性因素分析输出结果

另外，由图7-2可知，样本数据得到了顺利地运行，路径关系清晰明了，从其模型运行结果可知成功地验证了多数假设，路径设计也合理，显示了较好的效果。

五、结构方程模型分析与假设检验

在信度与效度检验通过之后，本书通过 AMOS 软件，采用极大似然估计法对模型进行拟合适配度和路径系数进行评估，对假设进行检验。

（一）构建结构方程模型

路径图是 AMOS 软件中展现结构方程模型的方式。AMOS 软件中"→"表示箭尾指标对箭头指标的影响，"↔"表示变量间的相互作用关系。通过前文的因素分析，模型共涉及 4 个潜变量，8 个观测变量，由此构建结构方程模型路径及其参数如图 7-3 所示。

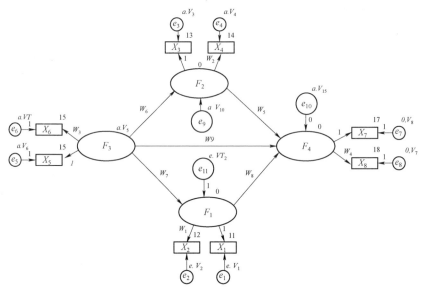

图 7-3　结构方程模型路径及其参数

（二）结构方程模型的初步估计与评价

关于结构方程模型的评价，各位学者所使用的方法并不完全相同，但其主要指标是一致的，本书主要从基本的适配标准和整体模型的适配度两个方面来检验整体理论模型。

1. 基本的适配统计量

将前述结构模型输入 AMOS 软件，从问卷调查的数据对模型进行验证的结果来看，除 X_2 的因素负荷量略低于 0.5 外，其他观测指标的负荷量均为 0.5～0.95，即达到标准状态；估计参数误差方差均大于零，各指标达到显著水平。由此可见，本书所提出的理论模型达到基本的适配标准。

2. 整体的模型适配度

衡量整体模型拟合指标的指标主要有三个：绝对拟合度指标、相对拟合度指标、简约拟合度指标。AMOS 软件运行的整体模型适配度的统计量显示，卡方值为 171.333，显著性概率值 p=0.000，小于 0.005，说明本书的理论模型并没有与实际数据达成契合。再从其他适配度指标来看，CMIN/DF 值为 11.422、NFI 值为 0.747、AIC 值为 229.333、CFI 值为 0.760、GFI 值为 0.875、RMSEA 值为 0.198、RMR 值为 0.220，评价指标未达到满足模型可以适配的标准状态。初始因果模型有较好的内在质量，不过外在质量不够理想，结果是整体模型适配度无法与实际数据适配。对结构方程模型进行的初步估计并没有取得理想效果，不过，Hatcher（1994）曾总结道，模型只通过一次运算而拟合较好的情况并不多见，也就是说没能一次拟合成功是比较常见的，其可能的原因有两个方面：其一是构建的概念模型存在一定的问题；其二是问卷数据的偏差问题。故针对初始模型拟合不理想的情况，有必要进行修正，并再次进行分析。

结构方程模型路径运行结果，如图 7-4 所示。

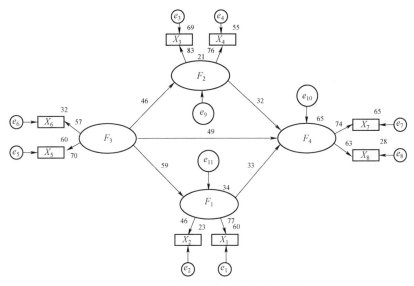

图 7-4　结构方程模型路径运行结果

（三）模型的修正与分析

当模型进行参数估计后，发现假设理论模型与观察数据的适配度不佳，研究者可能对模型进行适当修正，修正的最终目标是模型适配度的改善。模型修正就是所谓的模型界定，即对模型增列或者删除某些参数；针对初始理论模型进行局部修改或调整，以实现提高假设模型的适配度的目的，此步骤称为模型修正。

本书参考修正指标值显示且在不违背经验法则与 SEM 的假定的情况下，修正后，点击"进行估计值"图像钮，模型可以收敛识别。上述拟合指标的适配度欠佳，根据修正指标的提示，同时结合理论基础进行修正后，结果见表 7-17，可知新型城镇化与农业产业化协同发展的概念模型与数据取得了较好的拟合，并且结构效度也较好。

表 7-17 模型拟合指标

拟合指标	CMIN/DF	NFI	AIC	CFI	GFI	RMSEA	RMR
参照标准	小于 5	大于 0.9	越小越好	大于 0.9	大于 0.9	小于 0.1	小于 0.5
修正后	4.760	0.902	110.644	0.919	0.942	0.119	0.132
拟合情况	非常好	非常好	好	非常好	非常好	基本可接受	非常好

从表 7-17 中我们可知，通过 AMOS 软件对收集的数据进行验证性分析，从运算结果来看，模型的拟合指标均符合参照标准，因此本书所提出的概念模型的区分效度较好，具有科学可靠的效果，潜变量的选取是合理恰当的。

（四）结构方程模型分析

结构方程模型分析的重要一部分是路径系数估计，而系数估计也是分析研究问题的主要内容，因此本书依据量化研究方法与软件应用方面的资深专家吴明隆的观点，对路径进行检验，据此展开相应分析。t 值检验法是较为通用的方法（临界比值是用参数估计值除以估计值标准误差所得，相当于检验值），其标准线有 3 个：① 当 t 值的绝对值大于 1.66 时，表明检验结果达到 0.1 显著水平；② 当 t 值的绝对值大于 1.96 时，达到 0.05 显著水平；③ 当 t 值的绝对值大于 2.62 时，达到 0.01 显著水平，路径依赖是存在的，假设得到验证。假如 t 值没能达到 1.66，则该条路径的系数是不显著的，假设不可被接受。若显著性的概率值小于 0.001，则 p 值以 "***" 符号表示；若显著性的概率大于 0.001，则 p 值会直接呈现其数值大小。

本书通过 AMOS 软件运算得到的路径系数如表 7-18 所示，可知在极大似然法估计下各路径系数值，参照 t 值检验法可知各个路径依赖是符合被接受的要求的，且根据标准化系数可知，路径依赖存在不仅具有科学性还富有合理性。从

表 7-18 所显示的运算结果来看，本书前述的假设均通过检验。

表 7-18 结构模型路径估计及检验

路径			Estimate（非标准化）	Estimate（标准化）	S.E.	C.R.（t 值）	p	检验
F_2	←	F_3	0.367	0.378	0.103	3.572	***	通过检验
F_1	←	F_3	0.500	0.581	0.109	4.594	***	通过检验
F_4	←	F_2	0.411	0.385	0.091	4.526	***	通过检验
F_4	←	F_1	0.442	0.367	0.230	1.919	0.055	通过检验
F_4	←	F_3	0.447	0.432	0.147	3.045	0.002	通过检验

（五）结果分析与假设检验

本章用结构方程模型验证了本书的核心主旨，即新型城镇化与农业产业化的协同发展关系，得出以下结论。

实证结果表明，新型城镇化对农业产业化有显著直接正向影响。城镇化的发展带来的规模经济与外部经济，使物质、技术、人才、资金等要素在城乡之间的流动性增强，使城乡成为一体，分工与合作并行，互利双赢，实现协同发展；从经济结构的角度讲，最关键的是使产业升级有了新进展，加快了第一产业与第二产业、第三产业的协同发展，因此假设 H_1 得到了有效支持。

实证结果表明，物质技术、市场经济等方面要素对农业产业化发展有显著的正向影响作用。一方面，农业产业化的各个环节离不开物质技术的支持，尤其是当代已成为互联网的科技信息化时代，农业产业化应与时俱进，充分利用信息化带来的有利资源，使农业资源被充分挖掘，进而使产品占有更高的市场份额；另一方面，农业产业化创造价值应进入市场才能得以展现，实证表明，市场对产品具有一定的容纳能力和消费能力。因此假设 H_2、H_3 得以验证。

实证表明，新型城镇化对物质技术层、市场经济层有显著直接正向影响。农业剩余劳动力的转移会受到城镇化发展的正向影响，此影响的结果是更加有利于农业规模化生产，为农业产业化的生产夯实了基础；提供相应的物质技术，如农业生产所需的基础设施、先进的机械用具和优质的化肥农药等农用物资，同时还包括人才、技术、资金等各种优质要素;城镇化水平的提升将会刺激消费,进而为农业产业化带来更多市场需求,如产业转型、城镇人口的增多、劳动力需求增多。因此,假设 H_4、H_5 得以验证。

(六) 模型效应分析

依据吴明隆的研究结论,标准化回归系数值也就是各个变量间的路径系数,标准化直接效果值等于此路径系数。直接效果值主要指内因或外因变量到结果变量的直接影响。间接效应与直接效应不同,它意味着从外因变量起经过 $n(n\geq 1)$ 个中介变量后对结果变量的非直接影响,用经过的路径系数的乘积之和来衡量其效应的大小。

从表 7-18 中可知,$F_2 \leftarrow F_3$、$F_1 \leftarrow F_3$、$F_4 \leftarrow F_2$ 的路径系数依次为 0.38、0.58、0.39;C.R.依次为 3.572、4.594、4.526,均大于 1.96;显著性的概率值 p 均小于 0.001,可以得出 $F_2 \leftarrow F_3$、$F_1 \leftarrow F_3$、$F_4 \leftarrow F_2$ 显示出较强的依赖性,从结构方程分析结果来看,H_4、H_5、H_2 得到支持,即新型城镇化发展水平对物质技术层、市场经济层有显著的正向影响,物质技术层对农业产业化发展程度有显著的正向影响,这与前述新型城镇化与农业产业化协同发展机理吻合。也就是说,一方面新型城镇化的发展水平对物质技术层的影响是正向的;另一方面新型城镇化的发展水平对市场经济层也有着正向的影响,而同时物质技术层的要素会对农业产业化发展程度带来正向的促进作用,农业产业化发展程度受到来自新型城镇化通过市场经济层要素的正向促进效应。$F_4 \leftarrow F_1$ 的路径系数为 0.37;C.R.为 1.919,大于 1.66,表明达到 0.05 显著水平。$F_4 \leftarrow F_3$ 的路径系数为 0.43,C.R.为 3.045,H_2、H_1 得到支持,即从结构方程分析来看,市场经济层对农业产业化发展程度影响显著,新型城镇化水平对农业产业化发展程度的影响是显著的。

在路径分析中,变量间的影响效果包含直接效果和间接效果,两者的效果总含量合称为外因变量对内因变量影响的总效果值。直接效果的中间没有中介变量。间接效果乃是预测变量对效标变量的影响,需要通过一个以上的中介变量。间接效果值的强度大小等于所有直接效果的路径系数相乘所得的积,即直接效果值的连乘积的数值大小表示间接效果值,所有间接效果路径的总和为总间接效果值。

本书构建的模型经修正后变量间的直接影响效果可从路径图中直接获得,根据结构模型,新型城镇化对农业产业化是间接和直接并行的。其间接影响路径为:① F_3(新型城镇化)-F_2(物质技术层)-F_4(农业产业化)。② F_3(新型城镇化)-F_1(市场经济层)-F_4(农业产业化)。其影响效果值为 $0.38 \times 0.39 + 0.58 \times 0.37 = 0.3628$。因此,总影响效果值等于直接影响效果值与间接影响效果值的相加值,即 $0.43 + 0.3628 \approx 0.79$。

参考文献

[1] 王健,李爱兰. 新型城镇化与农业产业化关系的实证研究——以石家庄市为例 [J]. 产业与科技论坛,2014(16):16-18.

[2] 梁静溪,朱芳芳. 黑龙江省新型城镇化发展水平实证研究 [J]. 北方经贸,2014(4):23-24.

[3] 田静. 新型城镇化评价指标体系构建 [J]. 四川建筑,2012(4):47-49.

[4] 孙雪,杨文香,何佳. 新型城镇化测评指标体系的建立研究 [J]. 地下水,2012(2):124-126.

[5] 张向东,李昌明,高晓秋. 河北省新型城镇化水平测度指标体系及评价[J]. 中国市场,2013(20):76-79.

[6] 王博宇,谢奉军,黄新建. 新型城镇化评价指标体系构建——以江西为例 [J]. 江西社会科学,2013(8):72-76.

[7] 李豫新,付金存. 区域农业产业化发展评估指标体系的构建与应用——基于新疆兵团的实证分析 [J]. 干旱区地理,2012(4):656-662.

[8] 李静,高继宏. 新疆城镇化与绿洲农业产业化协同发展关系的实证研究——基于 VAR 模型的计量分析 [J]. 华东经济管理,2013(7):72-78.

[9] 覃业玲. 农业产业化促进农民增收的实证研究 [D]. 长沙:湖南大学,2013.

第八章　吉林省特色城镇化与农业产业化协同发展模式

第一节　协同发展模式分析

商品生产基地、龙头企业、支柱产业和市场群落是农业产业化经营的四个支撑点，四者相互联系、相互依赖、相互促进，为产业集聚、人口集中和城市化的协同推进创造了条件，共同推动着自下而上城镇化的进展[1]。综观区域实践，农业产业化与城镇化的协同发展模式有以下三种核心类型。

一、龙头企业模式

龙头企业是农业产业化的中心环节，起着承上启下、组织引导、增值和与市场对接的作用。龙头企业外联国内外市场，内联千家万户，具有开拓市场、引领生产、深化加工和提供服务的功能，是沟通城乡间、工农间的最佳桥梁。顺应产品多元化发展的趋势，培育多个龙头企业，形成龙头企业相互竞争的群体效应。通过龙头企业的纵向延伸，即延伸产业链条，推进产业升级和拉动城镇建设；龙头企业的横向拓展，即组建企业集团，带动相关产业，以扩大城镇规模[2]。这样，经济要素的集聚和扩散得以充分实现，促进农业产业化、市场化、国际化和农村城市化的发展。

二、市场网络模式

农村市场演进的基本规律：① 由周期性市场向每日市场过渡，季节性市场向常年性市场过渡，临时性市场向固定性市场发展。② 集贸市场向综合市场过渡，综合市场又向专业市场过渡；零售市场向批发市场或批零兼营市场过渡，现货交易向期货交易发展，要素市场逐渐增多。③ 市场区扩展，各种分散的市场向紧密联系、相互分工又相互促进的市场群落发展，市场群落向商业城镇发展，传统集镇向现代贸易中心演进[1]。专业市场—市场群落—专业城镇协同发展，逐步形成以市场网络为主导的城镇化与产业化协同发展模式。

三、专业区域模式

专业区域模式，也称之为块状经济模式。是以现有城镇为支点，城镇间功能分工、产业分流，城乡间产业同构、产品分流。各城镇依功能分工形成各具特色的主体产业群。同一主体产业则依环节分解在不同城镇之间，显现出不同的特色内容。从区域角度来说，这种城镇间的分工层次愈多、愈细、愈分明，且彼此间又有一定的相关性，所形成的布局组合结构就愈具有强立体式辐射功能。

第二节 吉林省农村城镇化与农业产业化协同发展模式构建

农村城镇化与农业产业化的协同发展，作为一项系统性工程，包括两层含义：一是农村城镇化和农业产业化按各自进程持续、稳定发展，才能夯实两者协同发展的基础；二是两者在发展过程中彼此联系、互相促进，才能实现高水平、深层次的协同发展。因此，强化区域性城镇体系建设、强化农业龙头企业的培育、强化配套制度改革，是构建农村城镇化与农业产业化协同发展的必然选择。

一、强化区域性城镇体系建设，提升农村城镇化水平

我国作为一个发展中国家，同时也是农业大国，农村城镇化整体水平不高，城镇化发展空间巨大，但城镇化发展水平和速度要与农业发展相适应，不能以牺牲农业和农民利益为代价，否则会影响经济、社会的协同发展和可持续发展。要实现城乡统筹发展，必须强化吉林省区域性城镇体系的建设，特别要利用城镇化

发展成果装备现代农业，提升城镇对农村和农业的服务功能，推进农业产业化发展。只有这样，农业的发展才能为农村城镇化发展提供更广阔的空间、更扎实的基础。首先，要利用现有城市强化区域性城镇体系建设。作为特定地域范围内政治、经济、文化中心，城市具有人口相对集中、交通相对发达、现代化程度较高等特征。在市场化条件下，城市通过与周边地区的物质、信息、能量的交换，成为区域范围内具有较强凝聚力、较强辐射力的经济增长极。事实证明，城市越发达，其对周边地区的凝聚力和辐射力越强，对周边地区的经济拉动作用也越强。因此，要在现有城市的基础上，根据其在地理、产业、人才等方面的优势，强化区域性城镇体系的建设，以强化现有城市的增长极功能，这是实现农村城镇化与农业产业化协同发展的基础。其次，要培育小城镇，强化区域性城镇体系建设。城镇体系建设受各方面因素的影响，农民的文化素质、劳动技能普遍不高，加上资本积累较少、社会资源不足、信息不充分等因素的影响，农村劳动力进入大城市不仅难度较大，而且成本较高。在农村人口相对集中、地理位置较优越、经济相对较发达的地区培育小城镇，尽管规模不大，但可以发挥"星星之火可以燎原"的功效。特别是小城镇接近农村，生活成本低廉，农民可以就地实现非农就业。在培育小城镇的同时，要强化小城镇在农业产业化发展中的市场功能和服务功能。

二、强化农业龙头企业的培育，提高农业产业化水平

在农业产业化进程中，龙头企业扮演着重要角色：作为联系农户与市场的桥梁，龙头企业具有生产引导、市场拓展、技术转化、销售服务、品牌培育等功能。强化农业龙头企业的培养，首先要强化对龙头企业的政策扶持，构建以龙头企业为动力、以农村合作组织为载体、由广大农户参与的农业产业化经营模式。其次，要通过企业并购、承包经营、租赁经营、参股控股等途径，扩大农业产业化规模，提高农业产业化水平。同时，要通过完善企业法人治理模式、创新生产技术和营销手段，提高企业的经营管理能力和市场竞争能力。再次，要根据本地区在产品特色、地理特色、文化底蕴等方面的优势，结合城镇化发展的需要，在科学规划、合理布局的基础上，鼓励、引导龙头企业向农村城镇集聚，鼓励、引导龙头企业采用新技术、新工艺，鼓励、引导龙头企业实施标准化生产、提高质量管理的水

平，通过集约利用当地的资源条件，培育独具地方特色的产业品牌。总之，只有通过强化对农业龙头企业的培育，才能更好地发挥龙头企业在农业产业化进程中的生产引导、市场拓展、技术转化、销售服务、品牌培育等功能，才能真正提升农业产业化水平，才能为农村城镇化的持续、健康发展提供原动力，夯实两者协同发展的基础。

三、强化配套制度改革，化解协同发展的约束因素

（一）农村城镇化与农业产业化的协同发展，要求强化配套制度改革

农村城镇化与农业产业化的协同发展，要求人口城镇化与农民非农就业同步推进，实现"离土不离乡、进厂不进城"的就业，而人口城镇化和农民非农就业，容易受土地制度、户籍制度、社保制度等制度性因素的影响。因此，要强化配套制度改革。

（1）在现有农地、林地流转改革的基础上，建立城乡统一的土地市场，打破城乡土地管理的二元格局，真正赋予农村土地与城市土地"同地同权同价"，促进农地资源的合理配置和高效利用。要在严格界定征地性质、充分尊重农民意愿、维护农民利益的基础上，促进土地征用程序合法化、征用信息公开化、补偿标准规范化。

（2）要在现有户籍制度改革的基础上，进一步放宽农民进城的落户条件，并为进城农民提供与市民同等的求学、就医、养老待遇，为农村劳动力的自由转移创造良好的制度环境。

（3）要充分利用当前社会保障制度改革的契机，扩大社会保障的覆盖面，彻底破除社会保障的区域界限、所有制界限、单位界限和身份界限，实现社会保障的城乡统筹。

（二）农村城镇化与农业产业化的协同发展，要求提高土地资源利用效率

土地既是农村生产和生活的基本载体，也是城镇化发展的物质载体，更是农业产业化的物质载体。作为一种不可再生的资源，土地数量是有限的。土地资源的稀缺性，要求我们在农村城镇化、农业产业化协同发展的过程中，特别注重土地资源的节约和高效利用；要在不损害农民利益、不影响农业生产发展的基础上，

促进城乡之间、工农之间土地资源的优化配置与高效利用，以更好地满足农村城镇化、农业产业化发展对土地的需要；要在健全农地承包经营、完善农地流转市场的基础上，鼓励农民以出租、转包等形式，实现土地经营权的转移，满足农村城镇化、农业产业化对土地资源的需要。

（三）要在加大资金支持力度的同时，提高农村劳动力素质

无论是城镇化发展、还是农业产业化发展，都离不开资金支持和人才支持。农村城镇化与农业产业化要实现协同发展，尽管要按市场化原则来推进，但政府财政支持是不可或缺的。在农村城镇化和农业产业化进程中，财政支持应集中于基础设施建设、农业固定投资、市政管网建设等领域。同时，要在构建多元农村金融体系的同时，引导医疗卫生、教育培训、技术推广等公共资源向农村倾斜；要加大对农民（尤其是失地农民）的教育培训和技能培养，帮助更多的农民适应农村城镇化、农业产业化发展的需要，顺利完成由农民向市民、由农业劳动者向非农业劳动者的转变。

参考文献

[1] 石忆邵，顾萌菁．农业产业化与农村城镇化共生模式研究［J］．经济理论与经济管理，2001（10）：67-70．

[2] 沈山．农业产业化经营战略构想［J］．江苏农村经济，2002（9）：28-29．

第九章 吉林省特色城镇化与农业产业化协同发展模式实现路径

当前农村中存在农业剩余劳动力无序转移、农村产业结构不合理、乡镇企业布局分散化、小城镇建设遍地开花等现象所产生的诸多矛盾和问题，其主要根源在于农村以城乡分割为特征的二元社会结构，在于农村城镇化滞后于农业产业化的发展。城镇化建设是一个复杂的系统工程，建设多少高楼、修建多少街道、栽种多少绿树等固然重要，但城镇化发展的真正可持续繁荣，必须优化产业结构，靠合理的产业化支撑，这才是其核心和内涵。只有这样才能促进城乡之间通过资源和生产要素的自由流动，相互协作，优势互补，以城带乡，以乡促城，实现城镇经济、社会、文化等的持续协同发展。推动农业产业化与农村城镇化的协同发展将会促进农村改革和发展迈上一个新台阶。因为，农业产业化与特色城镇化协同发展是解决农村人多地少问题、实现剩余劳动力有序转移的最佳途径，是优化农村产业结构、促进非农产业发展的现实选择，是乡镇企业获得外部集聚效益、实现规模经济的重要前提。农村城镇化与农业产业化协同发展具有集聚人口、产业、人才、资金、信息、服务的功能；具有接纳城市能量并向农村辐射，推动农村经济社会深刻变革的功能。农业产业化与特色城镇化协同发展模式的实现，需要我们从以下几个方面努力。

第一节 龙头公司与农户采取股份合作形式

选择一条适合吉林省特色城镇化与农业产业化协同发展的道路。除美国、加拿大及一些人口少、土地广大的国家有条件实行农业的大规模资本主义发展外，许多欧美发达国家都采用合作制的方式发展农业生产和经营，实现农业产业化。它不仅是生产资料的集约和共有，而且是人的民主权利的共同实现。既有公司制的资产权，又强调人身权（在表决时既统计股权数又统计人数），因而符合农业产业化的要求，符合社会主义的前进方向，符合我国农业和农村的现实状况。借鉴国外经验，结合我国农村实际，作者认为，将公司制与合作制结合起来是一条比较好的发展路子——龙头公司与农户采取股份合作形式，结成共同利益主体。这种形式具体又可分为三种：第一种是由农民自己组织合作社，并由其创办龙头企业，企业是合作社的一部分；第二种是由乡村集体经济组织出资创办龙头企业，吸收农户直接入股，企业与农户也能形成共同体，但乡村集体经济组织拥有一定的收益分配权利；第三种是通过社区协调，将原有的龙头企业（不论投资主体是谁）与社区内的服务组织、农户等共同组成股份合作制企业，企业与农户也能形成利益共同体，其利益的分配由投资的多少和贡献的大小来决定。应该说，这三种形式都是紧密型的生产经营一体化组织，其内部分配机制是比较科学合理的，对农户的带动作用和对农村经济发展的推动作用都是巨大的，但究竟哪种形式好则宜视具体情况而定。

多年来，吉林省强化政策扶持，加大指导服务，农业产业化经营得到了快速发展，龙头企业已经成为发展现代农业的重要力量。目前，全省各级农业产业化龙头企业发展到 4 096 家，销售收入亿元以上的企业达到 229 家。农产品加工业销售收入年均增速高于全省的经济增速，对全省经济的平稳发展发挥了重要的作用。2005 年以来，吉林省农产品加工业销售收入先后跃上 1 000 亿元、2 000 亿元、3 000 亿元、4 000 亿元四个千亿元台阶，连续多年以两位数速度增长，2016 年农产品加工业销售收入实现 5 200 亿元，增长 7.5%左右，跨上第五个千亿元台阶[1]。到 2016 年年末，全省农产品加工企业发展到 6 500 多家，其中培育国家级龙头企业 47 家，省级龙头企业 521 家，销售收入亿元以上的企业达到 229 家，10 亿元以上的 18 家，100 亿元以上的 4 家[2]。农产品加工企业的快速发展，向农业领域输入了资本、技术、人才、市场等现代要素，推动农业规模化、标准化、集约化发展，成为发展现代农业的重要支撑力量。例如，近年来，长岭县积极培育和壮大农业龙头企业，充分发挥龙头企业"公司+基地+农户"农户利益联结机制，使农民从产业化经营中得到了更多实惠。截至目前，市级以上龙头企业达到48家，通过主要农产品原料采购、农产品订单采购、其他方式采购等方式带动农户8万多户，增收12.2亿元。带动全县形成了八十八杂粮、三青山马铃薯等"一村一品"专业村21个，其中三青山镇三青山村为国家级示范村。又如，发挥龙头企业带动农户致富的作用，是舒兰市培育涉农龙头企业的第二个法宝。通过采取"公司+农户""公司+基地+农户""公司+基地+协会+农户""订单农业"等形式，涉农龙头企业带动了舒兰农民增收致富。省级农业产业化重点龙头企业吉林市友诚米业有限责任公司与农户签订种植和销售合同，建立大米种植基地20多公顷，带动4个乡镇100多户农户增收200多万元。再如吉春制药集团作为集制药、梅花鹿养殖、鹿系列酒、保健品生产于一体的现代化企业，凭借鹿产业厚积薄发，依托自有"大清鹿苑"资源，极力打造"鹿司令"品牌。近日，经农业农村部等多部委联合审定，吉林吉春制药股份有限公司被评定为"农业产业化国家重点龙头企业"，该喜讯意味着龙头企业创造的社会效益越来越大，在富农强省的过程中起到了不可或缺的作用，同时证实了政府积极引导建立和助推龙头企业的发展的战略是科学的，应在该道路上继续前进，为建成小康社会做出贡献。

第二节 抓住联动的龙头企业，促进城镇的产业升级

龙头企业是产业化体系的核心。龙头企业具有引导生产、深化加工、开拓市场、连接相关产业、延伸产业链条，以及提高农业整体效益的功能，其市场竞争能力直接决定着农业产业化经营的水平。同时，龙头企业又是城镇发展的经济支柱，是推动城镇各项事业发展的原动力和加速器。因此，要加大政策扶持力度，支持多样化的龙头企业和产业化组织发展。鼓励各类农业产业化组织大力发展农产品加工、贮藏、保鲜和运销业，特别要大力发展农产品精深加工和现代营销业，多创造名牌产品。结合实施优势农产品区域布局规划，优化龙头企业布局。引导促进龙头企业推进技术进步，提高科技创新能力，支持龙头企业实施现代农业高技术产业化示范工程，实行标准化生产。推进龙头企业改革，通过股份制、股份合作制、兼并、收购、租赁、转让等形式，整合资本、技术、人才等要素，转换

经营机制，增强企业发展活力和后劲。引导龙头企业明确经营方向，改善经营管理，提高经济效益和市场竞争力。总之，应坚持规模大、带动面大、技术高、附加值高、外向型、新技术、新产品、多种所有制、多种组织形式的原则发展龙头企业。要通过引导、扶持和支持，尽快形成一大批产业关联度大、技术装备水平高、经济实力雄厚、带动能力强的龙头企业和企业集团并创出一大批农产品名牌，使其在国内外市场中占有一定的份额，并在全国形成不同层次、各具特色的农业产业化体系。在农村城镇产业结构调整上，一是要大力发展农村第二、第三产业，弱化城镇的农业功能，提高整体效益；二是要在第二产业发展的产业选择上，强调资源禀赋与市场比较优势相结合，以特色产业为依托，通过前向、后向、旁向效应，吸引一大批相关企业集中生产，强化城镇农业与工业的关联度，发挥小城镇工业的潜在优势；三是要关注第三产业的发展，开辟各种为工业生产和居民服务的新型服务行业。只有城镇产业的兴起，才能吸纳农村劳动力从事第二产业和第三产业。尤其是城镇经济通过产业升级和产业结构水平的提高，可带动第三产业的发展，为农村富余劳动力创造大量的就业机会。

第三节　强化城镇综合功能，增强城镇的辐射力和辐射面

建立科学合理的城镇体系。在农业产业化进程中，我们必须发挥现有城镇的综合功能，增强城镇的辐射力和辐射面。现有的许多城镇自我服务比重大，对外辐射能力不足，城镇的功能没有很好地发挥出来。因而必须转变观念，重新认识城镇在国民经济尤其是区域经济发展中的重要地位和作用，重新审视我们城镇发展和建设的观念和政策导向，充分重视城镇功能的增强与城市作用的发挥。制定相关鼓励政策和优惠条件，创造良好环境，积极培育城镇第二、第三产业的发展，培育城镇的技术、信息、管理、经营、教育等功能，使其能够有较快的发展；积极鼓励大力推进这些功能向农业、农村、农民扩散和辐射，这是推进农业产业化、农村城镇化、农民富裕化最有效的途径。在新城镇建设中必须注意与当地经济特

征的融合度。农业产业化说到底是市场化,要按市场分工进行专业化大规模生产和经营,其成败取决于产品的特色与质量,而这些对农业生产来讲又取决于区域优势,这是其他条件不可取代的。因此要充分考虑区位优势、资源条件和人口规模等因素,形成自己的优势产业及结构,据此形成自己的城镇特色和结构。要注重发展乡镇工业型、商贸型、交通型、城郊型、旅游型等特色城镇,突出发挥城镇的个性和特色,形成独特区域功能的专业化城镇,建立功能结构(专业功能)、层次结构(产业递进)、规模结构(大中小)、布局结构(区域)科学合理的城镇体系。从理论上讲,市场主导的农村城镇化,其表现必然趋于多元化,具体包括城镇规模结构多元化、城镇空间布局多元化、城镇产业定位多元化、城镇近域扩张多元化、城镇人口集聚多元化、区域层面多元化等[4]。特别强调的是,在城镇体系的布局上,要统筹考虑城乡经济社会文化发展的一体化和农村人口的迁移,大力推动城市产业和农村产业的融合发展,使农村人口在迁移过程中实现就业的非农化、社会保障的一体化,从而真正使农民成为市民。

吉林省龙头企业辐射带动功能日益增强。农产品加工企业通过"公司+合作社+基地+农户"等模式,完善与农户的风险共担、利益共享联结机制,形成紧密的利益共同体,带动农民增收、促进现代农业发展的作用越来越突出。省级龙头企业与基地农户每年通过租赁、入股经营、委托经营、代耕代管等方式规模经营耕地面积达到1 480万亩,占全省土地流转面积的70%以上;签订畜禽养殖订单1.6亿头(只),占全省畜禽养殖量的1/3;带动192万户农户参与一体化经营,增收71亿元,参与产业化经营的农户户均增收3 698元[3]。加工企业还拉动农村物流、市场、金融、信息等服务业的发展,促进了农村经济繁荣。

区域产业格局初步形成。广大农产品加工企业通过产加销一体化经营,区域鲜明、产业配套、质量可控、集群集聚的发展格局初步形成,玉米、水稻、杂粮杂豆、生猪、肉牛、禽蛋、乳品、人参、食用菌、中药材等优势产业经济渐成规模,保供给、强产业、促发展的作用愈加明显。省级龙头企业从事玉米、水稻、杂粮杂豆等粮食生产加工的有258家,年销售收入1 452亿元;从事肉、蛋、奶等畜禽类生产加工的有103家,年销售收入608亿元;从事人参、中药材、食用菌、果菜等特产品生产加工的有153家,年销售收入783亿元;从事农产品贸易的有 7 家，年销售收入 13 亿元。据统计，全省近 50%的玉米、80%的水稻、70%的畜禽产品都是通过加工转化销往全国乃至世界的。

第四节 完善配套政策，消除农业产业化与农村城镇化协同发展的体制性障碍

一、改革农村土地制度，创新城镇土地使用制度

进一步改革农村社区土地制度，进而培育城镇积累功能和自我发展机制，使已经非农就业的劳动力和过剩农村人口进入城镇，从而减轻有限的农地已经超载的农业人口负担。要明确小城镇的土地制度必须充分体现农民作为土地使用者和农村财产所有者的权益，在农村土地从第一产业向第二、第三产业转移的过程中，其增值收益主要应该返还给农业和农民。返还的办法是在统一的规制下，允许农村集体土地作价入股参与城镇开发，鼓励农民把在基本建设中创造出来的"以地换地"或以"股田制"的办法用到城镇建设中去。对于城镇土地或经过城镇化的土地，要建立城镇国有土地储备和出租制度，垄断一级市场。除政府机关、学校、市政等公共用地实行划拨外，生产经营性国有土地出让金，可实行较长年限的分期收回制，实行宗地租用，以降低农牧民进城的房价"门槛"和产业开发地价成本。建立土地市场，在科学规划、合理布局的前提下，把城镇商业用地由行政定价转变为市场定价，逐步实行对城镇商业用地公开竞价批租的制度，提高城镇土地收益；允许企业和集体土地使用权通过作价入股、出租、转让等方式参与城镇建设。

二、改革户籍管理制度，拆除城乡壁垒，给进城农民以市民待遇

户籍是城乡差别的一大障碍。城乡户籍差别管理在物质短缺时期，限制农民进城以抑制对公共设施的需求，在缓解消费品紧张方面发挥了重要作用，但也在一定程度上造成了城乡差别的扩大。在物质比较丰富的今天，户籍更是农民进城

就业的门槛。农村孩子要跳出"农门",只有通过升大学与参军,才能正式取得城镇户口和找到较为稳定的工作,其他方法均难以使农民成为城市的主人。这种城乡分割的户籍管理制度严重阻碍了农民进城进镇,既延缓了农民离土离乡的步伐,又不利于实现农业的规模经营。不打破这种现状,就很难提高城镇化水平。而户籍制度的改革、创新明显滞后于制度需求。虽然在一些地方农民已自发兴建了一些"农民城"进行制度创新,但这种制度创新根本满足不了制度需求的短缺。在这种制度不适应新时期现实的情况下,政府应尽快改革现行户籍制度,逐步建立以职业划分农业人口与非农业人口、以居住地划分城镇人口与农村人口的户籍登记制度;制定城乡一体化的户口管理体制和宽松的户口迁移政策。准许农民在具备一定条件后迁移到小城镇落户,其条件包括:在小城镇有自己固定的住房,有比较稳定的职业和收入,参加失业保险和合作医疗保险等。同时,深化劳动就业制度改革,打破城乡分割的身份壁垒,由统包统配变为双向选择、自主择业制度。为农民进镇务工经商创造条件。并且着手以户籍制度改革为中心,逐步消除城市就业的社会保障、医疗、住房、教育、入托等制度性壁垒,达到农村剩余劳动力入城后能与城市居民受到同等的制度约束和平等待遇。

三、改革农村的产权制度,降低农村居民的进城成本

农民进城,可以出售、转让土地的经营权,以保持自己对土地资产的收益权,也为将来在城市遇到就业、养老等困难时留一条后路。此外,农村集体所有的乡镇企业,应大力推行股份合作制,将财产量化到职工个人。在乡镇企业职工迁入城市时,可以出售和转让自己的股份,取得相应的收益。这样一种产权安排,可以使农民带着价值化的财产进城,从而降低农村居民向城市迁移的成本。

四、完善社会保障体系,解除进城农民的后顾之忧

我国的现代社会保障体系,长期以来,都仅局限于城市劳动者,不包括占人口绝对多数的农村劳动者。这种情况的出现固然有它的客观原因,但随着时间的推移,不能使众多的国民享受现代社会保障,已日益显得不合理与不公平。20世纪80年代中后期,部分农村地区开展了社会养老保险改革的试点,并自20世纪

90年代起向全国推广。但由于多种原因，农村大部分地区仍未实行。严格地说，这一举措还不能称之为"社会保险"。因为疾病、伤残、失业、生育、养老等社会保险项目在农村地区基本上是空白的。乡镇企业职工、城镇居民、个体劳动者的社会保障也不到位，更别说进城的农民，因而导致农民仍离土不离乡，进厂不进城，并没有成为真正的城镇人。因此解决这一问题的关键是国家要采取强制措施，凡是雇工的单位、个人都应为雇员购买养老保险、医疗保险、意外保险，保险费用由国家、企业、个人合理负担。这样，强制实行社会保险，可以使农民安心地向城镇转移，大大推进城镇化进程。

五、强化农民教育，培育适应农业产业化和农村城镇化的人力资本

农业产业化和农村城镇化的主力军是农民，无论是革命还是建设，特别是涉及农民切身利益的重大社会变革，没有农民的支持和参与是不会成功的。但农民自身的生存压力和文化水平的局限也是主要的阻力。因而重要的问题是"教育农民"，尤其是新一代的农民。目前，大量低素质农村劳动力滞留在农业领域中，不仅会导致农业劳动生产率低下，还会使农业劳动力向非农产业转移时的结构性缺陷（数量型过剩和质量型短缺）表现明显。从长远来看，这不能不妨碍农业产业化、农村工业化乃至整个经济社会的可持续协同发展。因此政府应把农民教育当作解决"三农"问题的首要任务来抓。要制定一个切实可行的方案，制定相关的激励政策，采取切实有效的措施，并坚持不懈地认真落实。要争取在3~5年时间内，使农民的文化科学知识上一个台阶，基本能够适应农业产业化发展的基本要求。要加大农村基础教育投入，普及九年制义务教育，提高农村人口的整体素质，扫除文盲。要大力发展农村职业技术教育，一是要采取多种形式、多种途径来开展；二是要根据我国市场经济的发展和农村的实际情况，设置专业和课程；三是要建立和完善农村成人教育体系，举办各种形式的专业技术、技能知识和文化培训班，以提高农村人口的综合素质。只有通过加强农村教育尤其是基础教育、调整农村教育结构、摆正和开拓农村教育服务方向和办学思路等，来大幅提高农村人口的文化科技质量和水平，才能真正建立起雄厚的农业和农村经济赖以长期稳定发展的人力资本基础。农村城镇化是引导第一产业人口向第二产业转移、改变

农民"离土不离乡"状况的根本途径。但农村城镇化不是单一的户籍关系转换，即单一的人口集聚问题或简单的划分城镇体系问题，而是要找到怎样通过人口和资本的集聚，来改善和优化就业结构、产业结构和城乡结构，找到通过怎样的动力，来改变农民旧有的生活习惯、生产习惯及思维习惯。

参考文献

[1] 张力军. 加快率先实现农业现代化步伐 [N]. 吉林日报，2017-01-14（8）.
[2] 王斌. 吉林农产品加工业加速向"三化"发展 [J]. 农产品市场周刊，2018（1）：30-31.
[3] 张力军. 经济新支柱的崛起 [N]. 吉林日报，2017-05-16（1）.
[4] 陈柳钦. 农业产业化与农村城镇化的互动互进 [J]. 中国农业资源与区划，2004（3）：26-29.

第十章 促进吉林省城镇化和农业产业化协同发展的策略

吉林省在关注城镇化、农业产业化各自发展的同时更应重视两者的互动关系和协同发展。限制吉林省新型城镇化与农业产业化协同发展的因素主要是户籍改革和土地流转两个方面。

第一，户籍改革。

实施新型城镇化与农业产业化协同发展战略，核心是要打破城乡界限分明、自成体系、自我循环的状态，推动农民进城，在城乡之间形成要素流动机制，在更高层次上形成工农及城乡之间发展的联动机制，从而形成螺旋上升的区域发展格局。农业产业化能够发展到什么水平，实际上取决于新型城镇化的发展能够将多少农业与农村人口彻底转移到城镇，吉林省只能是随着新型城镇化的推进适度扩大农业经营规模，改善农业生产组织形式，稳步推进农业产业化。阻碍农村剩余劳动力进城的最主要原因就是户籍限制，由于户籍限制，农民工虽身处城市却不被认同，没有真正意义上的"市民化"，因此加快户籍制度改革，减少农民进城就业的成本和风险，消除城乡居民两种身份制度。吉林省要制定解决户籍制度的相关政策。放开户籍管理，农民可以自由迁出迁入，使有稳定的职业、收入和固定住所的农民能够办理城镇常住户口。同时，农民工为城镇化发展做出了贡献，享受城镇发展所带来的各种利益也是应当的，城镇要承担起使农民与城镇居民享有同等福利的责任，不能对农民工有任何限制和歧视，保证其在住房、养老、医疗卫生等方面与城镇居民具有同等待遇，与农民工有关的各种保险制度也要尽快落实。

第二，土地流转。

农业产业化的主要特征就是产业化经营和规模化生产，传统的家庭承包制使土地分散化、零碎化，无法满足农业生产产业化、规模化的需求，这就要求土地流转将分散的农村土地集中起来，盘活农村的土地资源，为农业生产的产业化、规模化创造条件。新型城镇化是以产业为依托的城镇化，产业集聚的建设用地也需要从农村的土地流转中获得。可见，农村土地流转是农业产业化发展的起始条件，同时也是新型城镇化建设不可或缺的部分，土地流转是实现新型城镇化与农业产业化同步发展的关键点。

吉林省土地管理制度相比一些省份严重滞后，仍然处于计划经济体制管理制度指挥之下，导致土地利用率偏低、土地收益分配不均和村镇宅基地建设用地过多等问题。吉林省需要借鉴土地改革的经验，改革现行的土地管理制度，通过土地流转，将闲置分散的土地连接起来，成为新型城镇化发展所需的建设用地指标。土地承包经营权是农民为城镇化与工业化做出牺牲后的唯一补偿，这也成为阻碍农民进城的关键因素。政府应该保留农民进城后的土地承包权，这样土地承包经营权就不会成为农民进城的障碍，农民在城市定居后，会因为耕种成本的增加而自动将土地流转出去，土地流转要保障农民的利益，不能以牺牲农民为代价，使农民土地流转后不低于原先自己占有经营土地时的收益。此种形式的土地流转也为农业产业化、规模化经营提供条件，在合理整合和监管流转土地的基础上，使农业用地规划渐入佳境，为农业产业化创造良好的用地条件。

针对吉林省农业产业化和城镇化协同发展的实证研究，为促进两者协同发展，提出以下策略。

第一节 抓住龙头企业以推动农业产业化的发展

一、政府为龙头企业的发展提出支持性政策

结合吉林省农业大省的情况及目前省内农业产业化、组织化发展状况，吉林省要巩固农业的基础性地位，要积极发展农业产业化经营，提高农业生产的经济效益。要发挥龙头企业的带头作用，通过合同契约、资产参与、投资入股等多种

形式，与农户结成利益共同体，与农户保持长期友好合作关系，带动和帮助农民由基础生产环节进入附加值高、经济效益好的加工、流通或运输等环节。该规划还提出要促进农产品行业协会的发展，重点扶持一批农业产业化龙头企业，发展以龙头企业为主要动力、以农村专业合作组织为载体的农业产业化经营模式。此外，关于农民专业合作经济组织，要支持、引导农民自愿合作，发展各种类型的适合本地区条件的专业合作经济组织，有效提高农业经营的效率和效益。争取打造一批驰名中外的品牌和产品，把吉林省建设成为农产品品牌大省。

坚持政策推动，把完善产业扶持政策作为加快发展的有力保障。近年来，吉林省委、省政府先后出台一系列含金量高、可操作性强、拉动作用大的政策，极大地调动了各级政府、相关部门和龙头企业的发展积极性，形成了合力推进的良好氛围。2005年以来，吉林省政府累计安排农业产业化专项扶持资金14亿元，发挥了重要的引导和拉动效应。2015年安排龙头企业固定资产贷款贴息资金8 403万余元，撬动银行贷款近30亿元。吉林省政府还设立了"政府引导、市场运作"的股权投资基金，支持加工企业产加销一体化项目的实施。

二、加快龙头企业发展的具体措施

吉林省培育、推动龙头企业快速发展，可从以下四个方面努力。

（1）结合当地优势农产品，实施区域布局规划，优化农产品生产、加工、包装企业的布局。集约利用各种资源，节省分散经营成本。通过对农产品布局的规划，吉林省农业产品结构科学合理，在全国形成不同层次、各具特色的农业产业化体系。

（2）鼓励引导龙头企业采用新生产加工技术，支持龙头企业实施现代农业高技术产业化示范工程，在各地的工业集聚区建立或租用标准化厂房，实行标准化生产，发挥产业集群效应；通过创新，提高其营销能力，打开消费者市场，创造知名品牌。

（3）鼓励龙头企业进行开拓创新，对其产品制定营销战略，提高企业的经营管理水平，增强企业的核心竞争力，特别是要通过各种优惠措施和扶植政策，大力推动重点龙头企业的快速发展，尽快形成一批产业相关力度高、生产设备先进、经济实力雄厚、对经济带动能力较强的龙头企业和企业集团，创造扶植一大批农产品品牌，提升其知名度和美誉度，使其成为在国内市场耳熟能详，国外市场竞争力大、出口势头良好的品牌。

（4）支持龙头企业采取多种形式的改革，如股份制、股份合作制，以及兼并、收购、租赁、转让等多种形式，整合资本、技术、人才等要素，实行现代企业管理制度，增强企业发展活力和发展后劲。

第二节　建立科学合理的城镇体系和城镇产业结构

现在吉林省许多城镇自我服务比重大，对外辐射能力不足，城镇的对外功能没有很好地发挥出来。因此，必须转变观念，重新认识城镇在区域经济发展中的重要地位和作用，重新审视城镇建设和发展的目的和政策导向，充分重视和引导城镇功能的发挥。

一、发挥城镇体系的集聚效应和辐射效应

吉林省城镇建设应进一步完善分工网络体系，逐步形成"大中小城市和小城镇协同发展"的格局，并充分利用交通网络体系、信息网络体系，将城镇体系建设打造成信息功能完备的现代城镇体系。结合吉林省城镇体系建设的具体情况，采取四方面措施：一是加快大中城市老工业区的改造步伐，提高城镇体系建设整体质量，为其他区域发展提供经济支持；二是发展大城市，吉林省城镇体系只有长春一个超大城市和吉林一个大城市，具有较强集聚效应的大城市数量少，难以带动农村经济发展；三是发展中小城市，在吉林省的城镇体系中，中等城市和小城市数量不足，对大城市的支持力度不够；四是发展小城镇。在吉林省城镇体系中，小城镇数量非常多，但规模普遍偏小，不具有集聚效应，未能发挥城镇的功能，因此，需要着力增强小城镇的规模效应，促使其成为经济发展的增长点。

城镇建设要依据自身的区位优势、资源条件和人才集聚等因素，以资源和优势产业为基础发展该地区的支柱型产业。发展各类城镇，如历史型、旅游型、商

贸型、交通型等城镇，突出城镇的特色，形成具有独特区域功能的专业化城镇，促进城镇经济的快速发展。从全省的角度看，大中小城市要合理安排，城镇布局要科学规划，各个城镇要有其支撑产业，城镇的功能要健全，只有形成有层次的城镇体系结构，才能发挥出城镇体系的集聚效应和辐射效应，带动全省经济的发展。制定相关鼓励政策和优惠条件，创造良好社会、金融环境，促进城镇的第二、第三产业的发展，发展城镇的信息技术、经营管理、教育医疗等，健全城镇各方面的功能，使其能够有一个较快的发展；积极鼓励大力推进城镇的功能向农业、农村、农民扩散和辐射，这也是推进农业产业化、农村城镇化、农民富裕化最有效的途径。在新城镇建设中必须注意怎样与当地经济特征、地方风俗相融合。

吉林省农村产业融合发展方兴未艾。吉林省委、省政府高度重视农村第一、第二、第三产业的融合发展，由国家发展改革委牵头出台了专门政策，开展了试点县、乡、村工作，各地也以利益联结为纽带，以种养大户、农民合作社、家庭农场、龙头企业为主体，不断探索实践，农村产业融合发展呈现出异彩纷呈的态势。其主要有以下形式：一是将农业内部的种养业组合，形成农业循环经济发展模式的农业内部产业循环型，如金翼蛋品、隽氏牧业在开展牧业养殖的同时，利用动物粪便生产肥料、沼气，发展种植业生产等；二是通过产业链延伸，将原料生产、农产品加工、物流销售等产业链延伸开来，如东福集团、宇丰米业等龙头企业流转农民土地，集约化种植优质水稻，加工绿色有机稻米，开拓市场，多渠道多形式销售；三是将传统农业单一的生产功能向生产、生态、生活多功能转变，开展休闲农业、农家乐等活动，如荣发农业观光园、金珠花海等；四是将资本、技术等先进要素以及新兴商业模式引入、渗透进农业，促进产业组织方式和流通模式创新，比如柳河县打造的特色农产品电商平台，辐射15个乡镇219个村，实行了互联网+农业。

多年来，吉林省委、省政府高度重视农产品加工业与农村第一、第二、第三产业融合发展，通过政策推动、创新驱动、项目拉动、市场带动等举措，农产品加工业总量规模不断壮大，带动贫困户增收能力不断增强，拉动现代农业发展的作用不断提升，农产品加工产业与汽车产业、石化产业成为"三足鼎立"的支柱产业，引领着农村产业向深度融合的方向发展，催生了一批新产业、新业态和新模式，为全省农村繁荣、农民增收发挥了重要作用。

二、完善城镇体系分工网络建设

1. 以目标为导向，加强城镇体系内部协同发展

城镇体系内部各城镇之间关系复杂，但城镇体系作为一个巨系统，是有一个总的共同的目标的，内部各城镇之间应该围绕共同的总目标实现内部的协同发展，这样才会有利于工业化、农业产业化发展，才能有利于全面建设小康社会和建设社会主义新农村战略目标的实现。城镇内部协同发展，体现在三个方面：① 各城镇之间经济功能上的协同发展。大中小城市和小城镇各自承担着不同的经济功能，相互配合协调，才能互为促进。② 社会功能的协调。各城镇虽然在某些社会功能上具有相同性，但随着经济职能的不同，社会功能也有所不同，如小城镇通过劳动密集型产业的发展，更多地承担了解决劳动力就业的社会功能，而大城市则相对弱化。③ 生态功能的协调。城镇体系建设要实现经济、社会与生态的协调，人与自然的协同发展，因此，不同的城镇因其拥有的自然资源不同，承担的生态功能也有所不同，如大兴安岭地区就承担着我国生态功能区的功能，相应的，大兴安岭地区的一些城镇也会更多地承担一些生态功能，此时，其他城镇就应该为承担生态功能的城镇补偿经济功能的不足，以实现协同发展。

2. 促进城镇经济与社会协同发展

城镇体系建设不仅承担着经济职能，也承担着社会功能。但不同等级规模以及不同级别的城镇在体系内并不是等同的承担经济功能和社会功能的，而是有所分工的。一般来讲，规模等级更大、级别更高的城镇应该承担更多的社会功能，从而为小城镇解压，使其能够更好地发挥经济功能的作用。在城镇体系建设中，相对混淆不清的是小城镇与其所属的乡镇和村之间的经济与社会功能，更多的时候，乡镇政府承担了超过其经济承受能力范围的社会功能，给其发展造成过大的压力而抑制了其对农村经济发展的带动作用。所以，各级政府应根据级别不同、等级规模不同、经济发展能力不同，而相应地要有所分工，从而更好地促进各城镇之间的要素流动，创造更好的社会发展环境，使经济与社会能够协同发展。

3. 发展中心城镇，完善城镇网络分工体系

城镇体系中的小城镇通常处于城镇与农村之间的过渡区域，是农村向城镇演进的不完全结果，也是实现农村城镇化的重要空间区域，因此，在城镇网络体系中具有非常重要的作用。目前，在吉林省城镇网络体系建设中，小城镇的发展尤其是具有中心镇职能的小城镇发展规模偏小，集聚功能偏弱，致使城镇分工网络体系不完善，未能发挥促进城镇与农村经济协同发展的作用。为此，吉林省城镇体系建设，应首先确定具有中心镇职能的小城镇；其次，扩大中心镇的空间规模，使其具有空间集聚效应基础；再次，创造条件吸纳农业富余劳动力，集聚人口规模；最后，积极发展劳动密集型中小民营企业，形成产业集聚效应，由此将其建设成为农村经济发展的辐射中心。

三、大力发展第二、第三产业，促进城镇产业结构升级

在农村和城镇产业结构调整上，首先要大力发展农村和城镇的第二、第三产业，提高非农经济生产总值占国民经济的比重，形成其支柱型产业；其次，在选择主导产业时，要注意把当地的资源优势和市场需求相结合，形成以产业为依托，其他相关产业连带发展，行业内相关企业集中生产，充分发挥城镇工业的潜在优势；最后要注重第三产业的发展，提高城镇居民的生活质量，同时为农村劳动力的转移提供就业空间。只有大力兴起城镇的非农经济，才能吸纳农村劳动力从事第二产业和第三产业。尤其是城镇经济通过产业升级和产业结构水平的提高，同时带动第三产业的蓬勃发展，为农村富余劳动力创造大量的就业机会。在城镇体系的布局上，要统筹考虑城乡经济社会文化发展的一体化，发挥城镇的辐射效应，推动农村经济的快速持续增长，大力推动城市产业和农村产业的融合发展，使农村人口在迁移后，社会保障能够合理安排，就业农民在城市能够享受到各种福利待遇，从而使农民真正成为市民。

吉林省城镇体系建设的基础在于工业化的发展，尤其是制造业等重工业的发展，因此，要积极打造工业产业集群，形成城镇体系建设的竞争力。另外，要注重小城镇的中小民营企业的发展，使其成为工业发展的补充，也成为小城镇吸纳农业副业劳动力的重要因素。对于城镇体系的发展，第三产业是不可或缺的，是

工业所不能替代的，还是现代城市发展的重要经济支柱，在吉林省的城镇体系中，第三产业较弱尤其是现代服务业发展落后，因此，需要努力发展第三产业，使其成为经济发展的支点和农业富余劳动力的就业主渠道。城镇与农村的发展是一体的、不可分割的，因此，要在城镇产业发展的同时，发挥城镇与产业的集聚效应，带农村经济发展，促使城镇、产业、农村经济协同发展。

第三节 消除协同发展的体制性障碍

一、改革农村土地制度，创新城镇土地使用制度

进一步改革农村社区土地制度，进而培育城镇积累功能和自我发展机制，减少农民进城成本，使已经非农就业但无法在大城市定居的劳动力和过剩农村人口移居较小城镇，从而减轻有限的农地已经超载的农业人口负担。

（1）健全城镇的土地利用制度，使农民享有土地作为财产的收益权。当农村土地由农用转为其他用途时，其土地的增值收益应该主要返还给农民。还可以采取其他方式，如允许农村集体土地作为股份参与城镇开发，使土地作为一种资产投入使用，农民能够得到土地作为生产要素投入生产带来的收入。

（2）对于城镇土地或经过城镇化的土地，要建立城镇国有土地储备和出租制度，垄断一级市场。除了公共用地实行划拨外，生产经营性国有土地的出让金可放宽回收年限，这样有利于降低开发商的成本，继而降低城镇房价水平，有了这项优惠政策，农民在城镇定居就容易多了。

（3）建立土地市场，在科学规划、合理布局的前提下，以市场为导向支配城镇商业用地，逐步实行对城镇商业用地公开竞价批租制度，提高城镇土地使用的经济效益。

二、改革户籍管理制度，消除农民进城制度性障碍

城乡户籍差别管理在物资短缺时期，在限制农民进城以抑制对公共设施的需求、缓解消费品紧张方面发挥了重要作用，但这种城乡分割的户籍管理制度已

经严重阻碍了农民进城进镇,也不利于实现农业的规模化经营。不打破这种状况,就很难提高城镇化水平,也不能实现农业的产业化发展。在现有体制不适应新时期经济发展的情况下,政府应该尽可能在短时间内推进户籍制度改革,以降低由于制度不合理阻碍经济发展的潜在损失。其做法是:① 实行宽松的户口迁移政策,改革现行的城乡泾渭分明的户籍制度,逐步建立以职业划分农业人口与非农业人口、以居住地划分城镇人口与农村人口的户籍登记制度,以及城乡一体化的户口管理体制。农民在城镇就业后,如果满足一定的条件,就准许农民申请户口转移。其条件有:在人才稀缺的行业有一技之长或有稳定的职业和收入;参加了失业保险和合作医疗保险;在城镇有自己的住房,并且居住够一定的年限。② 深化劳动就业制度改革,打破城乡分割的身份壁垒,实行自主就业、双向选择。农民进城就业后,能够充分享有城市的社会保障、医疗、住房、教育、入托等福利,即农村剩余劳动力入城后能与城市居民一样,拥有同等的权利和义务。这样,农民进城没有后顾之忧,加紧迁移的步伐,可以大大推进城镇化进程。

三、改革农村的产权制度,降低农民的进城成本

在农村方面,改革农村现有的产权制度,如果农民进城,则可以转让或者出售其土地的经营使用权,定期取得土地的收益作为进城就业的成本,或者用此项收入缴纳养老保险、医疗保险等,农民进城就有了基本的经济基础。在城镇方面,农村集体所有的乡镇企业应大力推行股份合作制,将财产量化到职工个人,职工进城可以保留其股份,也以此为依据取得收益。这样一种产权安排,可以使农民带着价值化的财产进城,有效降低农村居民向城市迁移的成本。

第四节 大力开发农村人力资源

通过与全国以及其他省市的城镇进程中农村人力资源开发的情况进行比较,可以看出吉林省在此进程中做出了一定的努力,但还是有差距,所以要加快吉林省城镇化发展,既能够追赶全国城镇化发展水平,又能够保障吉林省社会经济协

同发展，现在吉林省的当务之急是要解决吉林省城镇化进程中农村人力资源开发问题。农业产业化和农村城镇化的主力军是农民，吉林省是农村人口大省，广大农村存在着巨大的适龄就业人口，看起来劳动力资源丰富。但是从人力资源角度来讲，这些劳动力教育水平偏低，且缺乏一定的劳动技能，使得向城市转移的劳动力与城镇就业岗位要求不符，结构性缺陷明显。从经济发展的长远眼光来看，这将成为吉林省城镇化进程的瓶颈，因此，必须采取一定的措施来改变这种状况，使农村劳动力有序转移到城镇，减少农村人口，推动吉林省农业产业化、城镇化的同步快速发展。

一、加强农村基础教育，培养农村实用人才

（1）落实科教兴国，重视向人力资本投资。

政府部门要广开渠道，筹集教育和培训经费，提高地方的教育和培训水平。现代科学技术应用于生产，取决于一定数量的技术人员和农民专业户、示范户的素质。应增加用于这方面的教育和在职教育经费，这是实现项目科技化的保证。在执行项目中，要改变那种只注重增加物资和设备，只对引进外国资本和技术感兴趣而忽视有效利用这些物资和设备的能力倾向。要防止人才的不合理流动和不允许人才合理流动两种倾向。要创造适合的工作环境、生活环境和人际环境，吸引和留住人才。树立"人才是第一生产力"的观念，切实加强农村科技、教育、卫生、生产、经营、金融等多方面实用人才队伍建设，相关人员就业后能够直接推动农村生产效率的提高，促进农业的发展，使农村实用人才的总量、结构与农业结构调整、农业产业化的发展相适应。

（2）巩固提高九年义务教育实施力度，落实好农村义务教育经费，健全农村学校的基本设施建设，提高教师的整体素质和教育水平。

首先，对基础教育课程改革。长期以来，吉林省农民的基础教育课程的内容偏城市化，产生严重的"应试教育"倾向，缺乏同农村的生产、生活、社会实际的联系。面对这个现状，加强农民基础教育的改革势在必行。引进、补充、更新与农村经济的实际状况相符合，适应现代化的发展趋势的内容，消除应试教育的思想观念，向素质教育转变，加强知识的编排和呈现方式的灵活性，为继续求学

的学生提供发展机会，为储蓄未来农村劳动力做准备。通过这样的方式，农民才能实现人的全面自由发展，才能实现农业现代化和城镇化。其次，吉林省落实基础教育的经费投入。教育对一个国家的发展至关重要，政府作为国家机构，是管理教育的主体单位。一是政府应加大对农村九年义务教育的投资，真正实现免费的义务教育，实现消除农村文盲的现象。二是政府要加大农村地区基础设施的建设，不仅是对学校房屋的建设，更要给予农村基础教育现代化的教学设施，如计算机、实验设施、投影仪等，让农村拥有与城市相同的教育资源。三是政府鼓励社会力量办学，吸收外资、民营企业、民间组织和个人资助农村教育，对资助者实行一些优惠措施，激发他们的积极性。再次，提高教师素质，保证教学质量，采取多种形式扩大教师队伍数量，提升教师队伍质量，通过教师招聘制度吸引优秀大中专毕业生前往农村任教，通过对现有的教师进行继续教育培训，提升学历层次，组织所有教师进行培训，提高教师教学质量；稳定教师队伍，完善教师待遇，提升教师的薪资，统一城乡教职工的编制，解决他们在生活、工作中遇到的困难，让他们有房住，有薪领，而且政府还帮忙解决他们家庭中的实际困难，使他们安心在农村工作，积极投身农村教育。

（3）实施素质教育，应用参与式培训方式。

应该用以农民为中心、具有主动性和创造性学习特点的参与式培训方法代替那种满堂灌（老师讲、农民听）的被动传授式的传统教学模式。在培训中，尽可能做到理论联系实际，鼓励从做中学，从经验中学，农民之间相互学习，从而达到提高知识、技能和创造力的目的。以培养新型农民和实用型人才为目标，成立技术培训学校。在农村推动科学种田、市场化经营的发展方式；培育城镇就业人才，农民在进城前掌握 1~2 门专业技能，在城市能够找到合适的就业岗位，避免出现结构性失业，使农民能够顺利成为城镇居民。

加快发展面向"三农"的职业教育，完善农民职业教育体系。目前，吉林省农村职业教育还存在着招生就业困难、办学质量低、办学机制和人才培养不能适应经济社会发展需要等突出问题，导致这些农村职业教育的承办点都出现不同程度的资源闲置，所以要解决资源闲置问题，我们就必须探索出新的路径可以与农民职业教育与之相匹配。首先,增大对职业教育的投资力度,提高教育教学环境质量。根据国家下达的有关文件来看,吉林省要加大对职业学校教学设施的投资力度,保证设备的现代化、教学的信息化,完善职业学校的教育教学环境;协调利用各种支持农业职业教育的组织、个人和机构,为职业教育提供技术、人才、项目、资金、设备等全方位的支持;加快推进城市对职业教育的支持,使农村职业学校的教育与社会各界紧紧相连,相互促进,推动职业教育的开展,增强服务"三农"的能力。其次,根据各县市的经济发展状况,深化职业教育改革创新。改革职业教育办学模式,推动"政府主导、行业指导、企业参与"办学。改革职业教育的培养模式,根据各县市的经济主要产业和农村经济发展的需要,发挥农业职业教育的优势,将农业职业教育和当地产业结合起来。改革职业教育教学模式,让有职业技术的教师进行实地教学,实现教育与生产实践相结合。再次,加大职业教育的吸引力。职业教育的最大人才集聚地毫无疑问是在各种专门设立农业专业的大中专学校和农业职业学校。所以我们的重点是对各个农业专业的学生,建立人才培育体制,吸引更多的青年人加入农村职业教育。一是完善招生考试制度,提升涉农专业的学生的升学率,优秀学生可以直接进入对应的农业职业学校;二是建立奖学金、助学金机制,鼓励激发学生努力学习农业知识,吸引更多的学生选择农村职业教育;三是建立多项有关创业就业的政策,提升涉农学生的就业率,在创业过程中给予政策优待,积极引导涉农学生进行创业。三者之间形成一个有层次性、系统性、开放性和完整性的体系,为农村人力资源开发提供职业技术的人才支持。

(4)大力开展农民岗前就业培训,完善农民成人教育体系。

农村成人教育面对的主要对象是农村主要劳动年龄人口,通过对他们进行农村实用技术培训、农村劳动力转移培训和农民学历继续教育,形成农村成人教育体系。改革开放以来,我国农村成人教育工作顺利开展,适应了我国经济发展的需要,尤其是我国通过发展农村企业和促进劳动力跨区域流动就业,加快了农村城镇化进程,促进了城市发展。但是随着城镇化率的提高和产业结构的变化,农民转移的就业压力越来越大,所以要提高农民的素质以适应就业的需要,在短时间内对农民工进行培训，是很难实现的且效果不佳，所以对农民进行岗前就业培训，尽快就业，推动农村劳动力向城镇和非农产业转移就显得尤为重要。

（5）建立农村学习型组织，推动产业化发展。

学习型组织是起源于西方企业管理中的一种人力资源开发管理模式。在我国农村，为了有效地开发人力资源，提高农村人口素质，应该将学习型组织这一人力资源开发的管理理论体现在我国农业、农村的发展，以及农民的教育和培训中。一是制订长远规划，创建适合当地情况的人力资源开发管理模式。二是将农村人力资源开发与农村产业开发相结合。在提供必要的资金和信息的基础上，应该注重有组织、有计划地对推广人员和处在各环节上的农民开展经常性培训，以此带动和激发广大农民学习知识和致富的热情和勇气。三是提高科技推广人员的素质，把人力资源开发与推进农业科技示范园区建设结合起来，在组织方式上鼓励科技推广人员与农业企业相结合。

二、吸引人才，强化农村领导班子

鼓励大中专毕业生到农村工作，做好毕业生选调工作，切实加强农村领导干部班子的建设，提高其执政水平，使其适应农业生产方式的变化、强化服务意识，能够有效推动农业产业化进程。现实表明，只有通过加强农村的基础教育，提高其教育质量，大幅提高农村人口综合素质，培养实用的技能型人才，才能真正建立起农村经济长期稳定发展赖以依靠的人力资本基础。

第五节　推进农业现代化过程中政府可调控的市场化进程

在农业现代化进程中，需要市场化机制来推进农业产业化、组织化。农村土地的流转也需要产权交易市场来推动。农业现代化要依赖一系列市场体系，像农产品市场、农村金融市场、生产资料市场、技术市场等。单纯的市场调节并不能保证农业生产的持续稳定发展，需要政府对农业发展进行宏观调控。政府应该采取相应的机制来稳定农业市场,如农产品收储机制、价格平抑机制等,这样能够有效地避免农产品价格的巨大波动,从而减少对农民利益的损害。在农业现代化进程中,地方政府除了进行宏观调控外,也应该不断转变自身职能,政府行为重点不应是过去的管理型政府,而应该成为服务型政府,服务型政府的定位主要是发挥指导、干预、规范的作用,为农业现代化的健康发展创造良好的条件和环境。只有推动准政府可调控的市场化进程以及政府职能角色的转变,才能保证农业现代化健康稳步推进。

一、政府在农业市场化过程中的作用

就解决"三农"问题而言,统筹城乡发展是关键;而就农业自身而言,虽然农业是弱质产业,但并不意味着不能走上市场,早在20世纪30年代,舒尔茨就提出要将农业改造成为一个具有高生产效率的经济部门;为了实现农业现代化,就必须增强农业在市场经济中的竞争力,走市场化发展道路。而农业走入市场并不意味着政府在其中是完全"无为"的,政府是农业市场化进程中的重要主体,但绝不是唯一主体,它必须在与市场的互动协作中推进农业的市场化。不管是理论还是实践经验都表明,农业的市场化进程需要政府与市场这"两只手"的精妙配合。正如阿瑟·刘易斯所言,在一个稳定的社会中,政府要干预的事情极少,而在迅速变化的社会当中,政府对任何事情都不能掉以轻心。积极的政府行为能够保证宏观经济的稳定运行,优化公共服务供给,促进公平的竞争,同时加强对市场的监管,有效地克服市场失灵;而良性的市场竞争可以根据供需关系调节生产,促进公平自愿的交易。合理协调好二者的关系,政府充分尊重市场,尊重农民自主发展的意愿,不用过度的行政干涉挤压农业发展的空间,而要做好引导和服务工作,并加强社会保障体系的建设,为农民走上市场解决后顾之忧。

由于农业的弱质性以及我国的特殊国情,形成市场的内生机制是农业的根本出路,但这种市场化是需要政府积极推动的。政府在不破坏市场机制的前提下,针对农业的弱质性、农民经营的特征等,来弥补市场的缺陷,守住"一臂之距"。同时,政府扶持农业不是为了替代市场,更不是为了替代农民在市场上交易,而是为了塑造农民自身的市场经济主体地位,让农业成为市场竞争中有力的一方,进而达到农民成为自身推动农业发展、推进现代化建设的主力军。因此在为市场提供运行的制度基础之外，政府还应该注重对市场力量的培育。在发展农业现代化的过程中，包含了诸如经济、科技、社会、生态等多方面元素，目标是促进农业发展与转型。而农业市场化是农业现代化发展的必要环节，是政府在市场经济条件下扶持农业的根本目的。为此，第一，政府要营造适合市场化运作的制度环境，为农业市场化构建制度基础；第二，政府应该致力于在市场失败处发挥作用，建立其不违背市场规律的农业支持保护体系；第三，统筹城乡发展，建立健全城乡公共服务体系；第四，创新农村治理机制，培育各种社会力量参与农村公共事务治理；第五，政府自身要进行体制机制的创新，以改善对农业市场化进程的整体引导和调控。

二、地方政府在推进农业市场化过程中的工作维度

农业的市场化包括实现农民经济主体地位的市场化、农业生产要素的市场化和农产品的商品化，围绕这三个环节，地方政府要发挥好支持引导的作用。首先，其根本目的是要培育农民的市场经济主体地位，因为农民不仅是农业市场化的推动者和建设者，更是农业市场化的受益者和根本主体。然而由于农民个人的资源禀赋有限，在市场竞争中的力量薄弱，因此地方政府要通过宣传合作知识、营造制度环境、规范运行机制、发扬龙头企业、打造农业品牌等手段，提高农民的组织化程度，来改善农民在市场竞争中的被动局面。其次，要促进农业生产要素的市场化。由于现实中农民作为微观经济主体的权利还不完备，作为重要生产要素的土地资源还没有走上市场化的轨道，制约着农业的市场发展。为此，地方政府要积极推进土地流转，盘活土地资源，要完善土地流转制度建设，引导土地流转的中介服务，以及建立健全社会保障体系，解除农民的后顾之忧；农村劳动力资源也是重要的农业生产要素，要积极推进劳动力转移，构建起农村劳动力培训的常态机制，并探索建立农村劳动力就业服务体系。最后，针对推进农产品的商品化进程，地方政府要推动从农产品到商品的转换。其具体措施有：① 加强农业基础设施的建设，以提高农产品的生产能力。② 要为交换构建良好的外部环境，包括开展农事节庆、整治农村环境、注重生态保护、发展绿色科技、鼓励生态农业

的推广等。地方政府作为我国政府层级结构中极为重要的一环，站在最贴近广阔农村和广大农民的最前线。除了贯彻中央的宏观政策及精神外，更重要的是根据本地的实际情况，因地制宜、因时制宜地通过体制机制创新和政策手段创新来促进本地的农业发展，通过培育农民的市场经济主体地位、促进农业生产要素的市场化和推动农产品的商品化来推进农业市场化进程。

三、促进农业市场化进程的具体举措

农业市场化是一个庞大的系统工程，涉及方方面面，在我国经济结构转型发展的今天，在市场经济条件下推进农业的现代化发展，政府承担着重要的责任。作为基层地方政府，为推进地方农业市场化进程，必须转变工作思路，创新体制机制，着力培育农民经济主体地位的市场化，促进农业生产要素的市场化以及推动农产品的商品化。

从实践经验拓展开来，要建立起工程建设完成之后的统筹城乡发展的长效机制，从根本上来说还是要实现政府体制的变革。在全局性、综合性、体制性上的问题必须由中央政府来进行制度创新，地方政府根据发展目标和任务，承担起体制改革、制度创新的任务，对地方农业市场化发展起到重要作用。第一，地方政府要转变工作思路，因地制宜、因时制宜搞发展。要根据中央与上级的相关政策，结合本地区农业发展的实际情况，制定出适宜农业农村发展的中长期规划，并确定发展的具体方向和重点项目；农民作为市场经济的微观主体之一，并不是无能的，而是具有巨大潜力的，政府扶持农业也并不是简单的自上而下的行政推动，而是要秉持着尊重农民自主意愿、尊重市场发展规律的理念，以增进"三农"自身发展能力为目标，来促进农业市场化的发展。第二，地方政府要进行体制机制的创新。首先，层次简明、职能清晰、高效负责的行政管理体制是政府开展工作的根本前提；其次，要在建设过程中引入市场机制，政府发挥主导作用，但并不包办一切，在资金筹备、建设施工等方面与市场和社会力量积极合作，一方面降低政府的行政投入，另一方面充分调动起各方力量进行建设；再次，要让农民真正参与到农业市场化发展的决策体制中来。要为农民建立起充分的利益诉求渠道，增强决策的效率性。与此同时，创新民主管理的机制，让农民参与到建设的规划、实施、监督中，充分调动起农民参与建设的积极性，实现农民主体地位的培育。第三，探索保障农民财产权的制度设计。要深化土地制度改革，充分保障农民的土地财产权；改革征地制度，消除阻碍农村劳动力流动的制度性因素；规范土地流转市场，并设计相应的配套措施，保障农民的权利，确保土地流转后农民生活水平得到提高。毫无疑问，在我国统筹城乡发展的关键时期，要建立起新农村建设的长效机制，这就需要转变地方政府职能，从政府"输血"到建设"造血"组织，赋予农民更多的权利，提升其参与市场竞争的能力，激发农村的巨大发展潜力，真正实现推动农业市场化的"内源发展"。